주남만록

州南漫錄

〈역자 소개〉

번역

김묘정 : 단국대학교 부설 한국고전문학텍스트연구소 상임연구원. 단국대학교 국어국문학과를 졸업하고 성균관대학교 대학원 한문학과에서 석사를 마쳤으며, 다시 단국대학교 대학원 국어국문학과에서 박사과정을 수료했다. 석사논문으로 「西坡 吳道一의 문학론과 시세계」, 연구논문으로 「草亭 朴守玄의 삶과 시세계」·「雪峯 姜栢年의 시세계 고찰」 등이 있으며, 현재 17세기 小北八文章의 시문학을 대상으로 박사학위 논문을 준비 중에 있다.

김효정 : 단국대학교 부설 한국고전문학텍스트연구소 상임연구원. 단국대학교 대학원 국어국문학과에서 석사를 마친 뒤 동 대학원에서 박사과정을 수료했다. 석사논문으로 「錦帶 李家煥의 시문학 연구」, 연구논문으로 「17세기 전반 北人系 南人 文士들의 교유」·「斗峯 李志完의 詩世界考察」 등이 있으며, 현재 17세기 전반 북인계 남인 문사의 시문학을 대상으로 박사학위 논문을 준비 중에 있다.

유진희 : 단국대학교 부설 한국고전문학텍스트연구소 상임연구원. 단국대학교 국어국문학과를 졸업하고 동 대학 대학원에서 박사과정을 수료했으며, 한국고전번역원 부설 고전번역교육원 연수과정을 마쳤다. 석사논문으로 「蒼雪齋 權斗經의 詩文學 硏究」, 연구논문으로 「訥齋 朴祥의 詩에 나타난 歸去來 意識 硏究」·「思菴 朴淳의 卽興詩 硏究」 등이 있으며, 현재 16세기 초반 學唐 경향에 대한 박사학위 논문을 준비 중에 있다.

정리

김도언 : 단국대학교 부설 한국고전문학텍스트연구소 연구원. 단국대학교 국어국문학과를 졸업하고 동 대학 대학원에서 석사학위 과정 중에 있다.

박난아 : 단국대학교 부설 한국고전문학텍스트연구소 연구원. 단국대학교 국어국문학과를 졸업하고 동 대학 대학원에서 석사학위 과정 중에 있다.

감수

윤재환 : 단국대학교 국어국문학과 교수 · 단국대학교 부설 한국고전문학텍스트연구소장 · 동양학연구원 번역실장. 단국대학교 국어국문학과를 졸업하고 연세대학교와 성균관대학교 대학원에서 학업을 마친 뒤 고려대학교 민족문화연구원, 단국대학교 동양학연구원, 한국연구재단 인문강좌사무국, 성균관대학교 대동문화연구원 등을 거쳤다. 星湖와 順菴, 茶山 등을 중심으로 한 조선 중 · 후기 근기남인들의 문학세계 연구에 주력하고 있으며, 저서로 『매산 이하진의 삶과 문학 그리고 성호학의 형성』·『조선 후기 근기 남인 시맥의 형성과 전개』, 역서로 『국역 송당집』·『국역 인재집』·『국역 매호유고』·『창선감의록』·『상소와 비답』·『춘추번로의증』 등이 있다.

용주선생집
龍洲先生集

주남만록
州南漫錄

조경趙絅 지음

김묘정 · 김효정 · 유진희 옮김

김도언 · 박난아 정리

윤재환 감수

용주연구회 기획

한국고전문학텍스트연구소 편

학자원

주남만록 州南漫錄

2019년 9월 30일 초판 1쇄 발행

기　획 : 용주연구회
지은이 : 조경
옮긴곳 : 한국고전문학텍스트연구소
옮긴이 : 김묘정 김효정 유진희
펴낸이 : 김병환
펴낸곳 : 학자원
주　소 : 서울시 강동구 천호대로 1121
전　화 : 02) 6403-1000
팩　스 : 02) 6338-1001
E-mail : hakjaone@daum.net
등　록 : 2011년 3월 24일 제2011-14호

ISBN 979-11-6247-135-7 93810
값 30,000원

인사말

『용주가서(龍洲家書)』를 출간하고 뒤이어 바로 용주선생의 유배 시집인 『주남만록(洲南漫錄)』을 출간하게 되어 감회가 새롭습니다. 『주남만록』은 용주선생이 의주의 백마산성(白馬山城)에 유배되어 있었던 약 1년간의 유배 기간 동안 지은 시들을 모은 시집으로, 당시 같이 유배가 있었던 백헌(白軒) 이경석(李景奭)과 수창(酬唱)한 시를 중심으로 합니다. 이 『주남만록』의 번역으로 현재까지 알려진 용주선생의 유문(遺文) 대부분이 세상에 나올 수 있게 되어, 후손으로 감격스러운 마음을 금하기 어렵습니다.

『주남만록』에는 모두 177제 249수의 시가 형식별, 창작 시기별로 수록되어 있는데, 이 중 용주선생께서 직접 지으신 시는 95제 130수이고, 나머지 82제 119수의 시는 백헌선생과 잠곡선생이 지은 것입니다. 시의 양으로 볼 때 많다고 할 수 없지만, 『주남만록』에는 유배기 용주선생께서 접하신 여러 상황에 대한 진솔한 감정이 그대로 드러나 있어, 『주남만록』은 용주선생의 온전한 모습을 확인할 수 있는 중요한 가치를 지닌 책입니다.

특히 『주남만록』의 시를 통해 유배라는 인생의 고난기(苦難期)에도 평소 지니고 있었던 신념을 꿋꿋하게 그대로 지켜나가는 용주선생의 모습을 눈으로 보는 듯 확인할 수 있어, 용주선생의 후손으로 이 땅에서 살아가는 것이 자랑스럽기도 하면서 동시에 부끄럽고 또 부담되기도 합니다. 그러나 그럴수록 용주선생의 모습을 오늘 우리들의 삶 속에 되살려 선생에게 부끄럽지 않은 후손이 되어야겠다는 의지는 커집니다. 그런 점에서 『주남만록』의 시는 문자로 기록되어 남아 전하기만 하는 그 옛날의 문학 작품에 불과한 것이 아니라 지금 우리들의 삶에 하나의 방향을 제시하는 살아있는 선생의 말씀이자 마음이라고 할 것입니다. 이 책을 통해 선생의 후손인 우리들뿐만 아니라 선생의 후학들 모두가 많은 깨달음을 얻게 될 것이라 생각됩니다.

이 책이 세상에 출간되어 나오기까지 묵묵히 기다려주시고 도와주신 종인(宗人) 여러분께 진심으로 고마움과 감사의 마음을 전합니다. 또 이해하기 어렵고 풀어내기 어려운 시를 온전히 번역하고 주석해주신 단국대학교 부설 한국고전문학텍스트연구소의 여러 선생님들께도 감사의 마음을 전합니다.

2019년 9월

용주공 10대손 용주연구회 회장 조옥원 삼가 씀

차례

오언절구五言絕句

칠언절구七言絕句

오언율시五言律詩

칠언율시七言律詩

오언장시五言長詩

부록附錄

일러두기

1. 이 책의 번역 대본은 불분권 1책의 가장(家藏) 필사본 《주남만록(州南漫錄)》이다.
2. 이 책의 번역은 단국대학교 부설 한국고전문학텍스트연구소 소속 연구원들의 강독을 바탕으로 한 집체 번역을 기본으로 하고, 각자의 담당 부분에 대해 책임 번역을 하는 2중 번역을 통해 진행하였다. 형식별 책임 번역자는 다음과 같다.

    5언절구 - 유진희

    7언절구 - 김묘정

    5언율시 - 유진희

    7언율시 - 김효정

    5언장시 - 김묘정

3. 원문 교감에 사용된 주요 참고자료는 한국고전번역원에서 간행한 한국문집총간 90 소재 《용주유고(龍洲遺稿)》와 한국문집총간 95~96 소재 《백헌집(白軒集)》이다.
4. 제목과 시는 원문을 병기하였다.
5. 원문에 쓰인 이체자와 속자, 약자는 모두 대표자로 고쳐 쓰고 이에 대해서는 별도의 교감기를 달지 않았다. 대표자는 한국고전번역원의 이체자 검색시스템을 준거로 하였다.
6. 각주의 표제어는 한 어절일 경우 원문에 수록된 한자어를 병기하고, 세

어절까지는 표제어를 온전히 밝혔다. 네 어절 이상인 경우 앞・뒤의 한 어절만 밝히고 말줄임표(……)를 사용하였다. 가장 앞 어절이 한 음절인 경우 두 번째 어절까지 밝혔다.

7. 교감은 글자 단위로 하되 불가피한 경우 앞・뒤 글자와 함께 교감하였다.
8. 원문에서 탈락된 글자는 검은색 사각형(■)으로 표시하였다.
9. 탈락된 글자를 교감하여 보입(補入)한 경우 각주에서 밝히고 교감한 글자를 번역문에서 괄호( ) 안에 넣어 번역하였다.
10. 문집과 다른 글자를 교감한 경우 각주에서 밝히고 교감한 글자를 각주에서 재번역하였다.
11. 각주의 원문 출처는 최대한 밝히는 것을 원칙으로 하며, 원문의 중요도와 분량에 따라 선별하여 원문의 표기 방식을 달리하였다. 원문을 모두 번역하여 밝힌 경우 겹 따옴표(" ")로 묶어 원문을 모두 번역한 뒤 원문을 수록하였고, 원문의 내용을 추려 밝힌 경우 원문의 내용을 정리하여 서술한 뒤에 원문을 그대로 수록하였다.
12. 이 책에서 사용한 부호는 다음과 같다.

    , : 한 문장 안에서 일반적으로 구의 구분이 필요한 곳에 쓴다.
    ・ : 명사의 병렬이 중첩적인 경우에 쓴다.
    . : 한 문장의 끝에 쓴다.
    " " : 직접 인용한 인용문을 묶는다.
    ' ' : " " 안의 재인용 또는 대화 문구를 묶는다.
    …… : 각주의 표제어와 각주 인용문의 내용을 줄인다.
    ■ : 탈락된 글자의 자리에 쓴다.
    ( ) : 번역문과 음이 같은 한자를 묶거나 탈락된 글자를 교감하여 번역할 경우에 쓴다.
    〔 〕 : 번역문과 뜻은 같으나 음이 다른 한자와 모든 인용문의 원문을 묶는다.
    《 》 : 책명 및 작품의 전거(典據)를 묶는다.
    〈 〉 : 책의 편명 및 운문・산문의 제목을 묶는다.

용주龍洲 조경趙絅의 『주남만록州南漫錄』에 대하여

윤재환 | 단국대학교 부설 한국고전문학텍스트연구소장/국어국문학과 교수

1. 서언

용주(龍洲) 조경(趙絅)의 『주남만록(州南漫錄)』은 용주가(家)에 소장되어 있는 불분권(不分卷) 1책의 필사본이다. 서문(序文)이나 발문(跋文), 간행지(刊行識)가 없어 간사지(刊寫地)와 간사자(刊寫者), 간사년도(刊寫年度)는 물론이고 필사자(筆寫者)를 확정하기도 어렵다. 권수제(卷首題)는 『용주선생집(龍洲先生集)』으로 되어 있는데, 다음 행에 다시 『주남만록』이라고 적혀 있는 것으로 보아 이 책은 최초 『용주집』에 포함하기 위해 기록된 것이지만 어떤 이유에 의해서 문집의 편찬 당시에 누락된 것으로 보인다. 사주 쌍변(四周雙邊)으로 계선(界線)이 있으며, 판심(版心)은 백구(白口)에 상하이엽화문어미(上下二葉花紋魚尾)이고 판심제(版心題)가 없으며, 1면 10행에 1행의 자수는 20자이다. 내지(內紙)는 전체 94면으로 이루어져 있는데, 미정리 초고본이어서인지 군데군데 낙자(落字)가 나오며, 오자(誤字)로 추정되는 부분도 있다.

권수제 다음 행에서 이 책을 『주남만록』이라고 한 것은 용주가 유

배된 백마성(白馬城)이 백마산(白馬山)에 있는데, 백마산이 의주(義州)에서 남쪽으로 30리 떨어져 있는 곳에 위치해 있기 때문에, 유배지인 의주의 남쪽 백마산에서 지었다는 것을 밝히기 위해 『주남만록』이라고 한 듯하다. 이 책에 수록된 시를 살펴보면 대부분의 시가 유배 이후 용주가 당시 백마산에 함께 유배되어 있던 백헌(白軒) 이경석(李景奭)과 주고받은 시로 이루어져 있다는 것을 알 수 있다.

수록된 시들은 먼저 형식에 따라 구분되어 있고, 다음으로 저작 시기에 따라 구분되어 있다. 『주남만록』에는 모두 177제 249수의 시가 수록되어 있는데, 수록 순서는 5언절구, 7언절구, 5언율시, 7언율시, 5언장시의 순이다. 따라서 형식에 따라 시를 구분한 것이 분명한데, 5언절구와 7언절구는 수록 면을 구분하지 않고 이어져 있다. 나머지 형식의 시들은 형식이 바뀔 때마다 수록 면을 구분하였다. 또 7언율시가 시작되는 부분에서는 다른 형식의 시와 달리 7언율시라는 소제목을 장(張)의 서두에 명시하지 않아 이후로 수록된 시가 7언율시임을 장의 첫머리에서 밝히지 않았다.

177제 249수의 시 중 용주의 시가 95제 130수, 백헌의 시가 81제 117수, 잠곡(潛谷) 김육(金堉)의 시가 1제 2수여서 용주의 시가 가장 많지만, 백헌의 시도 상당한 분량이 수록되어 있다. 『주남만록』에 수록된 백헌의 시 중 일부는 그의 문집인 『백헌집(白軒集)』 권8의 「서새록(西塞錄)」에도 수록되어 있다. 백헌의 「서새록」은 백헌이 1650년 사문(査問)사건을 빌미로 한 청(淸)나라 사신들의 강요에 의해 백마성에 위리안치 된 1650년 3월부터 이듬해 2월까지 약 1년 동안 지은 시 125수로 구성되어 있는데, 『주남만록』에 수록된 시를 「서새록」과 비교해 보면 「서새록」에서 누락된 시가 적지 않다. 이렇게 된 것은 애초 백헌의 시(詩) 5,000여 수와 문(文) 800여 편을 최석정(崔錫鼎)이 시 1,800여 수와 문 500여 편으로 산정(刪定)한 결과라고 생각된다. 따라서 『주남만록』과 「서새록」을 비교・대조해 보면 최석정이 산정한 백헌의 시에 대해서도 살펴볼 수도 있다.

현재까지 용주 유문(遺文)의 정확한 현황을 확인하기는 쉽지 않다. 23권 9책의 『용주유고(龍洲遺稿)』가 전하고 있지만, 『용주유고』 속에는 서간문(書簡文)이 하나도 수록되지 않았으며 서문과 발문, 부록이 전하지 않아, 아들 조위봉(趙威鳳)과 손자 조구원(趙九畹)의 「묘갈명(墓碣銘)」에서 문집 관련 기록을 찾을 수 있을 뿐이다. 허목(許穆)의 「신도비명(神道碑銘)」에 문집 10권이 가장(家藏)되어 있다고 했지만, 이 문집과 현재 전하는 『용주유고』와의 관계 역시 명확하지 않다. 현재 후손들의 다양한 노력에 의해 용주의 문집인 『용주유고』 이 외에도 『용주연보(龍洲年譜)』와 용주의 서간을 모은 『용주간독(龍洲簡牘)』, 용주와 용주 후손 및 친・인척들이 주고받은 서간을 모은 『용주가서(龍洲家書)』, 정묘호란(丁卯胡亂) 때의 기록인 「정묘일기(丁卯日記)」와 암행어사로 전라도를 순찰한 「을해남정일기(乙亥南征日記)」, 병자호란(丙子胡亂) 때의 기록인 「병자일기(丙丁日記)」, 효종(孝宗) 초년의 기록인 「경인일기(庚寅日記)」, 효종 2년의 기록인 「신묘일기(辛卯日記)」를 합한 『용주일기(龍洲日記)』가 발굴・번역되었다. 하지만 이런 노력에도 불구하고 지금까지 번역・간행된 저작을 용주 유문의 전부라고 확언하기는 쉽지 않다. 그런 상황에서 『주남만록』의 발굴과 번역은 전모를 단언하기 어려운 용주 유문의 전체적인 현황을 추정하는 데 적지 않은 도움이 될 것이고, 용주의 문학세계와 그의 삶을 보다 분명하게 살필 수 있는 단서를 제공해 줄 것이다.

2. 유배 상황과 유배지에서의 삶

『조선왕조실록』 효종 1년 3월조를 보면 용주는 당시 조선에서 왜인들의 정상을 핑계로 성지(城池)를 보수하고 무기를 정비하려 한다고 주장하는 청나라의 사문(査問) 사신들에 의해 어려움을 겪는다. 특히 청나라의 사문 사신 중 한 사람인 정명수(鄭命守)는 용주가 인조 당시 예조 판서로서 조제(弔祭)에 관한 의주(儀注)를 즉시 청나라에 알리지 않은 것에 대한 책임이 있음을 강조했는데, 이 책임 때문에 끝내 용주는 의주의 백마성으로 유배가게 된다. 이때 용주는 백헌 이경석과 함께 유배되었는데, 백헌은 왜국의 정세에 대한 주문(奏聞)의 문제를 책임지고 용주와 같이 유배되었다.

용주와 백헌이 유배가게 되었을 때 효종은 청나라 사신을 직접 접견하여 용주와 백헌의 죄를 감해주도록 청하였으나 뜻을 이루지 못했고, 비국(備局)에서도 정문(呈文)을 올려 용주와 백헌의 무죄를 해명하고자 하였으나 청나라 사신들의 진노를 염려하여 그만두었다. 용주와 백헌은 이 해 3월 13일 의주(義州)의 백마성(白馬城)으로 유배를 떠나 다음 달인 4월 유배지에 위리안치 되었다. 용주와 백헌이 유배가게 되자 효종은 수찰(手札)을 내려 자중자애하기를 권하고 표피(豹皮)와 납약(臘藥)을 내렸으며, 이해 겨울 사은사 겸 진주사로 연경에 사신 가는 인평대군(麟坪大君)에게 청나라에 가서 용주와 백헌의 석방을 청하도록 하여 용주와 백헌의 유배는 약 1년 만에 끝나게 되었다.

『용주연보』를 살펴보면 용주의 유배는 38년의 관직 생활동안 처음 있는 일이었고 그다지 긴 기간도 아니었다. 그러나 용주는 유배기간 중인 1650년 11월 부인인 안동김씨(安東金氏)를 잃는 슬픔을 당했다.

용주의 「경인일기」에 11월 27일부터 다음 달 윤11월 27일까지의 기록이 없는 것으로 보아 이 기간에 부인의 상을 당했다고 보이지만 여기에 대해서는 더 이상 다른 기록을 찾을 수 없고, 『주남만록』에도 부인의 죽음에 관한 시가 남아있지 않아 용주가 유배지에서 맞이한 부인의 죽음에 대해 어떻게 반응했는지는 확인하기 어렵다.

유배지에서 용주는 임금과 부친 조익남(趙翼男)의 후모(後母) 은진송씨(鎭川宋氏)의 걱정으로 대부분의 시간을 보냈다. 『주남만록』에 나오는 시의 상당수가 인조와 효종 그리고 어머니를 그리워한 시라는 점에서 그가 지니고 있었던 임금과 어머니에 대한 애정을 충분히 짐작할 수 있다.

용주의 유배지는 바람이 불지 않으면 안개가 끼는 곳으로, 백마산의 높은 지대에 있어서 평지보다 훨씬 추웠다. 산이 치솟아 있고, 압록강이 가로질러 사람이 살만한 곳이 못되었지만, 용주는 이곳에서의 삶을 괴롭게 여기거나 힘들어하지 않았다. 용주는 이곳에 거처하면서 함께 유배 온 백헌과 시를 주고받거나 경사(經史)를 강론하며 시간을 보냈을 뿐 세상을 탓하거나 자신의 처지를 한탄하는 기색을 드러내지 않았다. 유배 온 해 8월, 유배지로 자제들이 찾아왔을 때에도 용주는 어머니의 안부와 임금의 은혜에 대해서만 말했을 뿐 남을 탓하거나 세상을 원망하는 기색을 보이지 않았다. 그런 점에서 용주의 삶은 사환기와 유배기라는 현실적인 상황의 차이에도 불구하고 표면적으로 별다른 차이를 보이지 않는 것이었다고 할 수 있다.

3. 『주남만록』 수록 시의 성격

앞서 언급한 것처럼 『주남만록』에는 모두 177제 249수의 시가 형식별, 창작 시기별로 편차되어 있다. 177제 249수의 시 중 용주의 시가 95제 130수이고, 백헌의 시가 81제 117수, 잠곡 김육의 시가 1제 2수인데, 대부분의 경우 백헌이 쓴 시에 대해 용주가 화답하는 형식으로 이루어져 있다. 시는 5언절구, 7언절구, 5언율시, 7언율시, 5언장시의 순으로 배열되어 있는데, 5언절구가 7제 10수, 7언절구가 61제 102수, 5언율시가 27제 37수, 7언율시가 80제 98수, 5언장시가 2제 2수이다. 『주남만록』에 수록된 시를 간략하게 표로 정리하면 다음과 같다.

형식	용주시	백헌시	잠곡시	전체 수량	비고
5언절구	4제 5수	3제 5수		7제 10수	
7언절구	31제 51수	29제 49수	1제 2수	61제 102수	
5언율시	14제 19수	13제 18수		27제 37수	
7언율시	45제 54수	35제 44수		80제 98수	
5언장시	1제 1수	1제 1수		2제 2수	
계	95제 130수	81제 117수	1제 2수	177제 249수	

『주남만록』에는 유배기에 창작된 시만 수록되어 있기 때문에 위의 표에서 확인되는 내용만으로 용주의 시문학 경향 전체에 대해 언급할 수는 없다. 다만, 『주남만록』의 시를 보았을 때 용주의 시는 7언시를 중심으로 하고 있으며, 절구보다 율시에 능했다고 보이지만, 이런 모습은 용주만의 특징이라기보다 조선 시대 우리나라 문인들의 보편적

인 모습이라고 할 수 있다.

『주남만록』에 수록된 용주의 시 95제 130수는 유배기 그가 느꼈던 다양한 의식과 유배지의 상황을 대하는 용주의 모습들을 담고 있는데, 여기에서는 그의 시에서 볼 수 있는 의식을 수록된 시의 순서에 따라 간단하게 살펴보도록 한다. 『주남만록』에서 가장 먼저 살펴볼 수 있는 용주의 의식은 유배를 운명으로 받아들이고자 하는 것이다.

밝디밝은 삼강의 달　　的的三江月
푸르디푸른 만고의 하늘　　蒼蒼萬古天
호쾌한 유람의 뜻 나도 적지 않아　　壯遊吾不淺
취해 읊조리며 멀리 바라보네　　騁望醉吟邊

장부가 때로 겪는 곤액이　　丈夫時屈厄
하늘 소관 아니라고 말하지 말게　　莫謂不關天
꿈속에서 이전에 놀았던 곳이　　夢裏曾遊地
분명히 이 바닷가였으니　　分明此海邊

이 두 수의 시는 『주남만록』 5언절구에 편차되어 있는 용주의 시로 〈백헌 상공이 준 시에 화운하다〔和白軒相公示韻〕〉와 〈또 백헌 상공의 앞 시에 화운하다〔又和軒相前韻〕〉이다. 앞서 간단하게 언급했던 것처럼 백헌이 먼저 시를 써서 용주에게 주면, 용주가 그에 화답하는 『주남만록』의 보편적인 창작 유형을 따른 시이다. 첫 번째 인용한 시에서 용주는 유배된 자신의 처지를 유람객에 비유하였고, 두 번째 시에서는 자신의 유배가 비록 곤액이기는 하지만 하늘이 점지

한 것이고 유배지 역시 이전 꿈속에서 놀았던 곳이라고 했다. 두 번째 시에서 용주가 유배된 자신의 처지를 장부가 때때로 겪는 곤액이라고 하여 힘들게 여기는 모습을 보이기도 하지만, 그와 같은 유배가 하늘의 소관이고 일찍부터 점지된 것이라고 한 것은 그 스스로 피할 수 없는 필연적인 것으로 받아들이고 있다는 말이다. 이와 같은 표현으로 볼 때 용주는 자신의 유배를 당연히 받아들여야 할 것으로 인식하고 있었다고 할 수 있다. 다음으로 볼 수 있는 것은 인조에 대한 그리움과 변함없는 충정이다.

파리하게 마른 몸 쫓겨난 신하의 슬픔과 관계없으니	弔影非關逐客悲
기일되어 임금님을 모시던 그 날을 생각하네	攀弓忽憶削瓜期
일편단심 아홉 번 죽더라도 끝내 꺾기 어려우니	丹心九死終難折
달만 묵은 가지 위에서 우는 두견을 비추는구나	月照啼鵑古樹枝

오늘 밤 갑자기 가슴 가득 메우는 슬픔이 일어나	今宵忽作塡胸悲
마음속으로 임금님 붕어했던 날 떠오르니	內記先王晏駕期
꿈속의 높은 산이 마치 눈앞에 있는 듯하고	夢裏高山如在眼
권대의 소나무 잣나무에는 새 가지가 자라났네	卷臺松柏長新枝

이 두 수의 시는 7언절구 연작시 〈백헌 상공이 준 시에 화운하다〔和白軒相公示韻〕〉이다. 이 시 역시 백헌이 먼저 지어 보내준 시에 화답한 것인데, 백헌의 시는 『백헌집』 권8 「서새록」에 〈선왕 인조의 소상이 가까워 지난 시간의 일에 감회가 일어 울며 기록하여 용주에게 보여주다〔先王朞祥已迫, 感念上年之事, 泣以識之, 示龍洲〕〉라는 제목으

로 수록되어 있다. 그런데 『주남만록』과 『백헌집』을 보면 백헌의 시는 연작시가 아니라 7언절구 1수로 된 단시(單詩)여서 용주의 시와는 조금 다른 모습을 보인다.

이 두 수의 시는 인조의 기일이 다가오자 느낀 용주의 슬픔을 읊은 것이다. 첫 번째 시의 기구와 승구에서 용주는 자신의 파리하게 마른 몸이 유배 와서 그런 것이 아니라 인조의 기일이 가까워 인조를 곁에서 모시던 그 때가 생각나서 그런 것이라고 했다. 인조의 기일이 5월 8일이고, 용주가 백마성에 유배 온 것이 4월 1일이니 유배된 지 불과 한 달이 조금 지난 시간이다. 인조의 죽음 이후 의주라는 생각지도 못한 곳으로 유배되었기에 이곳에서 맞는 인조의 기일은 용주에게 슬픔을 불러오기에 충분했을 것이다. 그렇지만 용주는 인조의 죽음 이후 유배된 자신의 처지에 대해 한탄하거나 하늘을 원망하기보다 인조에 대한 자신의 충정은 아홉 번 죽더라도 꺾을 수 없는 것이라고 했고, 이런 자신의 모습을 묵은 가지 위에서 한없이 우는 두견에 비유했다.

두 번째 시에서 용주는 인조가 돌아가신 날을 떠올리며 가슴 가득 슬픔을 느끼는 자신의 모습을 묘사했다. 한 밤 갑자기 느끼는 까닭 모를 슬픔이 인조의 기일 때문이라는 것을 느끼는 순간 용주는 말하기 어려운 서러움에 가득 차게 된다. 인조의 무덤인 파주의 장릉(長陵)이 바로 앞에 있는 듯 눈에 선하고, 그곳의 제대(祭臺)가 눈에 다가들었다. 인조가 돌아가신 이후 해가 바뀌어 무덤 주위에 심은 소나무 잣나무에는 새 가지가 자라고 있다. 인조의 죽음과 이후 그가 느꼈던 슬픔이 어떤 것이었는지, 인조의 지우(知遇)에 대해 용주가 어떻게 생각하고 있었는지를 선명하게 보여주는 시이다. 다음으로 볼 수 있는 것은 임금에 대한 변함없는 충정과 현실에 대한 동화(同化)와 긍정이다.

무더운 밤 지친 나그네 잠들었다가　炎宵昏客睡
처마의 낙수 소리 새벽 들어 그제야 들으니　簷霤曉初聞
언덕마다 모두 물이 흐르고　岸岸皆流水
산마다 온통 비구름 덮여　山山盡濕雲
전원은 보기에 더욱 좋고　田園看更好
벼와 보리는 빛깔 더욱 뚜렷해지니　禾麥色平分
모두들 때를 아는 비라 말하지만　儘道知時雨
우리나라에 성군이 있어 내리는 비이지　東方有聖君

일어나라 재촉하는 소리가 새벽을 나누어　喚起聲催曉色分
집집마다 농사꾼 이야기 울타리 너머 들려오고　家家農語隔籬聞
오늘 비 수천 리에 내릴 것을 알겠는데　我知今雨數千里
사람들은 하늘에 온통 구름 끼었다고 하니　人道上天同一雲
삿갓 쓴 목동은 풀 우거진 곳에서 애쓰고　遺笠牧童爭樹密
젖은 둥지로 돌아온 학은 까마귀 떼 싫어하겠지　濕巢歸鶴厭鴉群
막 갠 뒤 저녁밥에 도꼬마리 삶을테니　新晴晚飯烹蒼耳
청니방 아래 미나리 밭 절경이겠구나　絶勝青泥坊底芹

첫 번째 시는 『주남만록』 5언율시에 수록되어 있는 〈상공이 비를 기뻐하여 지은 시에 차운하다〔次相公喜雨韻〕〉로, 백헌의 원운은 『백헌집』 권8 「서새록」에 〈25일 밤 비를 기뻐하며 베갯맡에서 읊다〔卄五夜喜雨枕上口占〕〉는 제목으로 수록되어 있다. 이 시는 무더위 뒤에 내린 시원한 비를 보고 일어나는 용주의 흥겨움을 읊은 것이다. 무더위에 지쳐 겨우 잠들었다가 새벽 무렵이 되어서야 빗소리를 듣고 일어나 바라본 전원의 싱그러운 풍경에 마냥 들떠있는 용주의 마음을 느

낄 수 있다. 그런데 미련에서 용주는 이 비를 때가 되어 하늘에서 그냥 내려준 비가 아니라 우리나라에 성군이 있기 때문에 그 성군을 위해 하늘에서 내려준 비라고 했다. 절기의 변화와 기후의 바뀜까지도 임금의 덕화(德化)에 의한 것이라고 여기는 임금에 대한 용주의 무한한 충정이 잘 드러난 시이다.

두 번째 시는 7언율시 〈상공이 비를 기뻐하며 지은 시에 차운하다〔次相公喜雨〕〉인데, 백헌의 원운이 『백헌집』에는 누락되어 있다. 이 시는 모내기철 내리는 비로 바빠질 농가의 풍경을 담담한 필치로 담아낸 시인데, 이제 막 내리기 시작한 비와 그 비에 황급히 움직일 농가의 모습에 조용한 애정을 보내는 용주를 볼 수 있다. 새벽부터 내린 비에 일어나라고 재촉하며 농사일을 이야기하는 농사꾼들의 소리가 울타리 너머에서 들려오는 것을 들으며 용주는 하루 종일 내릴 비에 정신없이 분주할 이들의 모습을 그려본다. 그의 시선은 가축을 먹이기 위해 수고할 목동에서부터 비 맞은 뒤 까마귀와 둥지를 다툴 학의 모습에까지 미치고, 더 나아가 비 개인 뒤 하루 일을 마치고 돌아와 저녁밥으로 도꼬마리를 삶을 이들과 청니방 아래 비를 맞고 더욱 무성해질 미나리 밭의 풍경까지 떠올려 본다. 모내기철 비 내린 농가의 일상에 대한 이해와 그 일상에 대한 조용한 애정이 그들의 소소한 행위를 담담하게 묘사한 이 시 속에 자연스럽게 드러나 있다.

마지막으로 볼 수 있는 것은 후모(後母) 은진송씨(鎭川宋氏)에 대해 걱정하는 안타까운 마음이다, 이 경향의 시는 『주남만록』에 수록된 첫 번째 시에서부터 볼 수 있다.

닥친 불행 내 탓이 아니니　孼作非由我
깊은 뜻을 감히 하늘에 묻네　機深敢問天
고당에 늙은 어머니 계시기에　高堂有老母
고개 돌리자 눈물만 줄줄 흐르네　回首淚潸然

밤 꿈속 어머니 북당에 앉아계셨는데　夜夢慈顔坐北堂
깬 뒤의 내 행색은 서방 저쪽 끝에 있네　覺來行色盡西方
정녕 이 몸이 평생의 뜻을 허락받지 못했으니　政身未許平生志
어찌하여 벼슬이 이 날의 재앙을 불러 왔나　盍祿還媒此日殃
시서를 천천히 외워 봐도 임금님께 어긋나고　謾誦詩書違御馬
소합이라는 헛된 명예 쇠똥구리와 무엇이 다른가　虛名蘇合豈殊蜣
충과 효 모두 제대로 못한 모습 절로 부끄러워서　自慙忠孝俱無狀
외로운 성 가시 울타리 속에서 저 하늘에 맡겨두네　栫棘孤城任彼蒼

인용한 첫 번째 시는 『주남만록』에서 가장 먼저 나오는 시로 5언절구의 첫 번째에 수록되어 있는 시이다. 시의 제목이 〈봉산 가는 길에〔鳳山途中〕〉인 것으로 보아 용주가 의주의 백마성으로 유배 가는 도중 황해도 봉산군(鳳山郡)을 지나며 쓴 시로 보인다. 이 시의 첫 두 구에서 용주는 자신에게 닥친 불행이 자신의 잘못 때문이 아니라 하늘의 큰 뜻 때문이라고 했다. 이 두 구로 보아 용주는 유배 가는 자신의 처지에 대해 어떤 원망이나 근심도 없었다고 할 수 있다. 『맹자(孟子)』의 「고자장(告子章)」에서 말한 것처럼, 하늘이 큰 일을 맡기기 위해 먼저 자신의 몸과 마음을 괴롭게 하는 것이라고 여겼기 때문이다. 그래서 용주는 하늘이 품은 깊은 뜻이 무엇인지 묻고 싶었다. 이렇게 자신에게 닥친 고난을 아무렇지도 않게 여겼던 용주였지만, 고당에 홀로 계신 어머니에게 생각이 미치자 흘러내리는 눈물을 주체할 수 없었다. 자신에게 닥친 고난 때문에 걱정하실 어머니의 마음과 어머니를 곁에서 돌보지 못하는 자신의 처지는 하늘의 뜻과 관계없이 용주를 눈물짓게 만드는 가장 큰 이유가 되었다.

두 번째 시는 〈24일 밤 꿈 속에서 어머니 얼굴을 뵙고 절한 뒤 느낌이 있어〔二十四夜 夢拜慈顔有感〕〉라는 시이다. 이 시는 꿈 속에서 어머니를 만난 뒤 자신의 처지를 회한(悔恨)하며 쓴 시이다. "시서를 천천히 외어 봐도 임금님께 어긋나고, 소합이라는 헛된 명예 쇠똥구리와 무엇이 다른가"라고 한 경련은 자신이 지금까지 해 왔던 행동들과 이루어 온 명예들이 끝내 아무것도 아니었다는 진한 탄식을 담고 있는 것이다. 결국 용주는 미련에서 "충과 효 모두 제대로 못한 모습 절로 부끄러워서, 외로운 성 가시 울타리 속에서 저 하늘에 맡겨두네"라고 자신의 현실을 체념하고 받아들인다. 용주는 능력 없고 부족하여 임금과 어머니 모두에게 아무런 도움이 되지 못하는 자신이 있을 곳은 변방(邊方) 절세(絶世)의 가시 울타리 둘러 쳐진 외로운 성이라고 여겼다. 어머니에 대한 안타까운 마음의 자책(自責)이 자신의 고난을 정당화 시킨 것이다.

4. 결론

용주의 『주남만록』에 수록된 95제 130수의 시는 다양한 내용으로 구성되어 있다. 앞서 언급한 유형들의 시가 중심이 되기는 하지만, 이 유형 이외에도 유배되어 늙어가는 자신의 처지에 대해 괴로워하고 자신의 과거를 돌아보며 회한(悔恨)하는 시, 백헌과 주고받으며 현실의 고난을 잊고자 하는 시 등 그 내용과 성격을 하나로 규정하기는 쉽지 않다. 하지만 『주남만록』에 수록된 용주의 시에서 현실을 부정하거나 하늘을 원망하는 시를 찾기는 쉽지 않다. 이런 모습이 용주의 수양된 내면에 의한 것이라고 단언하기는 어렵지만, 유배라는 현실적인 질곡을 대하는 그의 모습이 여타의 유배객들과는 다른 부분이 적지 않음을 보여주는 것이라고는 할 수 있을 듯하다.

『주남만록』이라는 용주의 유배시집이 가지는 의미는 여러 측면에서 언급할 수 있을 것이다. 또 그 중 가장 먼저 들 수 있는 것이 그간 누락되어 있었던 유배기 용주의 시세계를 확인할 수 있는 자료를 제공하여, 용주의 시세계를 보다 온전하게 살필 수 있게 해 주는 것이라는 점에는 반론의 여지가 없다. 그러나 그와 같은 기본적인 의미와 함께 『주남만록』에 같이 수록되어 있는 백헌의 시를 통해 『백헌집』의 검토를 더욱 풍부하게 해 준다는 것이나, 『주남만록』에 수록된 용주의 시를 통해 용주에 대한 이해를 더욱 온전하게 할 수 있다는 것 역시 『주남만록』이 지닌 또 다른 의미라고 할 수 있을 것이다. 그런 점에서 177제 249수, 그 중에서도 용주의 시는 불과 95제 130수에 불과한 얼마 되지 않는 양의 시만을 수록하고 있을 뿐이지만 『주남만록』의 가치를 낮추어 보기 어렵다. 용주에 관심을 가진 많은 사람들의 주목과 관심을 기대한다.

[부록]

『주남만록』 수록 시 제목 정리표

연번	형식	제목[백헌집 수록 제목]	수량	저자	비고
001(용01)	五言絶句	鳳山途中	1		
002(용02)		和白軒相公示韻	1		
003(백01)		元韻	1	李景奭	
004(용03)		又和軒相前韻	1		
005(백02)		元韻	2	李景奭	
006(용04)		相公送一絶 强病走和	2		
007(백03)		元韻	2	李景奭	
008(용05)	七言絶句	渡晴川江	1		
009(용06)		次軒相韻	3		
010(백04)		元韻	4	李景奭	
011(용07)		次潛谷金相公贈韻	1		
012(김01)		元韻	2	金堉	
013(용08)		和白軒相公示韻	2		
014(백05)		元韻〔先王朞祥已迫, 感念上年之事, 泣以識之, 示龍洲〕	1		
015(용09)		軒相復用前韻, 寄來四絶, 又和	2		
016(백06)		元韻	2	李景奭	
017(용10)		次相公示韻	2		
018(백07)		元韻	2	李景奭	
019(용11)		喜雨	1		
020(백08)		軒相次韻	1	李景奭	
021(용12)		錄呈軒相	1		
022(백09)		軒相次韻	1	李景奭	
023(용13)		下山次相公一絶一律	1		
024(백10)		元韻	1	李景奭	
025(용14)		雨後	3		
026(백11)		軒相次	3	李景奭	
027(용15)		山城染疾少寢, 自威化村返棘籬有吟	1		
028(백12)		軒相次	1	李景奭	
029(용16)		龜城送蓴鱸, 吟奉相公求和	1		
030(백13)		軒相次	1	李景奭	
031(용17)		次相公惠韻	1		
032(백14)		元韻	1	李景奭	

033(용18)		再次前韻	1		
034(백15)		元韻	1	李景奭	
035(용19)		次軒相蟲字韻	6		
036(백16)		元韻	6	李景奭	
037(용20)		次相公惠韻	1		
038(백17)		元韻	1	李景奭	
039(용21)		喜晴	1		
040(백18)		軒相次	1	李景奭	
041(용22)		次相公贈韻	2		
042(백19)		元韻(雨中斜陽・雨中詠懷)	2	李景奭	
043(용23)		敬和相公二絶	2		
044(백20)		軒相次〔下山・上山〕	2	李景奭	
045(용24)		次相公惠韻	1		
046(백21)		元韻〔漫題〕	1	李景奭	
047(용25)		八月二十七日, 掖庭人奉上命, 斗臨罪地. 感泣之餘, 成一絶, 呈相公	1		
048(백22)		軒相次〔八月二十七日, 大殿別監金天一, 來傳天語, 不勝感泣, 次洲翁韻〕	1	李景奭	
049(용26)		次相公惠韻	2		
050(백23)		元韻	2	李景奭	
051(용27)		次相公惠詩	2		
052(백24)		元韻〔백헌집에 수록된 두 번째 시의 제목 烏啼〕	2	李景奭	
053(용28)		次相公惠韻	1		
054(백25)		元韻	1	李景奭	
055(용29)		朝日有鵲噪于籬外, 自來此地始聞之聲也. 豈將有好事而豫報歟. 遂書古人詩, 次其韻以志奉相公	1		
056(백26)		軒相次	1	李景奭	
057(용30)		次相公韻	1		
058(백27)		元韻	1	李景奭	
059(용31)		次相公韻	3		
060(백28)		元韻〔寄龍洲〕	3	李景奭	
061(용32)		人主爲下臣匄命於虎口, 曠世之事而曠世之恩也. 思欲粉身而坐, 意短思塞, 不敢形於詩句, 忽奉佳什, 僕之所欲言而未能者. ■匀筆先得之, 敢畫蛇足仰供一粲	2		
062(백29)		元韻〔廁聞車駕前後臨郊, 天語勤懇, 爲吾二臣丐命, 靡所不至, 如吾無似, 何以得此. 於聖明, 死亦榮矣. 不勝感涕, 遂成一絶, 示洲翁〕	2	李景奭	

063(용33)		次相公韻	2		
064(백30)		元韻	2	李景奭	
065(용34)		次相公惠韻	1		
066(백31)		元韻〔夜來轉輾不寐, 到曉成夢, 若將行禮於永思殿者然. 方就班列, 鷄叫忽覺, 涕泣之聲, 尙未已也. 感而識之. 工拙韻格不計也〕	1	李景奭	
067(용35)		次相公述懷韻	1		
068(백32)		元韻〔自罹椿棘, 終身之喪, 連過於此. 今月望後, 且連有二親生朝, 中夜無寐, 感念疇昔, 不覺涕泗之交頤. 仍以述懷〕	1	李景奭	
069(용36)	五言律詩	次白軒相公示韻	2		
070(백33)		元韻	2	李景奭	
071(용37)		又次	1		
072(백34)		五言律落句有契於心, 感歎效顰. 白軒〔短律酬洲翁〕	1	李景奭	
073(용38)		五月初四日	1		
074(백35)		軒相次	1	李景奭	
075(용39)		次相公示韻	2		
076(백36)		元韻	2	李景奭	
077(용40)		和相公送蒼耳韻	1		
078(백37)		元韻〔勸龍洲食蒼耳葉〕	1	李景奭	
079(용41)		書與成川吏金景輝	1		
080(백38)		相公次	1	李景奭	
081(용42)		次相公喜雨韻	1		
082(백39)		元韻〔卄五夜喜雨枕上口占〕	1	李景奭	
083(용43)		次性峻詩軸相公韻	1		
084(용44)		下山次相公韻	1		
085(백40)		相公次	1	李景奭	
086(용45)		次相公杏韻	2		
087(백41)		元韻	2	李景奭	
088(용46)		七月五日, 相公送黃雀數十, 詩以謝之	1		
089(백42)		軒相次	1	李景奭	
090(용47)		次相公惠韻	2		
091(백43)		元韻	2	李景奭	
092(용48)		負暄	1		
093(백44)		元韻	1	李景奭	
094(용49)		次相公韻	2		

095(백45)		元韻	2	李景奭	
096(용50)	七言律詩	二十四夜, 夢拜慈顔有感	1		
097(용51)		又車輦	1		
098(용52)		四月初一日白馬城	1		
099(백46)		軒相次	1	李景奭	
100(용53)		見本州士人來訪	1		
101(용54)		五月十日夜, 夢見道源子中二公, 宛如平昔, 感而成詩	1		
102(용55)		先諱泣書	1		
103(용56)		軒相以長律見示, 强疾拚和	1		
104(백47)		元韻	1	李景奭	
105(백48)		獲承長律之示, 傷痛之懷, 大略相似, 感涕之餘奉酬 白軒	1	李景奭	
106(용57)		五月初四日	1		
107(백49)		軒相次	1	李景奭	
108(용58)		次軒相贈韻	2		
109(백50)		元韻〔白馬山書懷〕	2	李景奭	
110(용59)		同相公登上臺	2		
111(백51)		相公次〔백헌집에 두 번째 시가 次龍洲登眺韻로 실려 있음〕	2	李景奭	
112(용60)		次金生韻	1		
113(용61)		夜夢見桐翁, 宛若平昔. 覺而有感	1		
114(용62)		朝霧大作不見人面	1		
115(백52)		軒相次〔次龍洲大霧韻〕	1	李景奭	
116(용63)		次相公贈韻	1		
117(백53)		元韻〔與龍洲及其子弟登西臺卽事〕	1	李景奭	
118(용64)		次相公喜雨	1		
119(백54)		元韻	1	李景奭	
120(용65)		五月晦	1		
121(백55)		軒相次	1	李景奭	
122(용66)		次軒相櫻桃韻	1		
123(백56)		元韻〔五月廿七日 始見櫻桃有感〕	1	李景奭	
124(용67)		六月初一日, 次相公韻	1		
125(백57)		元韻〔書懷〕	1	李景奭	
126(용68)		次相公韻	1		
127(백58)		元韻〔開籬〕	1	李景奭	
128(용69)		開籬半面	1		

129(용70)		九龍淵	1		
130(백59)		軒相次	1	李景奭	
131(용71)		病中吟	1		
132(백60)		軒相次	1	李景奭	
133(용72)		詠白馬山城	1		
134(백61)		軒相次〔次龍洲詠白馬城韻〕	1	李景奭	
135(용73)		送兒還京 感吟錄呈相公求和	1		
136(백62)		軒相次	1	李景奭	
137(용74)		苦熱, 呈相公有和	1		
138(백63)		軒相次	1	李景奭	
139(용75)		七夕	1		
140(백64)		軒相次〔和龍洲自來白馬不見烏鵲 七日夕始見之〕	1	李景奭	
141(용76)		次相公惠韻	1		
142(백65)		元韻〔七夕漫吟示龍洲, 是夕不雨〕	1	李景奭	
143(용77)		再用前韻	1		
144(용78)		奉酬疊步投惠. 强拙效顰, 只堪捧腹	1		
145(용79)		夜雨 錄呈相公求教	1		
146(백66)		軒相次	1	李景奭	
147(용80)		惡風後有雨	1		
148(용81)		再用七月旣望韻	2		
149(백67)		軒相次〔次七月旣望韻〕	2	李景奭	
150(용82)		鄭盧庵曹梅溪謫居此州云, 感而有吟	1		
151(백68)		軒相次〔次龍洲懷梅溪盧菴同謫義州韻〕	1	李景奭	
152(용83)		次相公詠燕	1		
153(백69)		元韻〔燕〕	1		
154(용84)		次苦雨韻	1		
155(백70)		元韻	1	李景奭	
156(용85)		次相公贈韻	1		
157(백71)		元韻〔雨〕	1	李景奭	
158(용86)		又次相公贈韻	1		
159(백72)		元韻	1	李景奭	
160(용87)		七月晦日	1		
161(백73)		軒相次	1	李景奭	
162(용88)		次相公韻	1		
163(백74)		元韻	1	李景奭	

164(용89)		仲秋之望 詠月 錄呈相公案下	1		
165(백75)		軒相次	1	李景奭	
166(용90)		次相公惠韻	1		
167(백76)		元韻〔絶塞雨〕	1	李景奭	
168(용91)		次相公惠韻	3		
169(백77)		元韻	3	李景奭	
170(용92)		九日	4		
171(백78)		軒相次〔백헌집에 두 번째 시가 九日席上次龍洲로, 네 번째 시가 九日偶成俳諧體, 示龍洲로 실려 있음〕	4	李景奭	
172(용93)		菊秋月夜有吟, 錄呈相公, 時相公阿咸修撰, 病起趁朝, 第二律及之	2		
173(백79)		軒相次	2	李景奭	
174(용94)		聞陵幸有感	1		
175(백80)		軒相次〔奉酬龍洲聞自上今月廿二日幸長陵, 而大省民弊不除道不官供, 感賦之韻〕	1	李景奭	
176(용95)	五言長詩	白馬山喜雨詩	1		
177(백81)		軒相次韻	1	李景奭	

오언절구
五言絕句

주남만록(州南漫錄) : 저자가 유배된 백마성(白馬城)은 백마산(白馬山)에 있는데, 백마산이 의주에서 남쪽으로 30리 떨어져 있는 곳에 위치해 있기 때문에 유배지에서 지었다는 의미에서 주남만록(州南漫錄)이라는 제목을 붙인 듯하다〔白馬山, 在州南三十里, 諺傳白龍馬山遊故名.〕. 《新增東國輿地勝覽 卷53, 義州牧》

봉산[1] 가는 길에

鳳山途中

닥친 불행 내 탓이 아니니	孼作非由我
깊은 뜻을 감히 하늘에 묻네	機深敢問天
고당에 늙은 어머니 계시기에	高堂有老母
고개 돌리자 눈물만 줄줄 흐르네	回首淚潸然

1 봉산(鳳山) : 황해도 봉산군(鳳山郡)을 말한다. 저자가 의주의 백마성으로 유배 가는 길에 지은 시이므로 이 시의 봉산은 황해도의 봉산군으로 보아야 한다〔鳳山郡, 東至平山府界七十五里, 至瑞興府界三十四里, 南至載寧郡界三十里, 西至海岸三十四里, 北至黃州界三十七里, 距京都四百二十二里.〕. 《新增東國輿地勝覽 卷41, 黃海道 鳳山郡》

백헌[2] 상공이 준 시에 화운하다
和白軒相公示韻

밝디밝은 삼강[3]의 달	的的三江月
푸르디푸른 만고의 하늘	蒼蒼萬古天
호쾌한 유람의 뜻 나도 적지 않아	壯遊吾不淺
취해 읊조리며 멀리 바라보네	騁望醉吟邊

2 백헌(白軒) : 이경석(李景奭, 1595~1671)으로 본관은 전주(全州), 자는 상보(尙輔), 호는 백헌(白軒)이다. 1644년 9월 영의정이 되었는데, 1650년 청(淸)나라에 의해 저자와 함께 백마성(白馬城)에 위리안치(圍籬安置)되었다가 1651년 석방되었다. 《西溪集 卷12, 領議政白軒李公神道碑銘》

3 삼강(三江) : 여기에서는 압록강(鴨綠江)을 가리킨다. 압록강이 의주(義州)의 북쪽에서 세 갈래로 나뉘어 흐르기 때문에 삼강이라고 하였다〔鴨綠江, 在州西北, 一云馬訾・一云青河・一云龍彎, 西距遼東都司五百六十里, 其源出胡地白頭山, 南流數百里, 經咸鏡道甲山三水, 過本閭延・茂昌・虞芮・慈城, 至江界・渭源地境, 與禿魯江合, 至理山郡山羊會, 與蒲洲江合, 至阿耳堡, 與童巾江合, 經碧潼・昌城・小朔州, 至州北於赤島東分三派, 一南流匯爲九龍淵, 名曰鴨綠江.〕. 《新增東國輿地勝覽 卷53, 義州牧》

원운

元韻

강과 바다에는 삼경의 달 江海三更月
관산 위로는 만 리 먼 하늘 關山萬里天
외로운 신하는 나라 걱정하는 눈물을 孤臣憂國淚
변방 구름 가에서 홀로 흩뿌리네 獨灑塞雲邊

또 백헌 상공의 앞 시에 화운하다

又和軒相前韻

장부가 때로 겪는 곤액이	丈夫時屈厄
하늘 소관 아니라고 말하지 말게	莫謂不關天
꿈속에서 이전에 놀았던 곳이	夢裏曾遊地
분명히 이 바닷가였으니	分明此海邊

원운
元韻

내가 있어야 할 곳이 아니라고 감히 한탄하겠는가	敢恨非吾土
한평생 하늘 원망해본 적도 없는데	平生不怨天
강과 산은 그래도 주인이 정해져 있지만	江山却有主
바람과 달은 절로 끝이 없다네	風月自無邊

또 짓다
又

언뜻 봐도 허공에 솟은 듯해	試見臨無地
별천지인줄 잘 알겠는데	須知別有天
산꼭대기에서 창을 여니	窓開絶頂上
이 몸이 지는 노을 가에 있네	身在落霞邊

상공이 절구 한 편을 보내와서 병을 무릅쓰고 화답하다
相公送一絶 强病走和

천지에 또 가을바람 불고　　天地又秋風
밝은 거울 속처럼 강은 맑기만 한데　　江淸明鏡裏
병 많아 시 짓기 그만두고서　　多病癈言詩
멍하니 남곽자기처럼 궤에 기대있네[4]　　嗒然南郭几

4 멍하니……기대있네 : 남곽자기(南郭子綦)의 궤는 《장자(莊子)》〈제물론(齊物論)〉에 "남곽자기가 궤에 기대앉아서 하늘을 쳐다보며 크게 숨을 쉬니, 그 멍한 모습이 자기 짝을 잃은 것 같았다〔南郭子綦隱几而坐, 仰天而噓. 嗒焉似喪其耦.〕."라고 한 데서 온 말로, 은거하여 자신을 잊고 천지자연과 하나가 됨을 의미한다. 여기에서는 무엇을 할지조차 잊어버리고 아무 생각 없이 멍하게 있는 모습을 묘사한 것이다. 《莊子, 齊物論》

또 짓다

又

귀뚜라미 시 짓는 옆에서 울고	蟋蟀守吟邊
고향 전원은 꿈속에 드는데	田園來夢裏
여름 갈옷 가을 옷으로 갈아입고서도	夏葛換秋衣
멍하니 오궤[5]에 기대어만 있네	無心縛烏几

5 오궤(烏几) : 오피궤(烏皮几)의 준말로, 까만 염소 가죽을 덮어 만든 작은 궤안을 말하는데, 빈한한 은자가 사용하는 궤이다. 여기에서는 저자가 유배지에 있는 자신의 모습을 오피궤에 기댄 것으로 빗대어 표현한 것이다. 두보(杜甫)의 시 〈풍질주중복침서회(風疾舟中伏枕書懷)〉에 "오궤는 겹겹으로 동여매었고, 순의는 마디마디 기워 입었네〔烏几重重縛, 鶉衣寸寸針.〕."라는 구절이 있다. 《杜詩詳註 卷23, 風疾舟中伏枕書懷》

원운
元韻

아침에 일어나 앞산 바라보자 朝起望前山
푸른 노을에 반 쯤 물들었으니 半映靑霞裏
잘 알겠네 새로운 시 짓고서 應知新句成
이때 그대 은자의 궤에 기대 있을 줄 政當君隱几

또 짓다
又

백마산[6]에 가을 들고 秋生白馬山
푸른 강 속으로 해는 지는데 日落滄江裏
홀로 앉아 근심에 잠 못 드니 獨坐悄無眠
노을빛 조용한 궤에 물드네 煙霞侵淨几

6 백마산(白馬山) : 평안도 의주(義州)에서 남쪽으로 30리 떨어진 곳에 위치한 산으로 저자와 이경석이 유배된 곳이다〔白馬山, 在州南三十里, 諺傳白龍馬山遊故名.〕. 《新增東國輿地勝覽 卷53, 義州牧》

칠언절구
七言絶句

청천강[7]을 건너며

渡晴川江

청천강 가 버들이 안개처럼 푸르니　　晴川楊柳綠如煙
바로 지금 풍경이 3월이로구나　　正是風光三月天
이십년 동안 세상일은 바뀌어만 왔으니[8]　　二十年來人事異
되올 배[9]를 어느 곳에서 장건[10]에게 물어보겠나　　星槎何處問張騫

7 청천강(晴川江) : 청천강(淸川江)이라고도 한다. 평안남도 안주(安州) 지역을 흐르는 강으로 수(隋)나라 군사가 고구려를 치다가 패한 곳이므로 살수(薩水)라고도 부른다. 청천강 가에 있는 누대로는 관서팔경(關西八景) 중 하나인 백상루(百祥樓)가 유명하고 성 안에 안흥관(安興館)이 있다〔安州城下㫌薩水, 上有百祥樓, 隋師伐高麗敗戰處, 又名淸川江, 城內有安興館.〕. 《新增東國輿地勝覽 卷1, 京道 上》

8 이십년……왔으니 : 1650년 백마성(白馬城)에 위리안치(圍籬安置)되기 전 이십년 동안의 일을 말하는데, 당시 조선이 대외 전쟁·분쟁을 거쳐왔음을 의미한다.

9 되올 배 : 원문의 성사(星槎)는 은하수를 오가는 뗏목으로 사신이 타고 가는 배를 말하는데, 여기에서는 저자가 유배에서 풀려나 조정으로 되돌아가는 배를 의미한다. 유우석(劉禹錫)의 시 〈봉왕십이학사입한림인이시증(逢王十二學士入翰林因以詩贈)〉에 "구마 날렵해 밖에서 만나는 것 삼갔는데, 뗏목타고 은하수 아득해 갈 수 없네〔廐馬翩翩禁外逢, 星槎上漢杳難從.〕."라는 구절이 있다. 《劉賓客文集 卷24》

10 장건(張騫) : 장건(張騫, ?~BC114)은 한(漢) 무제(武帝) 때의 문신이자 외교관으로, 뗏목을 타고 황하를 거슬러 올라가 황하의 근원을 찾았으며, 서역으로 사신 가서 대원(大宛) · 강거(康居) · 월지(月氏) · 대하(大夏) 등 여러 나라를 모두 한나라에 복속(服屬)시키고 그곳의 문물을 한나라에 소개하였다. 《漢書 卷61, 張騫李廣利傳》

백헌 상공의 시에 차운하다

次軒相韻

온 몸 여위고 발 힘 약해 거닐 수도 없어서	形羸足弱罷徘徊
침상에서 아침 맞고 낮에서야 일어나다가	朝着藜牀午夢回
뜻밖에 맑은 시 얻어 그 빛이 눈을 비추니[11]	忽得淸詩光照眼
푸른 바다 야광주가 내게 온 것 같구나	却疑滄海夜珠來

11 맑은……비추니 : 원문의 광조(光照)는 당(唐)나라 왕발(王勃)의 〈등왕각서(滕王閣序)〉에서 온 말로, 여기에서는 이경석이 보내준 시가 훌륭해서 눈이 밝아졌음을 의미한다. 〈등왕각서(滕王閣序)〉에서 "수원(睢園)의 푸른 대는 그 기상이 도연명(陶淵明)의 술동이에 넘쳤고, 업수(鄴水)의 붉은 꽃은 그 빛이 사령운(謝靈運)의 붓을 비추었네〔睢園綠竹, 氣凌彭澤之樽. 鄴水朱華, 光照臨川之筆.〕."라고 한 데서 온 말이다. 《古文眞寶後集 卷2, 滕王閣序》

또 짓다
又

동군이 되가는 길 일부러 주저하면서	東君歸路故徘徊
잠시 배꽃에 기대 고개를 돌린 듯하니	暫借梨花顔面回
가을 난초 꿰어 찬들[12] 뭐 그리 부러우랴	紉佩秋蘭何足羨
좋은 시에 들이는 것이 훨씬 좋을 테지	爭如收入好詩來

12 가을……찬들 : 원문의 인패추란(紉佩秋蘭)은 난초를 허리에 찬다는 것으로 고결한 은사의 행색을 형용할 때 쓰는 말인데, 여기에서는 유배지에서 좋은 시를 쓰는 것이 고결한 은사의 행색보다 나음을 뜻하는 말로 사용되었다. 《초사(楚辭)》〈이소(離騷)〉에 "강리와 벽지를 몸에 걸쳐 입고, 가을 난초를 꿰어서 허리에 찬다〔扈江離與辟芷, 紉秋蘭以爲佩.〕."라는 구절이 있다. 《楚辭 卷1, 離騷》

또 짓다
又

상공의 사위 조수재[13]가 여기에 왔기에 이렇게 지은 것이다.
相公甥趙秀才來此故云

상공의 사위[14] 뛰어난 재주가 있어	隴西甥館見奇才
스승 따라 만 권 책 보는 데 뜻을 두었지	志在從師萬卷開
우습구나 한유[15]가 이야기했던 사위 이한[16]이	堪笑韓公稱李漢
어찌 하루라도 게양에 왔었던가[17]	何曾一日揭陽來

13 조수재(趙秀才) : 조명우(趙命祐, 1659~1681)로 자는 여수(汝受)이다. 조부는 조몽양(趙夢陽)이고 증조부는 조지강(趙持綱)이며, 어머니는 광주김씨(光州金氏) 참봉(參奉) 곤원(坤遠)의 딸이다. 《明齋遺稿 卷37, 趙秀才命祐墓誌》

14 상공의 사위 : 원문의 농서(隴西)는 당(唐)나라 이백(李白)이 〈여한형주서(與韓荊州書)〉에서 자신을 농서(隴西)의 포의(布衣)로 지칭한 데서 온 말이고, 생관(甥館)은 췌관(贅館)과 같은 뜻으로 사위가 거처하는 방을 의미하는데, 여기에서 농서생관(隴西甥館)은 이경석의 사위를 지칭하는 말로 사용되었다. 〈여한형주서(與韓荊州書)〉에 "저는 농서 포의로 초한의 땅에 들어왔습니다〔白隴西布衣, 流落楚漢.〕."라는 말이 있다. 《李太白文集 卷25, 與韓荊州書》

15 한유(韓愈) : 한유(韓愈, 768~824)의 자는 퇴지(退之), 호는 창려(昌黎)이다. 792년 진사과에 급제하였으며, 806~819년에 여러 관직을 거쳐 중서사인이 되었고 배도(裵度)를 따라 회서(淮西)를 토벌한 공으로 형부시랑(刑部侍郎)으로 승진하였으며 이부시랑(吏部侍郎)을 지냈다. 여기에서 한유는 이경석을 비유한다. 《舊唐書 卷165, 韓愈列傳》

16 이한(李漢) : 이한(李漢)은 중국 당(唐)나라의 시인으로, 한유(韓愈)의 제자이자 사위이다. 한유의 문집인 《창려선생집(昌黎先生集)》의 서문을 썼다. 여기에서 이한은 조수재(趙秀才)를 비유한다. 《欽定四庫全書總目 卷35》

원운

元韻

때로 비좁은 땅에 나가 잠시 서성이다가　時從隙地暫徘徊
촘촘한 높은 울타리로 바삐 되오는데　密密高籬窄窄回
배나무 한 그루에 피어난 네댓 송이가　一樹梨花四五蘂
쫓겨난 신하 오기를 기다리는 듯 뚜렷하네　分明如待逐臣來

또 짓다

又

재주 없어 내쫓긴 것 현랑[18]에게 너무 부끄러우니　愧殺賢郎逐不才
반가운 눈빛 이별 뒤에 누굴 위해 지었던가　青眸別後爲誰開
하늘 끝 이날 혼도 다 없어진 곳이라　天涯此日銷魂處
올 때 함께 온 것이[19] 되려 후회되네　却悔來時與共來

17 어찌……왔었던가 : 게양(揭陽)은 중국 조주(潮州)에 있는 지명을 가리키는데, 한유(韓愈)가 일찍이 죄를 짓고 조주로 좌천된 바 있다. 여기에서는 한유의 사위 이한이 한유가 좌천되었을 때 한 번도 한유를 찾아오지 않았으나 이경석의 사위 조명우(趙命祐)는 이경석을 찾아왔기에 그의 행동을 높게 평가하여 한 말이다. 《韓昌黎集 卷1, 祭文》

18 현랑(賢郎) : 남의 자제에 대한 경칭(敬稱)인데, 여기에서는 이경석의 사위 조명우(趙命祐, 1659~1681)를 말한다. 각주 13번 참조.

19 올 때……것이 : 1650년 청(淸)나라에 의해 이경석과 조경이 함께 백마성(白馬城)에 위리안치(圍籬安置)된 것을 의미한다.

또 짓다
又

문장의 대가 한마디로 뛰어난 재주라고 칭찬하여　詞宗一語奬賢才
마음속 가득한 이별의 근심 잠시 풀어주고　黯黯離愁爲暫開
사위[20] 향해 성대한 일 하도록 격려하니　持向坦郎誇盛事
이번에 천 리 멀리 온 것이 괜히 온 것 아니네　此行千里不虛來

- 위 시는 사위와 이별하며 지은 것이다.
右別甥韻

또 짓다
又

맑은 밤 홀로 달과 배회하며　清宵獨與月徘徊
그리움 맺힌 종남산으로 몇 번이나 고개 돌렸나[21]　戀結終南首幾回
봄빛 다 가버린 것을 한하지 않는 것은　不恨韶華歸已盡
봄날이 아직도 시구 속으로 따라 들어서이지　陽春尙逐句中來

20 사위〔坦郎〕: 원문의 단랑(坦郎)은 서랑(壻郎)과 같은 말로 사위를 의미하는데, 여기에서는 조명우(趙命祐)를 말한다.

21 종남산으로……돌렸나 : 서울을 그리워하는 심정을 표현한 말이다. 종남산(終南山)은 중국의 장안(長安) 남쪽에 있는 산 이름인데, 조선 시대에 서울의 남산(南山)을 지칭하는 말로 자주 사용되었다. 여기에서는 남산이 있는 쪽을 돌아보았다는 말로 서울을 그리워함을 의미한다. 두보(杜甫)의 시 〈봉증위좌승장(奉贈韋左丞丈)〉에 "아직도 종남산을 그리워하여, 고개 돌려 맑은 위수 바라보네〔尙憐終南山, 回首清渭濱.〕."라는 구절이 있다. 《杜詩詳註 卷1, 奉贈韋左丞丈》

잠곡 김육[22] 상공이 준 시에 차운하다

次潛谷金相公贈韻

강은 너른 언덕 휘감고 만 번 꺾여도 동으로 흐르고 江繞平丘萬折東
명철한 공은 휴직 중에도 명을 받았지만[23] 明公受命丐閑中
구차히 사는 나는 책망을 겨우 견디니 偸生苟活吾堪責
어리석은 나에게 시서는 부질없는 일이라네 癡腹詩書到底空

22 김육(金堉) : 김육(金堉, 1580~1658)의 본관은 청풍(淸風), 자는 백후(伯厚), 호는 잠곡(潛谷)·회정당(晦靜堂)이다. 1624년(인조2)에 문과에 급제하여 예조 판서, 영의정 등을 역임하였다. 김육은 성혼(成渾)과 이이(李珥)에게 수학했으며 김상용(金尙容), 김상헌(金尙憲) 등과 긴밀한 교유를 맺었다는 점에서 정치적으로 서인(西人)의 정통을 이었다고 평가받는다. 《潛谷遺稿, 年譜》

23 명철한……받았지만 : 김육(金堉)이 벼슬할 뜻을 접었으나, 명을 받고 다시 관직에 나갔다는 의미이다. 김육은 1611년 별시 초시와 증광별시 등에 합격하였지만, 관직에 나갈 뜻을 접고 1613년 가평의 잠곡 청덕동 화개산에서 잠거(潛居)하였는데, 은거한 지 10년 만인 1623년 인조반정으로 서인이 집권하자 곧바로 6품직의 벼슬을 받아 의금부도사가 되었다. 또한 1627년 정묘호란이 일어나자 세자시강원으로 있었던 김육은 시무책을 올렸다가 인조의 오해를 받아 1629년에 관직을 삭탈 당했는데, 이후 경기도 양근의 소천에서 우거하였으나 1632년 5월 다시 왕명을 받고 관직에 진출하였다.

원운
元韻

곧은 도와 웅장한 글로 해동을 울렸는데 直道雄文震海東
어찌하여 고운 모습 유배 가게 되었는가 如何玉貌在圍中
내일 아침 삼강[24] 너머에서 고개 돌리면 明朝回首三江外
백마성 우뚝하게 푸른 하늘로 솟았겠지 白馬城高半碧空

또 짓다
又

백마는 어느 때나 머리 동으로 돌릴 건가 白馬何時馬首東
유배지에 갇혀 있을 죄가 아닌데 罪非縲絏在之中
인간 세상 괴이한 일 진정 예측 어려우니 人間怪事誠難測
부질없이 돌돌괴사 쓰는 그 일에[25] 딱 맞는 구나 正合惟書咄咄空

24 삼강(三江) : 여기에서는 압록강(鴨綠江)을 가리킨다. 압록강이 의주(義州)의 북쪽에서 세 갈래로 나뉘어 흐르기 때문에 삼강이라고 하였다〔鴨綠江, 在州西北, 一云馬訾·一云青河·一云龍彎, 西距遼東都司五百六十里, 其源出胡地白頭山, 南流數百里, 經咸鏡道甲山三水, 過本閭延·茂昌·虞芮·慈城, 至江界·渭源地境, 與禿魯江合, 至理山郡山羊會, 與蒲洲江合, 至阿耳堡, 與童巾江合, 經碧潼·昌城·小朔州, 至州北於赤島東分三派, 一南流匯爲九龍淵, 名曰鴨綠江.〕.《新增東國輿地勝覽 卷53, 義州牧》 각주 3번 참조.

25 부질없이……일에 : 돌돌괴사(咄咄怪事)는 놀랄 만한 괴이쩍은 일을 말하는데, 여기에서는 할 일 없이 멍하게 시간만 보내고 있다는 의미이다. 동진(東晉) 때 은호(殷浩)가 모함을 받고 조정으로부터 먼 곳으로 추방당하였으나 조금도 원망하는 기색 없이 하루 종일 '돌돌괴사(咄咄怪事)' 넉 자만 쓰고 있었다고 한 데서 온 말이다〔浩雖被黜放, 口無怨言, 夷神委命, 談詠不輟, 雖家人不見其有流放之慼. 但終日書空, 作咄咄怪事四字而已.〕.《晉書 卷77, 殷浩傳》

백헌 상공이 준 시에 화운하다

和白軒相公示韻

파리한 몸[26] 쫓겨난 신하의 슬픔과 관계없으니	弔影非關逐客悲
기일[27]되어 임금님 모시던 그 날[28]을 생각하네	攀弓忽憶削瓜期

26 파리한 몸 : 원문의 조영(弔影)은 형영상조(形影相弔)의 줄임말로 의지할 데 없는 외톨이 신세를 의미하는데, 여기에서는 유배와서 인조에 대한 그리움으로 말라버린 저자의 몸을 묘사한 것이다. 《진서(晉書)》〈이밀(李密)〉에 "외롭게 홀로 선 채 신의 몸과 그림자만이 서로 위로할 뿐이었는데, 할머니 유씨가 일찍부터 병에 걸려 침상에 누워 계시니 신은 탕약을 만들어 모셔야지 일찍이 버리고 떠난 적이 없었습니다〔煢煢孑立, 形影相吊, 而劉夙嬰疾病, 常在牀蓐, 臣侍湯藥, 未嘗廢離.〕."라는 말이 있다. 《晉書 88, 孝友 李密》

27 기일〔攀弓〕: 원문의 반궁(攀弓)은 임금님의 죽음을 말하는데, 여기에서는 인조의 기일을 의미한다. 《사기(史記)》〈봉선서(封禪書)〉에서 황제가 형산(荊山) 아래에서 솥〔鼎〕을 주조(鑄造)하고 용(龍)을 타고 승천할 때 군신(群臣)과 후궁(後宮) 70여 인이 따라 올라갔다. 이때 여기에 함께 따라가지 못한 소신(小臣)들이 용의 수염을 잡고 하늘에 오르려다 용의 수염이 빠지는 바람에 땅으로 떨어졌는데, 이때 황제의 궁(弓)도 함께 떨어졌다. 이에 백성들이 그 궁을 부둥켜안고 통곡했다고 한 데서 온 말이다〔黃帝采首山銅, 鑄鼎於荊山下.鼎旣成, 有龍垂胡髥下迎黃帝. 黃帝上騎, 群臣後宮從上者七十餘人, 龍乃上去. 餘小臣不得上, 乃悉持龍髥, 龍髥拔,墮, 墮黃帝之弓. 百姓仰望黃帝旣上天, 乃抱其弓與胡髥號, 故後世因名其處曰鼎湖, 其弓曰烏號.〕. 《史記 卷28, 封禪書》

28 임금님……날 : 원문의 삭과(削瓜)는 신하로 임금님을 모시던 날을 뜻하는데, 여기에서는 인조를 모시던 날을 의미한다. 《예기(禮記)》〈위천자삭과장(爲天子削瓜章)〉에서 천자를 위하여 참외를 깎는 자는 껍질을 깎은 뒤에 넷으로 쪼개고 또 가로 끊어서 가는 갈포(葛布) 천으로 덮어서 올린다. 국군을 위해 껍질을 깎은 뒤에 반으로 쪼개고 또 가로 끊어서 거친 갈포 천으로 덮어서 올린다. 대부를 위해 국군의 경우와 같으나 천으로 덮지 않고 그대로 올린다. 사는 껍질을 깎고 가로 끊는 뒤에 꼭지를 베어버릴 뿐이며, 서인은 껍질을 깎은 뒤에 쪼개거나 가로 자르지 않고 이로 깨물어 먹는다고

일편단심 아홉 번 죽더라도 끝내 꺾기 어려우니　丹心九死終難折
달만 묵은 가지 위에서 우는 두견을 비추는구나　月照啼鵑古樹枝

한 데서 온 말이다〔爲天子削瓜者, 副之, 巾以絺. 爲國君者, 華之, 巾以綌. 爲大夫累之, 士疐之庶人齕之.〕. 《禮記, 曲禮 上, 爲天子削瓜章》

또 짓다

又

오늘 밤 갑자기 가슴 가득 메우는 슬픔이 일어나 今宵忽作塡胸悲
마음속으로 임금님 붕어했던 날 떠오르니 內記先王晏駕期
꿈속의 높은 산이 마치 눈앞에 있는 듯하고 夢裏高山如在眼
권대[29]의 소나무 잣나무에는 새 가지가 자라났네 卷臺松柏長新枝

원운[30]

元韻

하늘 끝에서 하잘 것 없는 신하의 슬픔 배나 더하니 天邊一倍小臣悲
아득했던 임금님 돌아가신 날[31] 벌써 가까워져서지 鼎水蒼茫已迫期

29 권대(卷臺) : 묘 앞에 있는 제대(祭臺)를 말한다.

30 원운(元韻) : 이경석의 이 시는《백헌집(白軒集)》권8에〈선왕 인조의 소상(小祥)이 가까워 지난 시간의 일에 감회가 일어 울며 기록하여 용주에게 보여주다〔先王朞祥已迫感念上年之事 泣以識之 示龍洲〕〉라는 제목으로 실려 있다.

31 임금님 돌아가신 날 : 원문의 정수(鼎水)는 정호(鼎湖)로 임금님의 죽음을 뜻하는데, 여기에서는 인조의 죽음을 의미한다.《사기(史記)》〈봉선서(封禪書)〉에서 황제는 수산에서 동(銅)을 채취해 형산(荊山) 아래에서 정을 주조했다. 정을 완성하자 하늘에서 긴 수염이 달린 용 한 마리가 내려와서 황제를 영접했고, 황제가 용의 등에 올라타자 여러 신하와 후궁 70여 명도 따라서 용의 등에 탔고, 그러자 용은 하늘로 올라갔다. 그러나 나머지 신하들은 올라가지 못하게 되자 용의 수염을 잡아당겨서 용의 수염은 뽑혀 떨어졌으며, 황제의 활도 떨어졌다. 백성들은 황제가 하늘로 올라가는

지난해 이맘 때 자금궁 우러러 보았을 때는　　　去歲此時瞻紫禁
오색구름[32]이 날 듯이 만년지[33]를 감쌌었지　　　五雲飛繞萬年枝

- 위 시는 인조〔長陵〕[34]의 기상(期祥)이 가까워 지난 시간의 일들을 추억하고 느꺼워 비통한 마음을 이기지 못한 것이다.
  右感念長陵期祥之近，追惟上年之事，不勝悲痛.

것을 보고, 그의 활과 용의 수염을 끌어안고 대성통곡했다. 그러므로 후세에 이 사실에 근거해 이 지방을 정호(鼎湖)라고 칭했고, 그 활을 오호(烏號)라고 한 데서 온 말이다〔黃帝采首山銅，鑄鼎荊山下. 鼎旣成，有龍垂胡髥下迎黃帝. 黃帝上騎，群臣後宮從上龍七十餘人，乃上去. 餘小臣不得上，乃悉持龍髥，龍髥拔，墮黃帝之弓. 百姓仰望黃帝旣上天，乃抱其弓與龍胡髥號. 故後世因名其處曰鼎湖，其弓曰烏號.〕. 《史記 卷28，封禪書》 각주 27번 참조.

32 오색구름〔五雲〕: 원문의 오운(五雲)은 다섯 가지 색체의 구름으로 흔히 시에서 길상(吉祥)의 징조라 하여 제왕(帝王)의 거소(居所)를 수식하는 말인데, 여기에서는 인조의 거소를 의미한다. 이백(李白)의 시 〈맥상증미인(陌上贈美人)〉에 "준마 타고 힘차게 낙화를 밟으며 지나다가, 채찍을 늘어뜨려 오운거를 건드려 보았네. 미인이 한바탕 웃으며 주렴을 걷더니, 멀리 붉은 누대를 가리키며 자기네 집이라고 하네〔駿馬驕行踏落花，垂鞭直拂五雲車. 美人一笑褰珠箔，遙指紅樓是妾家.〕."라는 구절이 있다. 《李太白文集 卷23，陌上贈美人》

33 만년지(萬年枝) : 대궐에 심었던 만년청(萬年青)이란 나무를 지칭하는데 동청(冬青)이라고도 한다. 송(宋)나라 안수(晏殊)의 시 〈만년지(萬年枝)〉에 "만년지 나무 위에 안개 어려 움직이고, 백자지 연못가에 상서로운 해가 기네〔萬年枝上凝烟動，百子池邊瑞日長.〕."라는 구절이 있다. 《能改齋漫錄 卷8，萬年枝》

34 인조〔長陵〕: 원문의 장릉(長陵)은 조선의 제16대 왕(재위 1623~1649)인 인조(祖仁，1595~1649)의 능으로, 여기서는 인조를 말한다. 광해군 때의 중립정책을 지양하고 반금친명(反金親明) 정책을 썼다. 난국 속에서도 군제를 정비해 총융청(摠戎廳)·수어청(守禦廳) 등을 신설했으며, 북변(北邊) 방위와 연해(沿海) 방위를 위하여 여러 곳에 진(陣)을 신설했다.

백헌 상공이 다시 앞의 운을 사용해 절구 네 편을 부쳐와 또 화답하다

軒相復用前韻 寄來四絶 又和

물들지 않았다고 어찌 묵자의 탄식[35]을 가졌으며	不染何曾有墨悲
음악 연주한들 지금 다시 종자기 만날 수 있겠나[36]	操音今復遇鐘期
산성 한 마지기 땅이면 내가 빌붙어 살 수 있으니	山城一畝能容我
그래도 한 가지에 깃들어 사는 뱁새[37]보다 낫구나	猶勝鷦鷯棲一枝

35 묵자의 탄식 : 묵자(墨子)가 흰 실이 탁하게 물드는 것을 보고 슬퍼했다는 데서 온 말로 여기에서는 깨끗하고 순수한 본성이 세상에 의해 물들어 버리는 현실에 대한 개탄을 의미한다. 《묵자(墨子)》〈소염편(所染編)〉에서 묵자가 실을 물들이는 사람을 보고 탄식하며 말하길, 파란 물감에 물들이면 파란색, 노란 물감에 물들이면 노란색이 되는구나. 이렇게 물감에 따라 실의 색깔도 변하여 매번 다른 색깔을 만드니 물들이는 일이란 참으로 조심해야 할 일이다. 사람이나 나라도 이와 같아 물들이는 방법에 따라 일어나기도 하고 망하기도 하는 것이라고 한 데서 온 말이다〔子墨子見染絲者而歎曰, 染於蒼則蒼, 染於黃則黃. 所入者變, 其色亦變, 五入必而已則, 其五色矣, 故染不可不愼也. 非獨染絲然也, 國亦有染. 舜染於許由, 伯陽. 禹染於皐陶, 伯益, 湯染於伊尹, 仲虺, 武王染於太公, 周公. 此四王者所染, 當故王天下, 立爲天子, 功名蔽天地.〕. 《墨子 卷1, 所染編》

36 음악……있겠나 : 원문은 종기(鐘期)는 춘추 시대 거문고의 명인 백아(伯牙)의 연주를 가장 잘 이해했던 종자기(鍾子期)로, 여기에서는 종자기처럼 자신을 알아주는 이를 만날 수 없음을 말한 것이다. 《열자(列子)》〈탕문(湯問)〉에서 백아가 마음속에 높은 산을 두고 거문고를 타면 종자기는 이를 알아듣고 '아, 훌륭하구나, 험준한 것이 태산과 같네'라고 하였으며, 백아가 마음속에 흐르는 물을 두고 거문고를 타면 종자기는 이를 알아듣고 '아, 훌륭하구나, 넘실대는 것이 강하와 같네'라고 한 데서 온 말이다〔鍾子期曰, 善哉, 峩峩兮若泰山. 志在流水, 鍾子期曰, 善哉, 洋洋兮若江河.〕. 《列子 卷5, 湯問》

37 한 가지에……뱁새 : 원문의 초료(鷦鷯)는 뱁새로 나뭇가지 하나에 둥지를 틀고 사는

또 짓다
又

공의 시는 이소의 슬픔 쓰지 않아도[38]	公詩不用楚騷悲
영화와 쇠락을 잘 알아 저절로 기약 있어	慣識榮枯自有期
모랫길 다시 닦을 일[39] 멀지 않은 줄 알겠으니	再築沙堤知不遠
백성들 봉황 깃들던 가지[40] 한참을 보고 있겠지	邦人佇覩鳳凰枝

새를 말하는데, 여기에서는 저자가 자신이 이 새보다는 처지가 나음을 말한 것이다. 《장자(莊子)》〈소요유(逍遙遊)〉에 "초료가 깊은 숲 속에 둥지를 틀어도 나뭇가지 하나면 족하다〔鷦鷯巢於深林, 不過一枝.〕."라는 말이 있다. 《莊子, 逍遙遊》

38 공의……않아도 : 원문의 초소(楚騷)는 〈이소(離騷)〉를 말하는 것으로, 〈이소〉는 충성으로 임금님을 섬겼던 초(楚)나라 굴원(屈原)이 간신의 말을 듣고 임금님이 자신을 추방하자 이를 슬퍼하며 지은 373구 2,490자의 장편 서사시이다. 여기에서는 이경석이 굳이 자신의 시에 유배의 슬픔을 담지 않아도 뜻이 곡진함을 말한 것이다.

39 모랫길……일 : 원문의 사제(沙堤)는 처음으로 재상이 된 사람이 그의 사제(私第)에서부터 성 동쪽 거리까지 모래로 길을 메웠다는 당(唐)나라 때의 풍속에서 온 말로, 여기에서는 유배에서 풀려나 다시 재상이 될 날을 의미한다. 이세백(李世白)의 시 〈차곡운구씨기시운(次谷雲舅氏寄示韻)〉에 "슬프구나, 어느 누가 나의 뜻을 알아줄까. 이 마음 본래 사제에 연연하지 않았다네〔惆悵誰知吾畫意, 此心元不戀堤沙.〕."라는 구절이 있다. 《雩沙集 卷3, 次谷雲舅氏寄示韻》

40 봉황 깃들던 가지 : 원문의 봉황지(鳳凰枝)는 봉황이 깃들었던 가지를 말하는데, 여기에서는 이경석이 다시 재상 자리에 앉을 것임을 말한 것이다. 두보(杜甫)의 시 〈추흥팔수(秋興八首)〉 중 제8수에 "앵무새 쪼던 홍도 낟알 남아있는데, 봉황이 깃들던 벽오동은 가지만 늙어가는구나〔紅稻啄餘鸚鵡粒, 碧梧棲老鳳凰枝.〕."라는 구절이 있다. 《杜詩詳註 卷17, 秋興八首》

원운

元韻

서쪽 와서 초나라 죄수[41]의 슬픔 이는 것은	西來肯作楚囚悲
조정으로 돌아갈 날 기약할 수 없기 때문인데	只是趨朝未卜期
서럽구나 외로운 성 한 조각 달은	怊悵孤城一片月
밤 깊을 때 자규 앉은 가지에만 온통 내려 비치네	夜深偏照子規枝
벗과 마주하여 기쁘고 또 슬픈 것은	故人相對喜兼悲
이 땅에 함께 온 것이 애초에 약속해서가 아니어서지	此地同來本不期
유배생활 동안 계절의 변화를 떠올려보니	記取客間時序變
시든 꽃도 다 지고 가지에는 녹음 우거졌네	殘紅已讓綠陰枝

41 초나라 죄수 : 원문의 초수(楚囚)는 진(晉)나라에 포로로 잡혀가서 거문고로 초나라 음악을 연주하며 고향을 그리워했던 종의(鍾儀)의 고사에서 온 말로, 고향을 떠난 나그네를 뜻하는데 여기에서는 유배 온 이경석이 자신의 처지를 말한 것이다. 《춘추좌씨전(春秋左氏傳)》에 "진후(晉侯)가 군영을 순시하던 중에 종의(鍾儀)를 보고 유사에게 묻기를 '남관(南冠)을 쓰고 구속된 저자는 누구냐'라고 하자, 대답하기를 '정(鄭)나라 사람이 바친 초수(楚囚)입니다'라고 하였다〔晉侯觀于軍府, 見鍾儀, 問之曰, 南冠而縶者誰也. 有司對曰, 鄭人所獻楚囚也.〕."라는 말이 있다. 《春秋左氏傳, 成公 9年》

상공이 준 시에 차운하다

次相公示韻

동군이 가버린 뒤 봄 자취는 비질한 듯한데[42]	東君一去迹如掃
누가 보냈나 붉은 복사꽃 전 뒤의 안개처럼 폈으니	誰遣緋桃殿後塵
하늘이 현명한 재상을 가엽게 여겨	無乃天公憐聖相
잠시 재상[43]에게 봄을 되돌려준 것 아니겠는가	暫時飜較鼎梅春

42 비질한 듯한데 : 깨끗하게 싹 쓸어버렸다는 뜻인데, 여기에서는 봄기운이 하나도 남아 있지 않다는 의미이다. 두보(杜甫)의 시 〈증이백(贈李伯)〉에 "괴로워도 약 살 돈 없어, 산림을 비질하듯 돌아다녔네〔苦乏大藥資, 山林迹如掃.〕."라는 구절이 있다.《杜詩詳註 卷1, 贈李伯》

43 재상〔鼎梅〕: 원문의 정매(鼎梅)는 음식을 조리하는 솥에 넣는 매실을 말하는데, 전의(轉義)하여 국정을 맡아서 다스리는 재상을 뜻한다.《서경(書經)》〈열명(說命) 하(下)〉에 은(殷)나라 고종(高宗)이 부열(傅說)에게 내가 "국을 요리하거든 네가 소금과 매실이 되라〔若作和羹, 爾惟鹽梅.〕."라고 한 데서 온 말이다.《書經, 說命 下》

또 짓다
又

<table>
<tr><td>번쩍이는 번개 세찬 우레 창을 흔든 뒤</td><td>迅雷驚電戰窓牖</td></tr>
<tr><td>비가 인간 세상 만 섬의 먼지 씻어냈지만</td><td>雨洒人寰萬斛塵</td></tr>
<tr><td>서글프구나 늙은 데다가 눈까지 침침해</td><td>怊悵老年仍病眼</td></tr>
<tr><td>온 동산에 든 봄을 함께 즐길 방법 없으니</td><td>無由同賞一園春</td></tr>
</table>

원운
元韻

울타리 너머 복사꽃이 한창 피어서 마침내 절구 한 편을 짓다
籬外桃花正開 遂成一絶

찬란한 봄날[44] 이미 다 가버려	九十韶華都已盡
온 숲의 울긋불긋한 꽃 먼지처럼 다 져버렸는데	萬林紅紫摠隨塵
누가 알았으랴 한 그루 복사꽃 남아있어	誰知一樹桃花在
일부러 울타리 가에서 별도의 봄을 만들 줄을	故向籬邊別作春

또 짓다
又

들 빛 산 빛 새롭게 눈에 들고	野色山光入眼新
저물녘 개인 비에 뜨거운 먼지도 씻겨가니	晩來晴雨洒炎塵
조물주 나에게 정말 야박하지 않아서	天公向我眞非薄
복사꽃 분수 밖의 봄을 빌려주는구나	乞與桃花分外春

44 찬란한 봄날 : 원문의 구십소화(九十韶華)는 아름다운 계절의 경치, 춘광(春光)을 가리키는 말이다. 〈양심전벽도수(養心殿碧桃樹)〉에 "찬란한 봄날 모두 지나가는데, 여전히 남아있는 봄빛이 사람 기다리네〔九十韶華都過也, 尙携春色待人看.〕."라는 구절이 있다. 《御製詩初集 卷25, 養心殿碧桃樹》

단비
喜雨

밤에 울리는 빗소리 듣다가 새벽 되어 문을 여니　夜聽鳴雨曉開門
무성해진 초목들 모두 말하려는 듯하여　草木津津盡欲言
들어보니 농신이 사방 들을 다니면서　聞道農臣行四野
서맥[45]을 하늘에 바치려고 한다하네　將期瑞麥奉天閽

백헌 상공이 차운하다
軒相次韻

아침 들어 단비가 사립문을 적시니　朝來好雨濕柴門
우는 새 도리어 기쁜 소식 전하는 듯하네　啼鳥還如報喜言
저녁 무렵 한 줄기 서늘한 바람 그대는 아는가　向晩一涼君識否
맑은 그늘을 구중 하늘에서 나누어 준 것을　淸陰分自九重閽

45 서맥(瑞麥) : 한 대에 여러 이삭이 나오는 상서로운 보리로 태평시대에 난다고 한다. 《통감총류(通鑑總類)》〈후량태조책송주헌서맥(後梁太祖責宋州獻瑞麥)〉에 "개평(開平) 후량(後梁) 때 송주절도사(宋州節度使) 형왕(衡王) 주우량(朱友諒)이 서맥(瑞麥)을 바쳤는데, 한 줄기에 세 이삭이 달렸다〔開平四年宋州節度使, 衡王友諒獻瑞麥, 一莖三.〕."라는 말이 있다. 《협서통지(陜西通志)》에 원(元)나라 학경(郝經), 명(明)나라 유기(劉基)의 〈서맥송(瑞麥頌)〉이 전한다. 《通鑑總類 卷40 下, 後梁太祖責宋州獻瑞麥》, 《陜西通志 卷90》

백헌 상공에게 써 드리다
錄呈軒相

지난밤 바람이 오늘 밤 비가 되어　昨夜風傳今夜雨
푸른 산 끝없이 고운 구름 안개에 덮였는데　青山無限好雲煙
유인은 북창 아래서 실컷 잠을 자면서[46]　幽人睡足北窓下
이 몸 어디에 있는지도 느끼지 못하네　不覺此身何處邊

백헌 상공이 차운하다
軒相次韻

새벽 창의 서늘한 기운 가을날 같고　曉窓涼意似秋天
밤비는 막 개어 안개 반쯤 젖었는데　夜雨新晴半濕煙
우습구나 풍류는 갈아도 다하지 않아　自笑風流磨不盡
유배 와서도 오히려 바다 구름 끝에 누워 있으니　謫來猶臥海雲邊

46 북창……자면서 : 유배 온 자신의 처지를 은거하는 삶에 빗대어 한 말이다. 소식(蘇軾)의 시 〈박박주(薄薄酒)〉에 "새벽 조회 시간 기다리느라 신발에 서리가 가득한 벼슬살이보다는, 한여름 해가 높이 솟도록 느긋하게 잠을 자며 북창의 시원한 바람을 즐기는 것이 훨씬 낫지 않으랴〔五更待漏靴滿霜, 不如三伏日高睡足北窓涼.〕"라는 구절이 있다. 《東坡全集 卷7, 薄薄酒 二首》

산을 내려와 상공의 절구 한 편 율시 한 편에 차운하다
下山次相公一絶一律

묵은 절 남은 스님 적막과 벗하다가	古寺殘僧友寂廖
높은 산 내려오는 나를 맞이해주니	也能迎我下孱顔
이 땅에 빼어난 경치 없다고 말하지 마라	莫言玆地無奇勝
개울 물 영롱하게 어지러운 바위 사이로 흐르니	小水玲瓏亂石間

원운
元韻

아침 들어 성 저쪽으로 나가 작은 절을 찾아가서	朝出城西尋小刹
흰머리로 마주하며 함께 활짝 웃는데	白頭相對共開顔
한바탕 맑은 바람 분 뒤 온 산에 비 내리니	淸風一陣千峯雨
마치 우리들이 여기 온 줄 아는 듯하네	似識吾儕到此間

비 온 뒤에

雨後

큰 천둥이 하늘과 땅을 뒤흔들어	掀天殷地萬雷車
장기 낀 해안의 찌는 더위를 시원하게 쓸어버려	快洒炎蒸瘴海涯
병든 몸에 지팡이 쥐고 일어나 띠집을 둘러보니	病起扶藜繞茅屋
문 앞에 동릉후의 오이[47]가 막 익고 있구나	門前初熟故侯瓜

47 동릉후의 오이 : 《사기(史記)》 〈소상국세가(蕭相國世家)〉에서 진(秦)나라의 동릉후(東陵侯) 소평(邵平)이 진나라가 망한 뒤 벼슬을 버리고 장안성(長安城) 청문(青門) 밖에 오이를 심어 가꾸며 은거하였는데, 그 오이가 맛이 좋기로 유명하여 당시 사람들이 동릉과(東陵瓜)라고 한 데서 온 말이다〔召平者, 故秦東陵侯, 秦破爲布衣貧, 種瓜於長安城東瓜美, 故世俗謂之東陵瓜, 從召平以爲名也.〕. 《史記 卷53, 蕭相國世家》

백헌 상공이 차운하다

軒相次

번개[48]빛 벼락을 따라 울리고　　列缺光隨霹靂車
한 순간에 소나기[49] 하늘 끝에서 쏟아지니　　一時銀竹散天涯
무더위 다 씻기고 서늘한 기운 가득한데　　朱炎洒盡饒涼意
여기다 더해 맑은 샘물 길어 푸른 오이를 담그네　　且汲淸泉浸綠瓜

점점 이가 빠져 큰 수레가 다닐 듯한 것은　　漸脫齒牙豁左車
병들어 쇠한 몸으로 하늘가에 유배 와서가 아니지만　　非緣衰病落天涯
그 뒤로 씹기를 그만두고 마시기만 하니　　爾來嚼廢唯知飮
여름날 소반 속에 오이를 쌓아 둘 필요 없네　　夏日盤中不飣瓜

48 번개〔列缺〕: 원문의 열결(列缺)은 하늘 위에 있는 틈을 말하는데, 이곳에서 번개가 일어나므로 열결은 번개를 의미한다. 《초사(楚辭)》 〈원유(遠遊)〉에, "위로 열결에 이름이여, 아래로 큰 골짜기를 바라본다〔上至列缺兮, 降望大壑.〕."라는 구절이 있다. 《楚辭 卷5, 遠遊》

49 소나기〔銀竹〕: 원문의 은죽(銀竹)은 은빛 대줄기로 소나기를 비유한 말이다. 이백(李白)의 시 〈숙하호(宿鰕湖)〉에 "겨울 산을 비춰 주며 내려오는 하얀 비, 흩뿌리는 그 모습 은빛 대와 흡사하네〔白雨映寒山, 森森似銀竹.〕."라는 구절이 있다. 《李太白詩集 卷21, 宿鰕湖》

또 차운하다
又次

다니는 것 작은 수레[50]에 딱 들어맞는데	只合行乘下澤車
꿈속 혼은 자꾸만 흰 구름 낀 언덕을 맴도니	夢魂長繞白雲涯
산수가에 절로 그윽이 깃들어 살 곳이 있어	林泉自有幽棲地
청문[51]에서 오이 심기를 배울 필요 없다네	不必青門學種瓜

50 작은 수레 : 원문의 하택거(下澤車)는 질퍽거리는 습지도 통과할 수 있는 작은 수레를 말한다. 《후한서(後漢書)》〈마원열전(馬援列傳)〉에 후한(後漢) 마원(馬援)의 종제(從弟) 마소유(馬少游)가 마원에게 "선비가 한 세상에 태어나 입고 먹을 것을 취할 수 있으면 충분하니, 작은 수레를 타고 조랑말을 몰며, 고을의 하급 관리가 되고 선영을 지키면서, 향리의 사람들이 좋은 사람이라고 말해 준다면 그만이다〔士生一世, 但取衣食裁足, 乘下澤車, 御款段馬, 爲郡掾吏, 守墳墓, 鄕里稱善人, 斯可矣.〕."라는 말이 있다. 《後漢書 卷24, 馬援列傳》

51 청문(青門) : 벼슬을 버리고 전원으로 물러가 생활하는 것을 비유한 말이다. 《삼보황도(三輔黃圖)》〈도성십이문(都城十二門)〉에서 한(漢)나라 때 장안(長安)의 동남쪽에 있던 성문(城門)으로, 본래 이름은 패성문(霸城門)이나 문의 색깔이 푸르다 하여 청문(青門)이라고 불렸다라고 한 말이 있다〔長安城東出南頭第一門曰霸城門, 民見門色青, 名曰青城門, 或曰青門.〕. 《사기(史記)》〈소상국세가(蕭相國世家)〉에 "소평(邵平)은 진(秦)나라 동릉후(東陵侯)이다. 진(秦)나라가 망한 뒤에 포의로 가난하게 지내면서 장안성 동쪽에 오이를 심었는데, 오이 맛이 좋았으므로 세상 사람들이 동릉과(東陵瓜)라고 불렀다〔召平者, 故秦東陵侯. 秦破爲布衣貧, 種瓜於長安城東, 瓜美, 故世俗謂之東陵瓜.〕."라는 말이 있다. 《三輔黃圖 卷1, 都城十二門》, 《史記 卷53, 蕭相國世家》

천추는 한마디 말로 늙어서도 수레를 받았는데[52] 一語千秋老賜車
하물며 공은 검은 머리에 아는 것도 끝이 없어 況公玄鬢知無涯
재상직 다시 환해질 것이라고 사람들 모두 얘기하니 三台再朗通人說
새로운 은혜에 당연히 2월 오이[53]를 나누어 받겠지 新渥應頒二月瓜

52 천추는……받았는데 : 한(漢)나라 전천추(田千秋)의 일화를 말하는데, 기회를 잘 이용하여 임금님의 뜻에 영합하여 재상과 같은 고위관직에 올라 부귀영화를 누리는 사람, 혹은 무능한 재상을 비유하는 말로 쓰인다. 《전한서(前漢書)》〈공손유차왕양채진정전(公孫劉車王楊蔡陳鄭傳)〉에서 한(漢)나라 무제(武帝) 때에 위 태자(衛太子) 유거(劉據)가 강충(江充)에 의하여 무고(巫蠱)의 화를 당한 끝에 자결하였는데, 전천추가 꿈에 백두옹(白頭翁)의 교시를 받았다고 가탁하면서 상소를 올리자 무제가 곧바로 그를 대홍려(大鴻臚)에 임명하고 몇 달 사이에 승상(丞相)으로 임명하는 한편 부민후(富民侯)에 봉했다고 한 말이 있다〔會衛太子爲江充所譖敗久之, 千秋上急變訟太子寃曰, 子弄父兵, 罪當笞, 天子之子過誤殺人,當何罪哉臣嘗夢見一白頭翁教臣言. 是時, 上頗知太子惶恐無他意, 迺大感寤, 召見千秋. 至前, 千秋長八尺餘, 體貌甚麗, 武帝見而說之, 謂曰, 父子之間, 人所難言也, 公獨明其不然. 此高廟神靈使公教我, 公當遂爲吾輔佐. 立拜千秋爲大鴻臚.〕. 이에 대하여 "천추가 다른 재능이나 학술도 없고 벌열이나 공로도 없이, 단지 한마디 말로 상의 마음을 만족하게 하여 열흘에서 한 달 사이에 재상과 봉후에 올랐으니, 이는 세상에 일찍이 없었던 일이다〔千秋無他材能術學, 又無伐閱功勞, 特以一言寤, 旬月取宰相封侯, 世未嘗有也.〕."라는 말이 있다. 《前漢書 卷66, 公孫劉車王楊蔡陳鄭傳》

53 2월 오이 : 원문의 이월과(二月瓜)는 2월에 열리는 오이를 말하는데, 여기에서는 임금님이 내려주신 오이를 의미한다. 오이 덩굴처럼 끝없이 뻗어 나간다는 의미에서 번성을 비유할 때 쓰는 말이다. 《시경(詩經)》〈면(綿)〉에 "면면히 이어진 오이 덩굴이여, 주(周)나라에 사람들이 처음으로 산 것은, 저수와 칠수에 터전을 잡으면서부터이네〔綿綿瓜瓞, 民之初生, 自土沮漆.〕"라는 구절이 있고, 《주역(周易)》〈구괘(姤卦)〉에 "기(杞)나무 잎으로 오이를 감싸는 것이니, 아름다움을 머금고 있으면 하늘에서 떨어짐이 있으리라〔以杞包瓜, 含章, 有隕自天.〕."라고 하였는데, 그 상(象)에 "구오의 함장(含章)은 중정(中正)해서이고, 하늘에서 떨어짐이 있는 것은 마음속으로 천명을 버

또 차운하다

又次

밭 어귀에서 수차를 쓰지 못해서	田頭不用費飜車
강물이 비에 불어나자 언덕과 겨우 구분될 정도인데	雨漲江河僅辨涯
하룻밤 새 마을 밭이 푸른빛에 물드니	一夜村畦靑已遍
원예지기는 다시 새 오이를 바치겠지	園丁也復進新瓜

리지 않았기 때문이다〔九五含章, 中正也, 有隕自天, 志不舍命.〕."라고 하였다. 이는 높은 곳에 있는 기나무의 잎으로 땅에 있는 오이를 감싸는 것처럼, 임금의 지위에 있는 구오(九五)가 자신의 아름다움을 간직한 후 구이(九二)에 있는 현인을 포용하면 세상에 덕화가 크게 행해질 것이라는 말로, 2월 오이는 임금님의 은혜를 의미한다. 《詩經, 大雅 綿》, 《周易, 姤卦》

산성에서 염질에 걸려 잠깐 자고 위화촌에서 유배지로 돌아와 시를 짓다

山城染疾少寢 自威化村返棘籬有吟

날던 새들도 날개 돌려 묵은 숲으로 되오니 飛鳥回翔返故林
사람이 세 밤 잔 곳[54]에 마음 없을 수 있겠냐만은 人於三宿可無心
다시 산성의 침상으로 와 밤잠을 자니 宵眠更就山城榻
약속이나 한 듯 맑은 바람이 내 옷깃에 가득하네 如約淸風滿我襟

백헌 상공이 차운하다

軒相次

외로운 학은 어느 곳 숲으로 되가는가 獨鶴投歸何處林
외로운 구름은 무심하게 절로 산을 나오는데 孤雲出岫自無心
다정하기로는 산 창 위에 뜬 달이 제일이니 多情最是山窓月
옛날과 똑같이 맑은 빛으로 나그네 옷깃을 비춰주네 依舊淸光照客襟

54 세 밤……곳 : 잠시 머물며 맺은 인연을 의미한다. 《후한서(後漢書)》〈양해열전(襄楷列傳)〉에 "불법(佛法)을 닦는 승려가 뽕나무 아래에서 사흘 밤을 계속 묵지 않는 것은 시간이 흐름에 따라 애착이 생길까 두려워하기 때문이니, 이는 정진(精進)의 극치라고 할 것이다〔浮屠不三宿桑下, 不欲久生恩愛, 精之至也.〕."라는 말이 있다. 《後漢書 卷30, 襄楷列傳》

귀성에서 순채와 농어를 보내주어 상공에게 받들어 읊어 화답을 구하다

龜城送蓴鱸 吟奉相公求和

누가 얼 듯한 추위에 순채와 농어회[55]를 주었으며 誰贈蓴鱸冷欲氷
귀성의 태수는 이전에 언제 만났었던가 龜城太守面何曾
못 가에 머물러 있으니 가을바람 불어와 淹留澤畔秋風至
오 땅으로 돌아간 진나라 계응에게 부끄럽네[56] 慚媿歸吳晉季鷹

55 순채와 농어회 : 원문의 순로(蓴鱸)는 순채와 농어회로 고향에 대한 그리움을 의미한다. 《진서(晉書)》〈장한열전(張翰列傳)〉에 진(晉)나라 때 장한(張翰)이 일찍이 낙양(洛陽)에 들어가 동조연(東曹掾)으로 있다가, 어느 날 갑자기 가을바람이 일어나는 것을 보고는 자기 고향인 강동(江東) 오중(吳中)의 순챗국과 농어회를 생각하면서 "인생은 자기 뜻에 맞게 사는 것이 귀중하거늘, 어찌 수천 리 타관에서 벼슬하여 명작(名爵)을 구할 수 있겠는가〔人生貴得適意爾, 何能羈宦數千里以要名爵.〕."라고 한 데서 온 말이다. 《晉書 卷92, 張翰列傳》

56 오 땅으로……부끄럽네 : 계응(季鷹)은 진(晉)나라 장한(張翰)의 자이다. 《진서(晉書)》〈장한열전(張翰列傳)〉에 장한은 동조연(東曹掾)이라는 관직에 있다가 어느 날 가을바람이 부는 것을 보고 고향의 순챗국과 농어회가 그리워진다고 하면서 사직하고 떠나간 인물인데, 여기에서는 고향으로 돌아가지 못하는 자신의 처지를 부끄러워 한 것이다. 《晉書 卷92, 張翰列傳》

백헌 상공이 차운하다

軒相次

순채는 은색 실 같고 농어는 얼음 같으니　蓴似銀絲鱗似氷

돈 쓰고도 또 언제 웃은 적 있나　費錢還復笑何曾

구름 낀 드넓은 하늘에 추위 가득 차　新涼已動雲霄闊

저 멀리 굳센 날개 가진 몽택의 매[57]를 떠올려 보네　勁翮遙思夢澤鷹

57 몽택의 매 : 원문의 몽택(夢澤)은 초(楚)나라의 대택(大澤)인 운몽택(雲夢澤)을 가리킨다. 초(楚)나라 문왕(文王)이 운몽택(雲夢澤)에 사냥을 나갔을 때 아끼던 매가 솟구쳐 올라가 큰 새 한 마리를 잡자, 그 새를 보고는 대붕(大鵬)의 새끼라고 했는데, 여기에서는 힘과 능력을 겸비한 매를 부러워하는 뜻으로 사용되었다. 《태평광기(太平廣記)》에 "초나라 문왕이 사냥을 좋아하였는데, 어떤 사람이 매 한 마리를 바쳤다. 문왕이 보기에 그 매가 보통 매와 달랐으므로 운몽의 연못으로 데리고 가서 사냥을 했다. 다른 매들은 앞다투어 공격하고 물었으나 그 매는 눈을 크게 뜨고 먼 곳만 바라보고 있었다. 이윽고 구름 가에 불분명한 백색의 물체가 나타나자 매가 번개처럼 날아오르더니, 순식간에 눈발처럼 깃털이 쏟아지고 비처럼 핏방울이 쏟아졌다. 그 뒤 한참 있다가 큰 새가 땅에 떨어졌는데, 새의 양쪽 날개의 너비가 10여 리나 되었고 부리 가에 황색을 띠었다. 사물을 널리 아는 어떤 군자(君子)가 말하기를 '이 새는 대붕(大鵬)의 새끼이다'라고 하였다〔楚文王好獵, 有人獻一鷹. 王見其殊常, 故爲獵于雲夢. 毛羣羽族爭噬共搏, 此鷹瞪目遠瞻雲際. 俄有一物鮮白, 而不辨其形, 其鷹便竦羽而升, 矗若飛電. 須臾羽墮如雪, 血下如雨. 有大鳥墜地, 度其羽翅, 廣數十里. 時有博物君子曰, 此大鵬雛也.〕."라는 말이 있다. 《太平廣記 卷460, 楚文王》

상공이 준 시에 차운하다
次相公惠韻

구름 흩어지고 바람 가벼운 속 해는 벌써 져 가	雲駁風輕日已西
소와 양 작은 산길을 다투어 내려오는데	牛羊爭下小山蹊
농가에서 아득히 오늘 밤 비를 보니	田家望望今宵雨
빗속 제비 어떻게 옛 둥지에서 잠을 잘까	雨燕那堪縮舊棲

원운
元韻

시골에 사는 것이 되려 양수의 동서쪽[58] 같아	村居却似瀼東西
곡식 심은 밭 어귀에 작은 길 났으니	禾黍田頭一小蹊
지척에 있으며 외로움 참다 오늘 저녁 만나러	尺地忍孤今夕會
저물녘 새가 깃들려고 바람타고 가듯하네	乘涼欲趁暮禽棲

58 양수의 동서쪽 : 두보(杜甫)는 사천성(四川省) 기주(夔州)에 있는 양수의 산천을 좋아하여 그곳의 동쪽과 서쪽으로 세 번이나 거처를 옮기며 살았다고 한다. 두보의 시 〈기주가(夔州歌)〉에 "양동과 양서에는 일만 호의 집이 있고, 강북과 강남에는 봄이나 겨울이나 꽃이 피네〔瀼東瀼西一萬家, 江北江南春冬花.〕."라는 구절이 있다. 《杜詩詳註 卷15, 夔州歌》

다시 앞 시에 차운하다

再次前韻

말 타고 맑은 시내 건너 서쪽으로 서쪽으로 와보니	馬度晴川西復西
산 높아 백마성 풀로 길 막혀있고	山高白馬塞茅蹊
거센 바람 변방 기운에 여름 무더위 없으나	强風朔氣無炎夏
나무 꼭대기에 새 깃들 둥지 만들기도 어렵네	樹杪難成鳥雀棲

원운

元韻

그대 거처는 바로 서쪽 골짜기 저쪽이고	君住正當西澗西
내가 사는 곳은 동쪽 기슭 풀이 길을 가린 곳	我居東麓草封蹊
지난밤 되올 때 희미한 달빛 비추어	昨夜歸來微月照
안개 낀 돌무더기에 깃든 새를 놀라게했지	石林一煙驚鳥棲

백헌 상공이 충자 운으로 쓴 시에 차운하다

次軒相蟲字韻

관산의 밝은 달빛 뜰에 가득하니	關山明月滿庭中
궤에 기댄 이 늙은이 수심에 차 읊는데	憑几愁吟此老翁
고요한 사립문에는 사람 오지 않고	寂寂柴扉人不到
침상 둘러 밤새도록 밤벌레만 우는구나	繞床終夜咽陰蟲

또 짓다
又

이치와 명이 책 속에 환히 나와 있으니 理命昭昭黃卷中
이 생을 촉나라 장자에게 물을 것도 없네[59] 此生休問蜀莊翁
성현의 사업은 하늘과 땅처럼 크니 聖賢事業乾坤大
바닥에 뒹구는 벌레 두 마리[60] 무엇이 해로우랴 控地何妨有二蟲

59 이 생을……없네 : 모든 이치가 책 속에 담겨있기 때문에 구태여 장자(莊子)의 사상에 기대어 살지 않아도 된다는 말이다.

60 바닥에……마리 : 원문의 이충(二蟲)은 붕새를 비웃는 매미와 작은 비둘기를 말하는데, 위대한 존재의 큰 뜻을 헤아리지 못하는 작은 존재를 의미한다. 《장자(莊子)》 〈소요유(逍遙遊)〉에서 붕새는 9만 리를 올라서 바람을 타고 남명(南冥)으로 날아간다고 하는데, 이를 들은 매미와 메까치가 비웃으며 우리는 훌쩍 솟아올라 느릅나무나 박달나무가 있는 곳까지 가려 해도 때로는 이르지 못하고 땅바닥에 떨어지고 마는데, 어째서 9만 리나 올라가서 남쪽으로 가려 하는가라고 한 데서 온 말이다〔蜩與學鳩笑之曰, 我決起而飛, 搶榆枋而止, 時則不至而控於地而已矣, 奚以之九萬里而南爲.〕. 《莊子, 逍遙遊》

또 짓다

又

재상직[61] 명받아 십년을 지내느라　銜命調梅十載中

검은 머리 지금 와서 흰머리 늙은이 되었는데　黑頭今作白頭翁

외로운 성에서 초사[62] 읊으니 참으로 괴이하고　孤城橘頌眞差事

한 방울 물에도[63] 죽어나가는 벌레가 나를 부끄럽게하네　濡沫慙吾半死蟲

61 재상직〔調梅〕: 원문의 조매(調梅)는 매실(梅實)을 조리(調理)한다는 말인데, 훌륭한 재상이 임금님을 잘 보좌하는 것을 의미한다. 《서경(書經)》〈열명(說命) 하(下)〉에서 은(殷)나라 고종(高宗)이 부열(傅說)에게 내가 "국을 요리하거든 네가 소금과 매실이 되라〔若作和羹, 爾惟鹽梅.〕."라고 한 데서 온 말이다. 《書經, 說命 下》 각주 43번 참조.

62 초사〔橘頌〕: 원문의 귤송(橘頌)은 초(楚)나라 굴원(屈原)이 지은 《초사(楚辭)》〈구장(九章)〉의 편명이다. 《楚辭 卷4, 九章》

63 한 방울 물에도 : 수레바퀴 자국에 조금 괴어 있는 물에서 허우적거리는 붕어처럼 곤경에 처해 있음을 말한다. 《장자(莊子)》〈외물(外物)〉에서 붕어 한 마리가 수레바퀴 자국에 고인 물에서 허우적거리면서 길 가는 장주(莊周)에게, 한 말이나 한 되쯤 되는 물을 가져다가 자기를 살려 줄 수 있겠느냐고 하여, 장주가 장차 오월(吳越) 지방으로 가서 서강(西江)의 물을 끌어다 대 주겠다고 하자, 그 붕어가 화를 내며 말하기를 나는 지금 내가 늘 함께 하는 물을 잃어버려 내가 몸 둘 곳이 없어졌다. 지금 나는 한 말 한 되의 물만 있으면 충분히 살 수 있을 따름이다. 그런데 지금 그대가 이처럼 말하니 차라리 일찌감치 나를 건어물 가게에 가서 찾는 것이 더 나을 것이라고 한 데서 온 말이다〔莊周忿然作色曰, 周昨來, 有中道而呼者, 周顧視, 車轍中, 有鮒魚焉. 周問之曰, 鮒魚來, 子何爲者邪, 對曰, 我東海之波臣也, 君豈有斗升之水而活我哉. 周曰諾. 我且南遊吳越之王, 激西江之水而迎子, 可乎. 鮒魚忿然作色曰, 吾失我, 常與, 我無所處, 吾得斗升之水, 然活耳, 君乃言此, 曾不如早索我於枯魚之肆.〕. 《莊子, 外物》

또 짓다

又

술통 속의 뱀 그림자에 미혹되지 않고[64] 弩蛇不惑酒尊中
모든 일 무극옹[65]을 따라 살았는데 萬事追隨無極翁
대역의 줄어들고 늘어나는 이치[66]를 살펴보니 大易靜觀消長理
현묘한 이치 드러내는데 자잘한 재주를 어디에 쓰겠는가 著玄何事又雕蟲

64 술통……않고 : 원문의 노사(弩蛇)는 술통 속의 뱀 그림자로, 엉뚱한 원인으로 생긴 병을 비유하는 말이다. 여기에서는 진실이 아닌 것에 미혹되지 않는다는 의미로 사용되었다. 《풍속통의(風俗通義)》 〈괴신(怪神)〉에 두선(杜宣)이란 사람이 하지(夏至)에 술을 마실 때 술잔에 뱀이 있는 것 같았으나 감히 마시지 않을 수 없는 자리라 마신 뒤 병을 앓다가 벽에 걸린 붉은 색 활이 술잔에 비친 것임을 알고는 곧바로 병이 나았다고 한 데서 온 말이다〔後郴因事過至宣家, 闚視, 問其變故云, 畏此蛇, 蛇入腹中. 郴還廳事, 思惟良久, 顧見懸弩曰, 必是也. 則使門下史將鈴下侍徐扶輦載宣, 於故處設酒, 盃中故復有蛇, 因謂宣, 此壁上弩影耳, 非有他怪. 宣遂解, 甚夷懌, 由是瘳平, 官至尚書, 歷四郡, 有威名焉.〕. 《風俗通義 卷9, 怪神》

65 무극옹(無極翁) : 주돈이(周敦頤)를 지칭하는 말이다. 주돈이가 〈태극도설(太極圖說)〉을 지어 '무극이태극(無極而太極)'이라고 한 데서 온 말이다.

66 대역의……이치 : 쇠퇴하고 융성하는 이치를 의미한다. 《주역(周易)》 〈복괘(復卦)〉의 괘사에 "그 도를 반복하여 7일 만에 와서 회복하니 가는 것이 이롭다〔反復其道, 七日來復, 利有攸往.〕."라고 하니, 정이(程頤)가 이에 대해 "줄어들고 늘어나는 도가 반복하여 번갈아 이름을 말하였으니, 양(陽)이 사라졌다가 7일 만에 다시 회복된다는 것이다〔謂消長之道反復迭至, 陽之消, 至七日而來復.〕."라고 한 말이 있다. 《周易, 復卦》

또 짓다

又

폐병에는 한 잔 술만 한 게 없고	肺病無如酒一中
게을러서 되려 시 짓는 늙은이도 못되었는데	踈慵猶不作詩翁
꺼진 재처럼 오래 있다가 노년 되어 일어나게 되었으니[67]	死灰久冷桑楡逼
굽히고 펴는 것을 누가 자벌레 가지고 이야기하는가	伸屈誰論尺蠖蟲

67 노년……되었으니 : 원문의 상유(桑楡)는 해가 지는 곳을 가리키는 말로 노년을 뜻하는데, 초년의 실패를 노년에 만회한다는 의미이다. 《후한서(後漢書)》〈풍이전(馮異傳)〉에서 후한(後漢) 때의 장수인 풍이(馮異)가 적미(赤眉)의 난을 토벌하기 위해 나섰다가 처음 싸움에서 대패하고, 얼마 뒤에 다시 군사를 정비하여 적미의 군대를 격파하였는데, 황제가 친히 글을 내려 위로하기를, "처음에는 회계(會稽)에서 깃을 접었으나 나중에는 민지(澠池)에서 떨쳐 비상하니, 참으로 동우에 잃었다가 상유에 수습하였다〔始雖垂翅回谿, 終能奮翼黽池, 可謂失之東隅, 收之桑楡.〕."라고 한 데서 온 말이다. 《後漢書 卷47, 馮異傳》

또 짓다
又

송나라 사람 가운데 시 잘하는 사람 꼽아보니	能詩歷數宋人中
내가 육유[68]의 풍류를 가장 좋아하는 것은	我愛風流陸放翁
검남[69] 땅 떠돌면서 마음대로 읊조려서지	流落劍南吟自在
두 진씨[70]는 자잘한 것[71] 따지며 힘들어만 했는데	兩陳辛苦注魚蟲

68 육유(陸游) : 육유(陸游, 1125~1210)의 자는 무관(務觀), 호는 방옹(放翁)이다. 남송(南宋) 때의 저명한 시인으로 강경한 북벌론자여서 조정의 결정이 화의와 북벌을 반복할 때마다 관직의 부침을 심하게 겪었다. 저서에 《검남시고(劍南詩稿)》 등이 있다. 《宋史 卷395, 陸游列傳》

69 검남(劍南) : 대검산(大劍山), 소검산(小劍山)의 남쪽 지역을 가리키는데, 이는 육유(陸游)의 별칭이기도 하다. 육유가 일찍이 기주통판(夔州通判)에 제수되어 촉중(蜀中)에 가 있으면서 촉중의 풍토(風土)를 보고 애호해 평생 지은 시를 《검남시고(劍南詩稿)》라고 명명하였다.

70 두 진씨 : 원문의 양진(兩陳)은 진사도(陳師道, 1053~1101)와 진여의(陳與義, 1090~1138)를 지칭한다. 진사도는 송(宋)나라 팽성(彭城) 사람으로, 자는 이상(履常)·무기(無己), 호는 후산(后山)이다. 증공(曾鞏)의 문하에서 수업하였고, 시는 황정견(黃庭堅)에게 배웠다. 진여의는 송나라 낙양(洛陽) 사람으로, 자는 거비(去非), 호는 간재(簡齋)·무주(無住)이다.

71 자잘한 것 : 원문의 주어충(注魚蟲)은 《이아(爾雅)》를 가리키는 말로 자잘한 어떤 것을 지칭한다. 《이아》에는 산천초목(山川草木)이나 조수어충(鳥獸魚蟲)에 대해 상세하게 기록되어 있으므로 이와 같이 말한 것이다.

원운
元韻

서쪽 둑 동쪽 마을 바라보다가	西塢東村在望中
지팡이 하나 짚고 오가는 두 늙은이	一節來往兩衰翁
달빛 아래 사립문 열었다 닫았다	柴門月下開還掩
잠 못 드는 나그네 베갯가에 풀벌레 소리만 울리네	客枕無眠有草蟲

또 짓다
又

변방 구름 속에 이 몸 멀리 맡겨두니	將身遠托塞雲中
그대와 나 다 함께 힘 빠진 늙은이 되었지	君我俱爲一禿翁
우습구나 지금까지 무슨 일을 이루었냐마는	自笑向來成底事
생각해보니 은혜를 미루면 곤충에게까지 미치는구나	枉思推澤及昆蟲

또 짓다
又

산성 남쪽 둑 옆 강가 마을 안	山城南畔水村中
사방이 쓸쓸한 그 속에서 병든 늙은이	四壁蕭條着病翁
서늘한 바람 불어와도 등불 가까이 못하니	不爲新涼近燈火
흰머리로 책벌레가 되기에도 부끄럽구나	白頭羞作蠹書蟲

또 짓다
又

사립문 버들 그늘 향해서 여니	柴扉開向柳陰中
들 늙은이 되려 이웃집 늙은이가 되었지만	野老還爲隣舍翁
변방의 삼경 달에 마음 절로 괴로운데	塞月三更心自苦
창 너머에선 무슨 일로 또 가을벌레 우는가	隔牕何事又秋蟲

또 짓다
又

바람과 구름을 베껴서 시구 속에 넣으니	描得風雲入句中
세상 수많은 일이 이 늙은이 것이 되었는데	世間多事是騷翁
가을 들어 하던 일 전부 그만두고서	秋來日業吾全廢
시 짓는 일까지 되려 가을벌레에게 맡겨버리네	却把呻吟付候蟲

또 짓다
又

주역[72]을 손에 쥐고 조용히 보니	手把韋編閱靜中
늘 깨어있으려면 반드시 마음에 기대야 하는데	惺惺須賴主人翁
복희씨[73] 이미 멀고 내 생도 저물어	庖羲已遠吾生晩
만고의 천지에 한 마리 벌레 같구나	萬古乾坤一壤蟲

72 주역〔韋編〕 : 원문의 위편(韋編)은 가죽 끈으로 맨 책이란 말로 《주역(周易)》을 가리킨다. 《사기(史記)》 〈공자세가(孔子世家)〉에 "공자가 만년에 《주역》을 좋아하여 〈서괘(序卦)〉·〈단전(彖傳)〉·〈계사(繫辭)〉·〈상전(象傳)〉·〈설괘(說卦)〉·〈문언(文言)〉을 짓고, 《주역》을 많이 읽어서 책을 맨 가죽끈이 세 번이나 끊어졌다〔孔子晩而喜易, 序·彖·繫·象·說卦·文言, 讀易, 韋編三絶.〕."라고 한 데서 온 말이다. 《史記 卷47, 孔子世家》

73 복희씨〔庖羲〕 : 원문의 포희(庖羲)는 복희씨(伏羲氏)를 말한다. 복희씨는 중국의 전설상의 임금님인 삼황(三皇) 중의 한 사람으로 백성들에게 사냥과 고기 잡는 방법 등을 가르치고 팔괘(八卦)를 만들었다고 한다. 《주역(周易)》 〈계사하전(繫辭下傳)〉에 "옛날 포희씨(包犧氏)가 천하에 왕 노릇을 할 때 우러러 하늘의 상을 관찰하고 굽혀 땅의 법을 관찰하며, 새와 짐승의 문장과 천지의 마땅함을 관찰하며, 가까이는 자신에게서 취하고 멀리는 물건에서 취하여, 이에 비로소 팔괘(八卦)를 만들어 신명의 덕을 통하고 만물의 정을 분류하였다. 노끈을 엮어 그물을 만들어서 사냥하고 고기 잡으니, 이괘(離卦)에서 취하였다〔古者包犧氏之王天下也, 仰則觀象於天, 俯則觀法於地, 觀鳥獸之文與天地之宜, 近取諸身, 遠取諸物, 於是始作八卦, 以通神明之德, 以類萬物之情. 作結繩而爲網罟, 以佃以漁, 蓋取諸離.〕."라는 말이 있다. 《周易, 繫辭下傳》

상공이 준 시에 차운하다

次相公惠韻

십 리 지는 햇살은 들판을 비추고　斜陽十里下平蕪
묵은 나그네의 가을 수심은 귀밑머리를 파고드는데　舊客秋愁入鬢鬚
약봉지에 마음 쏠려[74] 지팡이 짚신 다 던졌으니　藥裹關心抛杖屨
병 든 뒤에는 미친 흥이 반도 일어나지 않네　病來狂興半分無

원운

元韻

어젯밤 첫 추위 푸른 풀에 내리고　新涼昨夜到青蕪
나그네 생활 가을 서리 이미 수염에 가득하지만　客裏秋霜已滿鬚
산비가 막 그치고 강가 달은 휘영하니　山雨初晴江月白
이때 어찌 시 한 수 없을 수 있겠는가　此時那得一言無

74 약봉지에 마음 쏠려 : 병 걱정으로 약물에 마음이 쓰인다는 말이다. 두보(杜甫)의 시 〈수곽십오수판관(酬郭十五受判官)〉에 "약봉지에 마음 쏠려 시를 모두 폐했는데, 꽃가지 눈에 들자 시가 절로 이뤄지네〔藥裹關心詩總廢, 花枝照眼句還成.〕."라는 구절이 있다. 《杜詩詳註 卷22, 酬郭十五受判官》

날이 갠 것을 기뻐하며

喜晴

가지 위 까치 울어대고 어미 제비 바쁜데　　枝鵲揸揸乳燕忙
아침 햇살 퍼지고 산들바람 시원해　　朝暉散射小風涼
잠시 들 늙은이 따라가 곡식을 바라보니　　暫隨野老看禾黍
다들 이번 장마에 큰 피해 없다 하네　　儘道今霖無大傷

백헌 상공이 차운하다

軒相次

이웃 늙은이 나에게 날 개어 바쁘다 알려주고　　隣翁爲我報晴忙
해가 떠서 산들바람도 크게 춥지 않아　　日出微風不甚涼
벼꽃 새로 핀 곳 찾아가 보니　　看取稻花新發處
무논 그래도 수재의 피해는 면했구나　　水田猶免水災傷

상공이 준 시에 차운하다

次相公贈韻

안개 걷힌 백마성에 가을바람 부는데	霧罷秋風白馬城
한밤중에 베개 기대 먼 강 소리 들으니	中宵欹枕遠江聲
와룡담[75] 가 그윽한 그곳에 있는	臥龍潭上幽棲在
담쟁이에 비친 달빛과 솔 그림자 꿈속처럼 또렷하네	蘿月松陰夢裏晴

- 내 고향에 와룡담이 있기 때문에 이렇게 이야기한 것이다.
 吾鄕有臥龍潭, 故及之.

75 와룡담(臥龍潭) : 저자 자신의 집 앞에 와룡담(臥龍潭)이라는 못이 있어서 이렇게 언급한 것이고, 저자가 자신의 호(號)를 용주(龍洲)라고 한 것으로 보인다〔宅前有溪潭曰臥龍潭, 自號曰龍洲.〕.《記言 卷40, 東序記言 輔國崇祿大夫行判中樞府事趙龍洲諡狀》

또 차운하다

又次

푸르디푸른 산나무에서 두견이 울고	山木蒼蒼鶗鴂鳴
강가에 이는 물결도 가을 소리인데	江干波浪亦秋聲
검남을 떠돌던 두공부[76]는	劍南飄轉杜工部
부질없이 봉래의 승로경[77]만 생각했지	空憶蓬萊承露莖

76 검남을 떠돌던 두공부 : 두보(杜甫)가 당(唐)나라 현종(玄宗) 때 화주(華州)로 쫓겨났다가 검남(劍南)에서 떠돌이 생활을 했던 것을 말한다.《新唐書 卷201, 杜甫傳》

77 승로경(承露莖) : 천상의 감로(甘露)를 받기 위하여 한(漢)나라 무제(武帝)가 구리로 만들어 세웠다는 선인(仙人) 손바닥 모양의 승로반(承露盤)을 말하는데, 그 이슬에 옥 가루를 타서 마시면 장생불사(長生不死)한다고 한다.《삼국연의(三國演義)》에 장안궁 안에 백량대를 세우고 그 위에 신선 동상을 세우고, 그 손바닥을 승로반이라고 하였다. 새벽에 신선의 손바닥에 맺힌 이슬을 마셨는데 이를 천장 또는 감로라고 하였다는 말이 있다〔嘗於長安宮中, 建柏梁臺, 臺上立一銅人, 手捧一盤, 名曰 承露盤, 接三更北斗所降沆瀣之水, 其名曰, 天漿, 又曰, 甘露.〕. 두보(杜甫)의 시 〈추흥팔수(秋興八首)〉 중 제5수에 "봉래 궁궐 남산을 마주했는데, 승로반 은하수에 솟았다네〔蓬萊宮闕對南山, 承露金莖霄漢間.〕."라는 구절이 있다.《三國演義 第105回》,《杜詩詳註 卷17, 秋興八首》

원운

元韻

빗속의 석양
雨中斜陽

안개 자욱한 산꼭대기 성은 보이지 않고　　霧鎖山椒不見城
마을 집 곳곳에선 시내 소리 가득한데　　村扉處處繞溪聲
강가 구름 갑자기 석양을 쏟아내니　　江雲忽遣斜陽漏
부슬부슬 골짝 비가 반쯤 개이네　　峽雨霏霏一半晴

또 짓다

又

빗속에서 회포를 읊다
雨中詠懷

애달픈 귀뚜라미 누구를 위해 우는가　　陰蛩切切爲誰鳴
쓸쓸한 푸른 나무는 저녁 빗소리 울리는데　　碧樹蕭蕭暮雨聲
오십년간의 뜬세상 일로　　五十年來浮世事
거울 속엔 천 가닥 흰머리만 무성하네　　鏡中贏得雪千莖

상공의 절구 두 수에 삼가 화답하다

敬和相公二絶

나에게 남녘 땅 만 그루 대나무가 있어	我有南州萬竿竹
온 정원의 푸른빛이 가을 안개와 다투었는데	一園蒼翠競秋煙
지금 짧은 머리로 서쪽 변방에 와있으니	如今短髮行西塞
누런 띠풀만 눈에 가득 드는 것을 보고 있네	唯見黃茅滿眼邊

또 짓다
又

서리 전의 흰 기러기 한 소리 길게 울고	霜前白鴈一聲叫
가을 물 찬 모랫가에는 갈대꽃 피었는데	秋水寒沙蘆荻花
어느 곳 어부는 배꼬리를 밟으면서	何處漁翁踏船尾
창랑가 속에서 생애를 보내는가[78]	滄浪歌裏送生涯

78 창랑가……보내는가 : 자연 속에서 유유자적하는 삶을 말한 것이다. 《초사(楚辭)》 〈어부사(漁父辭)〉에 "창랑의 물이 맑으면, 나의 갓끈을 씻으리라〔滄浪之水淸兮, 可以濯我纓.〕."라는 구절이 있다. 《楚辭 卷5, 漁父辭》

백헌 상공이 차운하다[79]

軒相次

대지팡이 하나로 산을 오르내려보니	上山下山一笻竹
십 리 오 리 외로운 마을 안개에 싸여있고	十里五里孤村煙
수염 긴 종은 앞서 끌고 아이는 뒤따르며	長鬚前引小童後
야윈 말 들 행장으로 지는 햇살 가에 있네	羸馬野裝殘照邊

- 위 시는 산을 내려올 때 그 자리에서 쓴 것이다.
右下山時卽事

또 짓다[80]

又

외론 성의 쫓겨난 나그네 머리털은 희고	孤城逐客白鬚髮
8월의 황량한 마을에 여뀌 꽃은 붉기만 한데	八月荒村紅蓼花
산속 물소리 들리는 곳에 말을 쉬고 보니	歇馬水聲山影裏
이 몸 하늘 저 끝에 와있다는 것도 잊어버렸네	不知身是到天涯

- 위 시는 산에 오를 때 그 자리에서 쓴 것이다.
右上山時卽事

79 백헌 상공이 차운하다 : 이경석의 이 시는 《백헌집(白軒集)》 권8에 〈산을 내려오다〔下山〕〉라는 제목으로 실려 있다.

80 또 짓다 : 이경석의 이 시는 《백헌집(白軒集)》 권8에 〈산을 오르다〔上山〕〉라는 제목으로 실려 있다.

상공이 준 시에 차운하다
次相公惠韻

자여[81]는 칠십에도 주역을 읽었다하니	子輿七十讀周易
어리석은 내가 올해에도 익히는 것 당연하지	犬馬今年學亦宜
건도와 곤도가 늘어나고 줄어드는 이치를 보니	俯仰乾坤消長理
한 조각 마음[82]이 스승 되기에 충분하네	靈臺一片有餘師

81 자여(子輿) : 맹자(孟子)를 말한다. 맹자의 자(字)가 자여이다. 《황극경세서(皇極經世書)》〈관물외편(觀物外篇)〉에서 주역의 이치를 안다고 해서 반드시 주역을 인용하여 강술하고 해석할 필요는 없다. 맹자는 저서에서 주역을 언급한 적이 없지만, 그의 글 가운데 주역의 도가 존재한다. 다만 그것을 아는 사람이 드물 뿐이다. 주역을 이용하는 사람은 주역을 아는 사람인데, 맹자의 경우는 주역을 잘 이용한 사람이라고 할 만하다고 한 데서 온 말이다〔知易者不必引用講解, 是爲知易. 孟子之言, 未嘗及易, 其間易道存焉. 但人見之者鮮耳. 人能用易, 是爲知易, 如孟子, 可謂善用易者也.〕. 《皇極經世書 卷13, 觀物外篇》

82 마음〔靈臺〕 : 원문의 영대(靈臺)는 마음을 말한다. 《장자(莊子)》〈경상초(庚桑楚)〉에서 필요한 물자를 갖추어 육체를 기르고, 사려하지 않는 무심의 지혜를 몸에 지녀 마음을 생육하고, 공경하는 마음으로 다른 사물에 미친다. 이와 같이 하고서도 오히려 여러 가지 재난이 닥치는 것은 모두 자연에 의한 것이지 인간에 의한 것이 아니다. 따라서 그것으로 마음의 안정을 어지럽히기에는 부족하고 또 신성한 영역인 마음에 들여서도 안 된다고 하였는데〔備物, 以將形藏不虞, 以生心, 敬中, 以達彼. 若是而萬惡至者, 皆天也, 而非人也. 不足以滑成, 不可內於靈臺.〕, 곽상(郭象)이 주(註)에서 "영대는 마음이다〔靈臺者, 心也.〕."라고 한 말이 있다. 《莊子, 庚桑楚》

원운[83]

元韻

문을 닫고 담 구멍을 막는 것 이익 없음을 잘 알지만	閉門塞竇知無益
고요함 지키며 물러나 사는 것이 마땅한 것이지	守靜潛居也正宜
어려워도 마음 형통함[84]을 이제 시험할 수 있으니	習坎心亨方可驗
침상 맡의 주역[85]이 바로 나의 스승이네	床頭易在是吾師

83 원운(元韻) : 이경석의 이 시는《백헌집(白軒集)》 권8에 〈부질없이 짓다〔漫題〕〉라는 제목으로 실려 있다.

84 어려워도 마음 형통함 : 여기에서는 유배 온 자신의 마음이 편안하기를 기대하는 말로 쓰인 듯하다.《주역(周易)》〈감괘(坎卦)〉에 "습감은 신실함이 있어서 마음만은 형통하니, 계속 나아가면 가상(嘉尙)함이 있으리라〔習坎, 有孚, 維心亨, 行有尙.〕."라는 말이 있다.《周易, 坎卦》

85 침상 맡의 주역 : 여기에서《주역(周易)》을 언급한 것은 길흉화복(吉凶禍福)을 점치려 한다는 것이다. 백거이(白居易)의 시 〈영숭리관거(永崇里觀居)〉에 "무엇으로 내 뜻을 밝히는가, 주역이 침상 머리맡에 있다네〔何以明吾志, 周易在床頭.〕."라는 구절이 있다.《白氏長慶集 卷5, 永崇里觀居》

8월 27일 액정서에 소속된 사람이 임금님의 명을 받들어 임금님의 교지가 유배지에 이르렀다. 감격하여 눈물을 흘린 나머지 시 한 수를 지어 상공에게 드리다

八月二十七日 掖庭人奉上命 斗臨罪地 感泣之餘 成一絶 呈相公

구중궁궐 임금님 말씀 하늘가에 이르니	九重天語下天涯
유배지의 외로운 신하 피눈물이 더하는구나	圜土孤臣淚血滋
임금님 그리는 마음만은 한 마디 남아있지만	未死寸心餘一寸
다시 무엇으로 성은에 보답하리	更將何物報恩私

백헌 상공이 차운하다[86]

軒相次

성은의 물결 애초에 바다같이 끝이 없는데　恩波元似海無涯
내려주신 교지 멀리 이르러 눈물 다시 더하네　溫旨遙宣涕更滋
이로부터 임금님의 어지심이 온 세상을 덮으리니　自是上天仁覆廣
성심을 어찌 소신이 사사롭게 가질 수 있나　聖心寧爲小臣私

- 얼마 전에 액정서에 소속된 사람이 임금님의 말씀을 받들어 전했다고 듣고서는 감격해 눈물을 이기지 못했다. 보내주신 좋은 시를 얻어 보니 먼저 내 마음에 딱 맞아 삼가 따라 짓다.

才聞，掖庭人奉傳天語，不勝感涕．得見瓊句之投，先獲我心謹步．

86 백헌 상공이 차운하다 : 이경석의 이 시는《백헌집(白軒集)》권8에 〈8월 27일 대전별감 김천일이 와서 임금님의 말씀을 전하니 감격을 이기지 못하여 용주의 시에 차운하다〔八月二十七日 大殿別監金天一 來傳天語 不勝感泣 次洲翁韻〕〉라는 제목으로 실려 있다.

상공이 준 시에 차운하다

次相公惠韻

변방 용만에는 다니는 사람 적으니	龍灣塞上少人行
여기서부터 서울까지 며칠 거리 되는가	此去京師幾日程
산새가 어찌 수찬을 알아볼까마는	山鳥豈知香案吏
들에 노는 아이들 모두 내 자식처럼 보이네	野童多易布衣生

- 향안리[87]는 수찬[88]이고, 포의생[89]은 내 아이이다.
香案吏卽修撰, 布衣生卽豚兒.

87 향안리(香案吏) : 임금님을 수행하는 관원을 말하는데, 근신(近臣)으로 임금님을 모시는 사람을 의미한다.

88 수찬(修撰) : 조선 시대 홍문관(弘文館)의 정5품 관직을 말하는데, 여기에서는 수찬을 지낸 이경석의 조카 이정영(李正英)을 말한다. 《용주일기(龍洲日記)》〈경인일기(庚寅日記)〉 효종(孝宗) 1년 8월 1일 일기에 "아침에 수찬(修撰) 이정영(李正英)이 경시관(京試官)으로 와서 백헌 상공의 숙소에 도착하여, 사람을 보내 문안하였다〔雲陰朝, 李修撰正英, 以京試官來到相公所, 送人問.〕."라는 말이 있다. 《龍洲日記, 庚寅日記)》

89 포의생(布衣生) : 포의(布衣)는 베옷을 말하는데, 벼슬하지 않는 무위무관(無位無官)의 사람을 의미한다.

또 짓다
又

가을밤 마른 오동 같은 처지면서 곽산과 여산[90]을 꿈꾸고 秋夜枯梧夢霍廬
평생의 즐겼던 것 우릉[91]의 책을 모으는 것이었으며 平生喜綴羽陵書
벼슬하면서는 대놓고 장원을 부러워했으니[92] 陪遊面歎長源相
무슨 일로 봉래산에서 서울 대궐[93]을 애태우라 何事蓬萊限玉除

90 곽산과 여산 : 원문의 곽여(霍廬)는 중국의 이름난 산인 곽산(霍山)과 여산(廬山)을 말한다. 남조(南朝) 사령운(謝靈運)의 시 〈초발석수성(初發石首城)〉에 "유람하려면 나부산(羅浮山)에 가야하고, 반드시 여곽에 가서 쉬어야하리〔游當羅浮行, 息必廬霍期.〕."라는 구절이 있다. 《六臣註文選 卷26, 初發石首城》

91 우릉(羽陵) : 〈목천자전(穆天子傳)〉에서 나온 말로 비밀스러운 책을 감춰 두는 곳이라는 말로 사용된다〔穆天子傳曰, 仲秋甲戌, 天子東遊, 次雀梁, 蠹書于羽陵.〕. 《太平御覽 卷24, 穆天子傳》

92 벼슬하면서는……부러워했으니 : 관직 생활을 할 때 장원(長源)을 부러워했다는 말이다. 장원은 이필(李泌, 722~789)의 자 이다. 당(唐)나라 현종(玄宗) · 숙종(肅宗) · 대종(代宗) · 덕종(德宗) 등 네 임금님을 차례로 섬겼다. 현종 때에 한림(翰林)의 직책에 있으면서 태자에게 매우 두터운 예우를 받았으나, 뒤에 양국충(楊國忠)의 무함으로 물러나 영양(穎陽)에 은거하였다. 숙종이 즉위하자 진알하여 천하의 성패에 대해 말하니, 숙종이 기뻐하여 벼슬을 제수하고자 하였으나 끝내 사양하고 빈객(賓客)의 신분으로 있으면서 국사(國事)의 의논에 참여하였다. 또한 신선술(神仙術)에 탐닉하였다고 한다. 《新唐書 卷139, 李泌列傳》

93 서울 대궐 : 원문의 옥제(玉除)는 옥으로 꾸민 계단으로, 대궐을 말한다. 두보(杜甫)의 시 〈기잠가주(寄岑嘉州)〉에 "가을밤에 배를 댄 뒤 봄풀이 돋았는데, 청풍 아래 몸져누워 서울 대궐 못 간다네〔泊船秋夜經春草, 伏枕青楓限玉除.〕."라는 구절이 있다. 《杜詩詳註 卷14, 寄岑嘉州》

원운
元韻

학사가 오고 진사가 가버렸으니[94]	學士才來進士行
관산 천리 길도 한 순간인데	關河千里片時程
조랑말[95] 타고서 고향 땅 찾아간들 뭐하겠나	何當款段尋鄉里
한 골짜기에 편히 살며 이 생을 보내면 그만이지	一壑優遊送此生

94 학사가……가버렸으니 : 원문의 학사(學士)는 이경석의 조카 이정영(李正英)을 말하며, 진사(進士)는 저자의 아들 조위봉(趙威鳳)을 지칭하는 듯하다. 《용주일기(龍洲日記)》〈경인일기(庚寅日記)〉 효종(孝宗) 1년 8월 26일 일기에 "아들이 다시 서울로 향하니 천여 리 길을 수개월 안에 왕래한 것이 두 번이다〔兒還向洛, 千有餘里之路, 數月之內往來者再〕."라는 말이 있으며, 8월 28일 일기에 "저녁에 이 수찬이 내방하였다〔李修撰來訪〕."라는 말이 있다. 《龍洲日記, 庚寅日記》

95 조랑말〔款段〕 : 원문의 관단(款段)은 걸음이 느릿느릿한 작은 조랑말을 말한다. 《후한서(後漢書)》〈마원열전(馬援列傳)〉에 "선비가 한세상에 태어나 입고 먹을 것을 취할 수 있으면 충분하니, 작은 수레를 타고 조랑말을 몰며, 고을의 하급 관리가 되고 선영을 지키면서, 향리의 사람들이 좋은 사람이라고 말해 준다면 그만이다〔士生一世, 但取衣食裁足, 乘下澤車, 御款段馬, 爲郡掾吏, 守墳墓, 鄕里稱善人, 斯可矣.〕."라고 한 데서 온 말이다. 《後漢書 卷24, 馬援列傳》

또 짓다
又

다시 어젯밤 그 자리에 있었던 일을 말미에 쓴다
復以昨宵卽事尾錄

마주 보고 한바탕 웃으니 여기가 바로 내 집이고	相看一笑是吾廬
끝없이 나누는 이야기[96] 책 읽는 것보다 나은데	談屑霏霏勝讀書
이별 뒤에 등불 마주하고 홀로 앉아 있노라니	送後對燈成獨坐
이경의 바람 이슬이 뜰에 가득하네	二更風露滿庭除

- 조카가 오고 아이는 가버렸으니 학사와 진사가 이어져 파발 길에서 경황이 없었다. 어찌 세상의 큰 변고가 아니겠는가. 상심하고 한탄한 뒤에 보잘것없는 시를 지어 써서 드려 가르침을 구한다.
  家姪甫來, 庭玉旋去, 學士進士相繼, 蒼黃於撥路. 亦豈非世變之大者歟. 爲之傷歎, 因成拙語錄奉求教.

96 끝없이 나누는 이야기 : 원문의 비비(霏霏)는 눈발이 거세게 날리는 모습을 형용하는 말이며, 담설(談屑)은 톱밥처럼 끊이지 않음을 지칭한 말로 이야기가 끝이 없음을 비유한 표현이다. 《진서(晉書)》〈호모보지(胡母輔之)〉에서 징상여인서(澄嘗與人書)에 '언국(彦國)이 좋은 말을 하는 것은 톱밥이 쏟아지는 것과 같으니, 진실로 후진(後進)의 영수가 될 만하다'라고 한 데서 온 말이다〔澄嘗與人書曰, 彦國吐佳言如鋸木屑, 霏霏不絶, 誠爲後進領袖也.〕. 《晉書 卷49, 胡母輔之》

상공이 준 시에 차운하다

次相公惠詩

술이 안락하게 한다는 말[97] 오래전부터 들었는데	久聞安樂太和湯
반도[98]의 향기를 여기에 더할 생각했으니	刱意新添陶索香
그 옛날 어사주[99]는 꿈 속에 있을 뿐이지만	舊日黃封收一夢
나무잔의 도인주가 두 사람의 장에 잘 맞는구나	木瓢端合二憂腸

- 위 시는 도인주[100]에 화답한 것이다
右和桃仁酒

97 술이……말 : 원문의 태화탕(太和湯)은 술을 뜻하는 말인데, 여기에서는 술이 사람을 편안하고 즐겁게 함을 강조한 것이다. 송(宋)나라 소옹(邵雍)의 〈무명공전서(無名公傳序)〉에 "천성적으로 술을 좋아해서 일찍이 술을 태화탕(太和湯)이라 하였다〔生喜飮酒, 嘗命之曰大和湯.〕."라는 말이 있다. 《性理群書句解 卷6, 無名公傳序》

98 반도〔陶索〕 : 원문의 도삭(陶索)은 중국의 전설에 나오는 산으로, 《예문유취(藝文類聚)》 〈과부(果部) 상(上)〉에서 이 산에는 3천년에 한 번 꽃이 피어 열매를 맺는다는 반도(蟠桃)라고 하는 거대한 복숭아나무가 있다고 한다고 한 데서 온 말이다〔十洲記曰, 東海有山, 名度索山, 有大桃樹, 屈盤數千里, 曰蟠桃.〕. 《藝文類聚 卷86, 果部 上》

99 어사주〔黃封〕 : 원문의 황봉(黃封)은 궁중에서 빚은 술을 황색의 비단으로 봉한 것에서 온 말로 보통 좋은 술을 지칭한다. 소식(蘇軾)의 시 〈기정오수(岐亭五首)〉에 "나를 위해 황봉주를 가져다가 그대가 친히 관인을 떼어 주게나〔爲我取黃封, 親拆官泥赤.〕." 라는 구절이 있다. 《東坡全集 卷14, 岐亭五首》

100 도인주(桃仁酒) : 도인(桃仁)은 복숭아씨 가운데에 있는 물렁물렁한 부분을 말하는데, 이것으로 담근 술을 도인주라고 한다. 《의림촬요(醫林撮要)》에서 도인을 찧어 사기그릇에 넣고 잘 간 다음 술을 부어 잘 섞는다. 이것을 짜서 즙을 받아내고 다시 갈고 다시 짜서 즙을 내기를, 도인이 다 없어질 때까지 한다. 받은 즙을 모두 작은 자기 병에 넣고 솥에 중탕하는데 엿처럼 노란색이 될 때까지 만든다고 한 데서 온

또 짓다
又

장인의 집 위에 있는 까마귀까지도 참 좋으니[101]	丈人屋上烏亦好
새끼 데리고 높이 날아 나무 돌아 깃드는데	挾子翻飛繞樹棲
빛나는 아침 햇살 속 깍깍 우는 소리는	閃閃朝暉聲啞啞
마치 어사부 안에서 듣던 울음소리와 같구나	如聞御史府中啼

말이다〔右先搗桃仁，令碎，白沙盆中，細研，以小酒絞．取汁，再研再絞，使桃仁盡卽止．都納小磁瓶中，置於釜內重湯煮，看色黃如稀餳．每服一中盞，日二服．〕．《醫林撮要 卷9》

101 장인의……좋으니 : 어떤 사람이 좋으면 그 사람과 관련된 모든 것이 좋다는 말이다. 《상서대전(尙書大傳)》〈대전(大戰)〉에 "어떤 사람을 좋아하면 지붕 위의 까마귀도 좋아지게 마련이고, 어떤 사람을 좋아하지 않으면 담벼락의 모서리도 미워지는 법이다〔愛人者，兼其屋上之烏，不愛人者，及其胥餘．〕."라고 한 데서 온 말이다. 두보(杜甫)의 시 〈봉증사홍이사장(奉贈射洪李四丈)〉에 "장인의 집 지붕 위의 까마귀여, 주인이 좋으니 까마귀 너도 좋구나〔丈人屋上烏，人好烏亦好．〕."라는 구절이 있다.《尙書大傳，大戰》，《杜詩詳註 卷11，奉贈射洪李四丈》

원운
元韻

새로 빚은 술을 주신 것에 사례하여
謝餉以新醞

산성의 값싼 술조차 차보다 나은데	山城薄酒勝茶湯
하물며 여기에 더해 향기 품은 새 술이니	況復新醪內法香
맑은 아침에 만난 것 참으로 행운이어서	好遇清朝眞可幸
서둘러 한 잔 따라서 근심어린 창자를 풀어주네	一杯催酌緩愁腸

또 짓다[102]
又

성 위에서 까악까악 소리 처음으로 들었는데	城上初聞聲啞啞
어디서 와서는 묵은 숲에 깃들어 있는가	何來却向古林棲
좋은 일 이제부터 있을 것임을 잘 알겠으니	應知好事從今有
악부의 오야제[103]가 지금까지 전하고 있지	樂府行傳烏夜啼

102 또 짓다 : 이경석의 이 시는 《백헌집(白軒集)》 권8에 〈까마귀 우는 소리〔烏啼〕〉라는 제목으로 실려 있다.

103 오야제(烏夜啼) : 악부(樂府)의 곡명으로 《구당서(舊唐書)》에서 남조(南朝) 송(宋)나라 유의경(劉義慶)이 강주자사(江州刺史)에서 파직되었을 때, 그의 첩이 밤중에 까마귀 우는 소리를 듣고 말하기를 '내일은 틀림없이 사면령이 내릴 것이다'라고 하였는데, 그해에 다시 남연주자사(南兗州刺史)로 기용되었고, 〈오야제(烏夜啼)〉라는 작품을 지었다고 한 데서 온 말이다〔三州, 商人歌也. 商人數行巴陵三江之間, 因作哭, 爲帝所怪,

- 까마귀가 예쁜 새는 아니지만 이곳에는 없었던 새인데, 지금 와서 갑자기 그 울음소리를 들어보니 궁벽한 변방 황폐한 성에도 오히려 인간 세상의 모든 것들이 있는 것이다. 나도 모르게 너무나 기뻐서 옛사람들이 나귀의 소리를 듣고 전갈을 본 것[104]만으로도 기뻐하는 마음이 생긴 것이 이와 같은 것임을 곧 알게 되었다. 마침내 절구를 지어서 기록해 둔다.

烏非佳鳥, 而此地未曾有, 今忽聞其聲, 窮塞荒城, 尙有人間世物. 不覺欣然, 乃知古人聞驢見蠍而喜意, 蓋如此. 遂成絶句以識之.

徵還宅, 大懼. 妓妾夜聞烏啼聲, 扣齋閤云, 明日應有赦, 其年更爲南兗州刺史, 作此歌.〕. 《舊唐書 卷29, 音樂二》

104 나귀의……것 : 원문의 문려(聞驢)는 보잘것없는 작은 솜씨를 말하고, 견헐(見蠍)은 전갈을 본 것을 말하는데, 여기에서는 작은 것에 기뻐함을 의미한다. 《고금사문유취(古今事文類聚)》〈검지려(黔之驢)〉에서 검주에는 본래 나귀가 없었는데, 어떤 사람이 끌어다가 산 아래에 풀어 놓자 호랑이가 처음 보고는 큰 덩치에 겁을 먹고 무서워하였으나, 나중에는 발길질만 할 뿐 다른 재주가 없다는 것을 알고 물어 죽였다는 말이 있다〔公卿貴戚轉相倣傚, 夫驢服重致遠, 上下山谷. 野人之所用耳, 何有帝王君子騣御之乎. 遲鈍之畜而今貴之. 天意若曰, 國且大亂, 凡執政者皆如驢也. 凡人相罵曰死驢, 醜惡之稱也.〕. 한유(韓愈)의 시 〈송문창사북유(送文暢師北游)〉에 "지난번에 경관이 될 수 있었는데, 벽 위에 전갈을 보게 되어 기쁘구나〔昨來得京官, 照壁喜見蠍.〕."라는 구절이 있다. 《古今事文類聚 後集卷38, 黔之驢》, 《昌黎先生集 卷2, 送文暢師北游》

상공이 준 시에 차운하다
次相公惠韻

시고 맛없는 산속의 술도 내게는 괜찮고	酸薄山尊亦可人
바람 부는 처마 차가운 날도 시 짓는 것 도와주지만	風簷寒日助吟唇
어느 때에나 무하유의 그 곳[105]으로 돌아가 늙어	幾時歸老無何有
순우곤의 한 말 봄 술[106]을 다 마셔 버릴까	呑盡淳于一石春

105 무하유의 그 곳 : 원문의 무하유(無何有)는 무하유지향(無何有之鄕)의 준말로, 유무(有無)와 시비(是非) 등 모든 대립적 요소가 사라진 이상향(理想鄕) 혹은 선경(仙境)을 뜻하는 말인데, 《장자(莊子)》〈소요유(逍遙遊)〉에 "이제 그대에게 큰 나무가 있으면서도 그 나무의 쓸모없음이 걱정된다면 그것을 아무것도 없는 고을과 끝없이 펼쳐진 들판에 심어 놓고 그 옆에서 자유롭게 거닐면서 할 일 없이 지내고 그 아래에서 유유자적하면서 낮잠이라도 자는 것이 좋지 않겠는가〔今子有大樹, 患其無用, 何不樹之於無何有之鄕廣莫之野, 彷徨乎無爲其側, 逍遙乎寢臥其下.〕."라고 한 데서 온 말이다. 《莊子, 逍遙遊》

106 순우곤의……술 : 《사기(史記)》〈골계열전(滑稽列傳)〉에 "마을의 모임에서 남녀가 서로 섞여 앉아 술잔을 돌리며 머물러 노닐면서, 쌍륙 놀이, 투호 놀이를 하며 서로 끌어다 무리를 짓고, 손을 잡아도 벌하지 않고 눈여겨보아도 금하지 않으며, 앞에서는 귀걸이를 떨어뜨리고 뒤에서는 비녀를 빠뜨리는 지경에 이르면, 순우곤은 속으로 이것을 즐거워하여 능히 8말의 술을 마시되 열에 두세 번 취할 뿐이다〔若乃州閭之會, 男女雜坐, 行酒稽留, 六博投壺, 相引爲曹, 握手無罰, 目眙不禁, 前有墮珥, 後有遺簪, 髡竊樂此, 飮可八斗而醉二參.〕."라고 한 데서 온 말이다. 《史記 卷126, 滑稽列傳》

원운
元韻

종놈 갑자기 백의인[107] 되어	蒼頭飜作白衣人
맛 좋은 술이 오늘 아침 또 입에 드네	美味今朝又入唇
인간 세상의 좋은 열매 복숭아가 최고인 것은	華實世間桃樹最
어진데다가 동정호의 봄빛을 더했기 때문이지	有仁添却洞庭春

-위는 오늘 아침 여막을 지키는 종에게 명해서 도인주를 마실 수 있게 보내주신 것에 사례한 것이다.
右謝今朝命廬兒繼餉桃酒

107 백의인(白衣人) : 흰옷 입은 사람이라는 뜻으로, 술을 보내주는 반가운 사람을 말한다. 《송서(宋書)》〈일은열전(隱逸列傳)〉에서 도잠(陶潛)이 중양절(重陽節)에 술이 없어 집 주변 국화 떨기 속에서 국화를 한 움큼 따고, 한참 앉아 있다가 흰옷 입은 사람이 오는 것을 보았는데, 자사(刺史) 왕홍(王弘)이 술을 보냈다라고 한 데서 온 말이다〔嘗九月九日無酒, 出宅邊菊叢中坐久,値宏送酒至, 卽便就酌, 醉而後歸. 潛不解音聲, 而畜素琴一張, 無絃, 每有酒適, 輒撫弄以寄其意. 貴賤造之者, 有酒輒設. 潛若先醉, 便語客我醉欲眠, 卿可去. 其眞率如此. 郡將候潛, 値其酒熟, 取頭上葛巾漉酒畢還復著之.〕. 《宋書 卷93, 隱逸列傳 陶潛》

오늘 아침 까치가 울타리 바깥에서 우는데 이 땅에 온 이후로 처음 듣는 소리였다. 어찌 앞으로 좋은 일이 있음을 미리 알리는 것이 아니겠는가. 마침내 고인의 시를 쓰고 그 운자를 차운하여 시를 지어 상공에게 바치다.

朝日有鵲噪于籬外 自來此地始聞之聲也 豈將有好事而豫報歟 遂書古人詩 次其韻以志奉相公

들보에 이제 막 아침햇살 번뜩이는데	梁棟初飜旭日暉
깍깍 까치울음 남쪽 가지에서 들려오니	楂楂鳴鵲忽南技
탕임금이 그물에 축원하듯[108] 우리 임금님 성군이심을	商湯祝罔吾王聖
네가 어찌 먼저 알아서 내가 알도록 전해주는가	爾豈先期報我知

108 탕임금이 그물에 축원하듯 : 너그럽고 어진 덕을 말한다. 《사기(史記)》〈은본기(殷本紀)〉에서 탕(湯)나라 임금님이 교외로 나갔다가 사방에 그물을 치고서는 '천하의 모든 것이 내 그물로 들어오게 하소서'라며 축원하는 사람을 보았다. 탕(湯)나라 임금은 '아, 그러면 씨를 말리는 것이지'라고 하면서 세 면의 그물을 거두게 하고서는 '왼쪽으로 가고 싶은 것은 왼쪽으로 가고, 오른쪽으로 가고 싶은 것은 오른쪽으로 가고, 명을 따르고 싶지 않는 것만 내 그물로 들어오게 하소서'라고 축원하게 하였다. 이 소식을 들은 제후들이 '임금의 덕이 지극하구나. 그 덕이 금수에까지 미치다니'라고 감탄하였다고 한 데서 온 말이다〔湯出, 見野張網四面. 祝曰, 自天下四方皆入吾網. 湯曰, 嘻, 盡之矣. 乃去其三面, 祝曰, 欲左左, 欲右右. 不用命, 乃入吾網 諸侯聞之曰, 湯德至矣. 及禽獸.〕. 《史記 卷3, 殷本記》

백헌 상공이 차운하다
軒相次

구름 개이고 바람 맑으며 해는 빛을 뿌리는데 雲散風淸日吐暉
아침 들어 좋은 소리 창문 너머 가지에서 들려오니 好音朝在隔窓枝
하늘과 성스러운 임금님은 어진 마음이 똑같은 것을 旻天聖主同仁意
사람들이 먼저 알지 못하고 새만 벌써 알고 있네 人未先知鳥已知

상공의 시에 차운하다
次相公韻

백마산 높디높은 산봉우리	白馬之山上上巓
올라서 서늘한 바람 맞는 것[109] 다를 게 무엇인가	登臨何異御冷然
선생은 안목이 있어 천하를 작게 보았지만[110]	先生有眼小天下
되려 두 자의 짧은 등잔대[111]를 앞에서 대하고 있네	還對短檠二尺前

109 올라서……것 : 백마산에서 느낀 감회를 《장자(莊子)》〈소요유(逍遙遊)〉에 견주어 말한 것이다. 《장자(莊子)》〈소요유(逍遙遊)〉에 열자(列子)가 "바람을 몰고 하늘 위로 올라가서 가뿐하게 보름쯤 마음대로 돌아다니다가 땅 위로 내려오곤 하였다〔御風而行, 泠然善也, 旬有五日而後反.〕."라는 말이 있다. 《莊子, 逍遙遊》

110 천하를 작게 보았지만 : 이경석의 기상이 훌륭함을 말한 것이다. 《맹자(孟子)》〈진심(盡心) 상(上)〉에 "공자가 동산에 올라서는 노나라를 작게 여겼고, 태산에 올라서는 천하를 작게 여겼다〔孔子登東山而小魯, 登泰山而小天下.〕."라는 말이 있다. 《孟子, 盡心 上》

111 두 자의……등잔대 : 인생의 무상함을 말한 것인데, 여기에서는 저자와 이경석의 처지를 비유한 것이다. 한유(韓愈)의 〈단등경가(短燈檠歌)〉에 "여덟 자 긴 등잔대는 공연히 길기만 할 뿐이요, 두 자의 짧은 등잔대가 밝고도 편리네〔長檠八尺空自長, 短檠二尺便且光.〕."라는 구절과, "하루아침에 부귀를 얻으면 도리어 방자해져서, 긴 등잔대 높이 걸어 미인의 머리를 비추게 하네. 아 세상일이 그렇지 않은 것이 없나니, 담장 모퉁이에 버려진 짧은 등잔대를 그대는 보았는가〔一朝富貴還自恣, 長檠高張照珠翠. 吁嗟世事無不然, 牆角君看短檠棄.〕."라는 구절이 있다. 《昌黎先生集 卷5, 短燈檠歌》

원운
元韻

해질 무렵 이별하고 층진 산봉우리 올라보니	黃昏作別上層巓
저녁 빛 어둑하고 마음은 아득하며	暝色蒼蒼意惘然
텅 빈 방에 홀로 앉아 인적조차 없으니	獨坐空齋人寂寂
달만 작은 창 앞으로 와서 비추네	月輪來照小窓前

상공의 운에 차운하다
次相公韻

두강[112]이 어떻게 국화 필 때를 저버릴까	杜康何負菊花時
좀먹은 책 펴보니 병든 눈도 되려 밝아지는데	病眼還明蠹簡披
가장 좋은 것은 문 앞의 강 바다 아득히 넓어	最是門前江海闊
두 늙은이 다니는 곳에 갈매기 따르는 것이지	兩翁行處白鷗隨

112 두강(杜康) : 술을 최초로 빚었다는 전설상의 인물로, 술을 비유하는 말이다. 조조(曹操)의 시 〈단가행(短歌行)〉에 "무엇으로 근심 풀까, 그건 오직 술뿐일세〔何以解憂, 唯有杜康.〕."라는 구절이 있다. 《宋書 卷21, 短歌行》

또 짓다

又

떠도는 새는 작은 바람 부는 가지를 피하지 않고	羈禽不避小風枝
새벽 까치는 가시 울타리에서 새벽 빛을 다투는데	晨鵲爭光枳棘籬
장주의 나비되는 꿈[113] 놀라 깨고서는	驚破莊生爲蝶夢
다시 임나라 공자의 굵은 낚싯줄 쥐려고 하네[114]	更持任子巨緇絲

113 장주의 나비되는 꿈 : 원문의 장생(莊生)은 장주(莊周)를 지칭하는데, 여기에서는 장자가 꾼 호접몽(胡蝶夢)을 말한다. 《장자(莊子)》〈제물론(齊物論)〉에서 언젠가 장주가 꿈속에서 나비가 되었는데 자신이 장주인 것은 알지도 못하였으나 조금 뒤에 잠을 깨고 보니 엄연히 장주라는 인간이었다. 장주가 꿈에 나비가 되었던 것인지 나비가 꿈에 장주가 된 것인지 알 수 없었다. 하지만 장주와 나비 사이에는 분명히 구분이 있을 것이니, 이것을 일러 물의 변화라고 한다고 한 데서 온 말이다〔昔者莊周夢爲胡蝶. 栩栩然胡蝶也, 自喩適志與, 不知周也, 俄然覺則蘧蘧然周也. 不知周之夢爲胡蝶與, 胡蝶之夢爲周與. 周與胡蝶則必有分矣, 此之謂物.〕. 《莊子, 齊物論》

114 다시……하네 : 큰 기개와 원대한 포부를 비유한 말로 여기에서는 현실 정치로의 복귀에 대한 의지를 드러낸 말이다. 《촉중광기(蜀中廣記)》에서 이백(李白)이 일찍이 재상(宰相)을 알현하면서 해상조오객(海上釣鰲客)이라 자칭하자, 재상이 묻기를 '선생이 창해(滄海)에 임하여 큰 자라를 낚으려면 무엇을 낚시줄로 삼겠는가'라고 하니, 이백이 말하기를 '무지개를 낚싯줄로 삼고, 밝은 달을 낚시로 삼겠네'라고 하므로, 재상이 또 묻기를 '미끼는 무엇으로 할 것인가'라고 하니, 이백이 말하기를 '천하에 의기 없는 장부를 미끼로 삼겠네'라고 한 데서 온 말이다〔李白開元中謁宰相, 封一版, 上題曰, 海上釣鰲客李白. 相問曰, 先生臨滄海釣巨鰲, 以何物爲鉤線. 白曰以風浪逸其情, 乾坤縱其志, 以虹霓爲絲, 明月爲鉤. 又曰, 何物爲餌. 曰以天下無義氣丈夫爲餌.〕. 《蜀中廣記 卷101》

또 짓다

又

가을꽃 고운 바위 뜰 한 모퉁이 가득하고 秋花錦石滿庭隅
오늘 아침 그윽한 흥취 늙은이 흥기시키며 幽興今朝起老夫
산 아래 생선 파는 작은 시장 가까워도 山下魚鰕小市近
울타리 너머로 불러서 술 한잔 함께할 사람 없구나 隔離呼取一尊無

원운[115]

元韻

삐걱대는 가마 타고 오갈 때 籃輿伊軋往來時
구름 안개 자주자주 고요하게 흩어졌지 雲霧頻從靜裏披
훗날 산 이쪽저쪽 가본다면 他日山南山北去
분명히 이렇게 다니던 것 되려 생각나겠지 也應還憶此相隨

115 원운(元韻) : 이경석의 이 시는 《백헌집(白軒集)》 권8에 〈용주에게 부치다〔寄龍洲〕〉라는 제목으로 실려 있다.

또 짓다
又

깃들어 사는 것 본래부터 가지 하나면 충분한데	棲息從來足一枝
푸른 산에서 서로의 유배지를 마주보네	碧山相對兩荊籬
마음 느긋해서 강호의 꿈 수없이 꾸었으니	心閑數有江湖夢
낚시터에서 그 옛날의 낚싯줄을 쥐었었지	手把苔磯舊釣絲

또 짓다
又

마음 자유로우니 언제 일찍이 한 곳에 갇혀 있었으며	心活何曾滯一隅
곤궁한 때는 곧 다시 공부한 것을 시험할 수 있으니	困時方更驗工夫
울타리 아무리 높아도 나에게 도움 되는 것이어서	籬高亦足爲吾助
눈앞의 모든 속물이 사라지게 한다오	目下都敎俗物無

임금님이 보잘것없는 신하를 위하여 호랑이 입에서 신하의 목숨을 빌었으니 환한 세상의 일이고 밝은 세상의 은택이다. 몸이 가루가 되도록 충성을 바치고자 생각하며 앉아있어 보지만 뜻이 짧고 생각이 꽉 막혀 감히 시구에 형용하지 못했는데 갑자기 뛰어난 작품을 받아드니 부족한 내가 말하고자 하는 것이었으나 하지 못한 것이었다. 굴원[116]의 시를 짓는 솜씨를 먼저 얻은 시에 감히 사족을 그려 붙여 한 번의 웃음거리로 바치다.

人主爲下臣匃命於虎口 曠世之事而曠世之恩也 思欲粉身而坐 意短思塞不敢形於詩句 忽奉佳什 僕之所欲言而未能者 ■[117]匀筆先得之 敢畫蛇足仰供一粲

벌레마저도 대지의 수고로움을 번거롭게 하는데	蟲豸徒煩大塊勞
나라에 소털같이 수많은 일들이 어찌 없겠는가	有無於國一牛毛
살리기 좋아하는 임금님 말씀 금석도 쪼갤 것이니	好生天語開金石
탕임금의 축원[118]조차 성스러움 그다지 높지 않네	祝罔殷湯聖未高

116 굴원[■匀] : 원문의 ■균(■均)은 굴원(屈原)의 자(字)인 영균(靈均)인 듯하다. 굴원은 전국시대 초나라의 시인으로 초사(楚辭)의 대표적 작가이며 초나라에서 변법(變法)을 주장했던 정치가이다. 《史記 卷84, 屈原賈生列傳》

117 ■ : 원문에서 탈락된 글자이다.

118 탕임금의 축원 : 임금님의 너그럽고 어진 덕을 말한다. 《사기(史記)》〈은본기(殷本紀)〉에서 탕(湯)나라 임금이 교외로 나갔다가 사방에 그물을 치고서는 '천하의 모든 것이 내 그물로 들어오게 하소서'라며 축원하는 사람을 보았다. 탕(湯)나라 임금은

또 짓다

又

나라에 일 없을 때도 홀로 잘났다고 고생했으니[119]	曾無王事獨賢勞
속세에 시달리다 백발이 다 되었네	乾沒風塵送二毛
그 누가 두터운 은혜가 구덩이를 적실 줄 알았겠나	誰料渥恩濡陷穽
동쪽 오색구름 높은 곳에 마음 다해 절한다네	聳肝東拜五雲高

'아, 그러면 씨를 말리는 것이지'라고 하면서 세 면의 그물을 거두게 하고서는 '왼쪽으로 가고 싶은 것은 왼쪽으로 가고, 오른쪽으로 가고 싶은 것은 오른쪽으로 가고, 명을 따르고 싶지 않는 것만 내 그물로 들어오게 하소서'라고 축원하게 하였다. 이 소식을 들은 제후들이 '임금의 덕이 지극하구나, 그 덕이 금수에까지 미치다니'라고 감탄하였다고 한 데서 온 말이다〔湯出, 見野張網四面. 祝曰, 自天下四方皆入吾網. 湯曰, 嘻, 盡之矣. 乃去其三面, 祝曰, 欲左左, 欲右右. 不用命, 乃入吾網 諸侯聞之曰, 湯德至矣. 及禽獸.〕. 《史記 卷3, 殷本記》 각주 108 참조.

119 홀로 잘났다고 고생했으니 : 임금님이 능력의 뛰어남을 인정해 많은 일을 맡겼다는 것으로, 여기에서는 저자와 이경석이 조정에서 일했던 것을 말한다. 《시경(詩經)》 〈북산(北山)〉에 "온 나라 사람들, 왕의 신하 아님이 없거늘, 대부가 공평하지 못해, 나 홀로 어질다며 일하게 시키는구나〔率土之濱, 莫非王臣, 大夫不均, 我從事獨賢.〕."라는 구절이 있는데, 이 시를 맹자가 인용하여 "이것이 국사가 아님이 없거늘, 나만 홀로 어질다 하여 수고롭구나〔此莫非王事, 我獨賢勞也.〕."라고 한 데서 온 말이다. 《詩經, 小雅 北山》, 《孟子, 萬章 上》

원운[120]

元韻

보잘것없는 신하의 생사로 임금님 마음 수고로우니　小臣生死聖心勞
내 한 몸 깃털보다 가벼움을 다시 깨닫는구나　更覺身輕一羽毛
예부터 지극한 정성에는 신이 반드시 감응하니　從古至誠神必感
푸른 하늘도 여기에 이르러서는 그다지 높지 않구나　蒼天到此未應高

– 듣자니 임금님 행차가 교외에 이르러 "임금님께서 간절하게 말씀하시기를 우리 두 신하의 목숨을 빌어 이르지 않는 곳이 없었다."라고 하니, 나 같이 보잘것없는 사람이 어찌 이런 은혜를 얻을 수 있겠는가. 임금님을 위해서는 죽어도 영광스러운 것이다. 감격의 눈물을 이기지 못해 마침내 한 수를 지어 가르침을 구한다.
側聞車駕臨郊，天語勤懇，爲吾二臣匃命，靡所不至，如吾無似，何以得此. 於聖明，死亦榮矣. 不勝感涕，遂成一絶，求教云爾.

임금님께서 신하 돌보심이 오래될수록 수고롭지만　天眷微臣久益勞
재주 없어 일찍이 터럭만한 보탬도 되지 못했었지　不才曾乏補毫毛
외로운 성에서 괴롭고 힘든 일 많은 것은　孤城多少艱辛事
그 모두가 이전에 지위 높은 신하였기 때문이지　總爲從前祿位高

– 감격하여 칠언절구를 지어 어제 화답하여 주신 시에 좇아 화답한다.
感賦七絶韻，昨蒙疊和以惠，玆用追酬.

120 원운(元韻) : 이경석의 이 시는 《백헌집(白軒集)》 권8에 〈듣자니 임금님 행차가 교외에 이르러 '임금님께서 간절하게 말씀하시기를 우리 두 신하의 목숨을 빌어 이르지 않는 곳이 없었다'고 하니, 나 같이 보잘것없는 사람이 어찌 이런 은혜를 얻을 수 있겠는가. 임금님을 위해서는 죽어도 영광스러운 것이다. 감격의 눈물을 이기지 못해 마침내 한 수를 지어 용주에게 보여주다(廁聞車駕前後臨郊 天語勤懇 爲吾二臣丐命 靡所不至 如吾無似 何以得此 於聖明 死亦榮矣 不勝感涕 遂成一絶 示洲翁)〉라는 제목으로 실려 있다.

상공의 시에 차운하다

次相公韻

지난 밤 우레 울려 뭇 산들을 뒤흔들고	昨夜轟雷撼衆峯
바다 빛과 하늘을 뒤집을 듯했지만	爭回海色與天容
성스러운 조정에 어찌 음양이 뒤섞이겠는가	聖朝安有陰陽錯
그 일 분명 비 내리는 용이 다녀서겠지	作劇定應行雨龍

또 짓다
又

쏴아 열흘에 팔구일 바람 부니	訇哮一旬八九風
날리는 모래자갈에 창틀은 싸우는 듯하고	飛揚砂礫戰房櫳
외로운 성 서북쪽으로는 연경 요동이 갈라지는데	孤城西北燕遼坼
요동[121]의 검푸른 바다 만 리 텅 비어있네	鶴野滄溟萬里空

121 요동〔鶴野〕: 원문의 학야(鶴野)는 광녕(廣寧) 동쪽, 해주위(海州衛) 서쪽, 요동(遼東) 북쪽에 위치 한 큰 들판 이름이다. 《대청일통지(大淸一統志)》에 학야(鶴野)가 요양(遼陽) 즉 요동에 위치한다는 말이 있다〔鶴野廢縣, 在遼陽州.〕. 《大淸一統志 卷39》

원운

元韻

한 줄기 짙푸른 물결은 만 겹 겹진 산과 같고 一帶滄波萬疊峯
적막한 단풍 숲은 저문 가을 모습 역력한데 楓林寂歷暮秋容
우레 비 까닭 없이 쏟아져도 놀라지 마라 莫驚雷雨無端急
하늘이 강물 시켜 누운 용 일으키는 것이니 天遣江潭起臥龍

또 짓다

又

산꼭대기 언제나 끝없이 아득한 바람 많고 絶頂常多廣莫風
작은 뜰의 낙엽은 창틀을 두드리는데 小庭黃葉撲窓櫳
변방 성 기후는 순식간에 변해 邊城氣候須臾變
해 환해도 때때로 비가 하늘에 가득하네 白日時時雨滿空

상공이 준 시에 차운하다
次相公惠韻

임금님 분부[122] 다급한 소리는 만시[123]에 아롱져있고 臚句聲催詩祀班
재상의 애처로운 얼굴은 신하들 반열에서 보았는데 相臣容戚受同間
지난해 오늘 재궁에서 있었던 그 일에[124] 去年今日齋宮事
하늘 끝에서 꿈을 깨니 눈물만 줄줄 흐르는구나 夢罷天涯涕淚潸

122 임금님 분부 : 원문의 여구(臚句)는 임금님의 분부를 말한다. 이식(李植)의 시 〈차조조대명궁(次早朝大明宮)〉에 "납신다는 소리에 숙연해지는 조관의 반열, 성스러운 임금님을 충성스럽게 보좌하고자 다짐하네〔一聲臚句排鵷序, 共說忠良翊聖王.〕."라는 구절이 있다. 《澤堂集 卷1, 次早朝大明宮》

123 만시〔詩祀〕 : 원문의 시사(詩祀)는 평측으로 볼 때 사시(祀詩)가 되어야 할 듯하다. 시사(詩祀)로 볼 경우 원문의 성(聲)·최(催)·시(詩)가 모두 평성(平聲)이어서 3평성(平聲)이 되고 또 원문의 상대 글자인 다음 구의 수(受)와 동(同)이 각각 상성(上聲)과 평성(平聲)이라는 점에서 평성(平聲)인 시(詩)와 상성(上聲)인 사(祀)의 위치가 바뀌어야 할 듯하다. 시사(詩祀)를 사시(祀詩)로 보면 임금님의 죽음을 애도한 만시(輓詩)가 된다.

124 지난해……일에 : 인조(仁祖)의 상기(祥期)가 돌아왔음을 말한다. 인조는 1649년 5월 8일 창덕궁 대조전에서 승하하였다.

원운[125]

元韻

꿈에서 본 궁궐은 옛날과 똑같으니 夢點彤庭第一班
흰 옷 입고 올린 제사 대궐 안이었지 白衣將奠殿中間
새벽닭 불러 깨도 남은 슬픔 그대로여서 晨鷄喚覺餘悲在
소리 삼키고 울어보지만 눈물 절로 흐르네 嗚咽呑聲涕自潸

- 밤들어 뒤척이면서 잠들지 못하다가 새벽에 이르러 꿈을 꾸었는데 마치 영사전[126]에서 예를 행하려던 것과 같았다. 그러나 막 행렬에 나아가고자 했을 때 닭이 울어 갑자기 깨어났으나 눈물 흘리며 우는 소리는 그래도 그치지 않았다. 느끼는 바가 있어 쓴다.

夜來輾轉不寐, 到曉成夢, 若將行禮於永思殿者. 然方就行列, 鷄叫忽覺, 涕泣之聲, 尙未已也. 感而識之.

125 원운(元韻) : 이경석의 이 시는《백헌집(白軒集)》 권8에 〈밤들어 뒤척이면서 잠들지 못하다가 새벽에 이르러 꿈을 꾸었는데 마치 영사전에서 예를 행하려던 것과 같았다. 그러나 막 행렬에 나아가고자 했을 때 닭이 울어 갑자기 깨어났으나 눈물 흘리며 우는 소리는 그래도 그치지 않았다. 느끼는 바가 있어 쓴다. 잘 짓고 못 지은 것이나 운자와 격식은 따지지 않았다〔夜來轉輾不寐 到曉成夢 若將行禮於永思殿者然 方就班列 鷄叫忽覺 涕泣之聲 尙未已也 感而識之 工拙韻格不計也〕〉라는 제목으로 실려 있다.

126 영사전(永思殿) : 창덕궁 안에 있는 전각으로 인조의 혼전을 말한다〔仁祖魂殿, 曰永思殿.〕.《新增東國輿地勝覽 卷2, 備攷編》

상공이 회포를 쓴 시에 차운하다
次相公述懷韻

변새의 긴 슬픔은 송옥의 가을이고[127]	塞上長悲宋玉秋
모구 이미 높다란 언덕은 위후의 갖옷인데[128]	旄丘已敞衛侯裘
석양 아래 긴 휘파람 산집에 기대 불어보니	斜陽一嘯倚山閣
눈에 드는 시린 강은 밤낮으로 흐르네	注目寒江日夜流

127 변새의……가을이고 : 송옥(宋玉)은 전국(戰國)시대 초(楚)나라 사람으로 굴원(屈原)의 제자이다. 사부(詞賦)에 능하여 〈비추부(悲秋賦)〉를 지었으므로 가을의 슬픔을 말할 때 흔히 송옥을 말한다. 《사기(史記)》〈비추부(悲秋賦)〉에 "슬프구나, 가을의 기후여. 쓸쓸하구나, 초목은 낙엽이 져서 쇠하였네. 처창하구나, 타향에 있는 것과 같구나. 산에 올라 물을 굽어봄이여, 돌아가는 이를 보내는구나〔悲哉, 秋之爲氣也. 蕭瑟兮, 草木搖落而變衰. 憭慄兮, 若在遠行. 登山臨水兮, 送將歸.〕."라는 구절이 있다. 《史記 卷84, 悲秋賦》

128 모구……갖옷인데 : 고향으로 돌아가지 못하는 자신의 처지를 빗대어 말한 것이다. 《시경(詩經)》〈모구(旄丘)〉에 "모구의 칡이여, 어찌 이렇게 마디가 길어졌는가〔旄丘之葛兮, 何誕之節兮.〕."라는 구절이 있다. 《詩經 卷2, 旄丘》

원운[129]

元韻

봄 여름 보내고 이내 가을 보내니	送春送夏仍送秋
변방의 바람 두꺼운 갖옷에 불어오는 것을 보는데	又見朔風吹敝裘
인간 세상의 끝없는 서러운 마음에	無限世間悲感意
오경 외로운 베갯머리에서 두 줄기 눈물을 흘리네	五更孤枕淚雙流

129 원운(元韻) : 이경석의 이 시는《백헌집(白軒集)》권8에〈유배 오는 처지가 되어 부모님의 기일에도 연이어 여기에서 보냈다. 이달 보름 이후에 또 연달아 부모님의 생신이 있어 한밤중에도 잠들지 못하고 지난날을 생각하고 감개하여 나도 모르게 눈물이 줄줄 흘러 이에 마음에 느낀 것을 쓴다〔自罹栫棘 終身之喪 連過於此 今月望後 且連有二親生朝 中夜無寐 感念疇昔 不覺涕泗之交頤 仍以述懷〕〉라는 제목으로 실려 있다.

오언율시
五言律詩

백헌 상공이 준 시에 차운하다

次白軒相公示韻

봄이 가고 이제 초여름인데도	春去當初夏
산 추워 가벼운 옷으로 갈아입지 못하는데	山寒未袷衣
꿈길에는 좋은 일 많았으니	夢呈多好事
새는 돌아가라고 지저귀고	鳥喚不如歸
늘 주머니 속의 약 살펴서	每檢囊中藥
자주 허리띠에 두른 주머니 살펴보는데	頻看革帶圍
한밤중에 놀라 일어나 앉으니	三更驚起坐
사립문 흔들리는 소리 정말 싫구나	赤憎語風扉

또 짓다

又

두 조정에 신명을 바쳐 늙도록	盡瘁兩朝老
새벽되어도 관복 벗지 못했고	靡晨不倒衣
의심하고 따지는 일들 한마디 말로 결정하니	難疑片言決
명망과 실상이 한 때 그에게 다 돌아갔었지	望實一時歸
유하혜가 어찌 쫓겨나는 것 걱정했었으며[130]	柳季那傷黜
노중련도 포위된 적이 있었지[131]	魯連亦在圍
이백 두보와 명성 나란한 것 부끄러워[132]	齊名慚李杜
얽어놓은 사립문만 마주보고 있구나	相對縛柴扉

130 유하혜가……걱정했었으며 : 원문의 유계(柳季)는 유하혜(柳下惠, BC.720~BC.621(?)를 말하는데, 이경석이 벼슬을 하다 유배된 것을 유하혜에 빗대어 말한 것이다. 《논어(論語)》〈미자(微子)〉에 "도에 입각해서 사람을 섬긴다면 어디 간들 세 번 쫓겨나지 않겠는가. 도를 굽혀서 사람을 섬긴다면 어찌 반드시 부모의 나라를 떠날 이유가 있겠는가〔直道而事人, 焉往而不三黜. 枉道而事人, 何必去父母之邦.〕."라고 한 데서 온 말이다. 《論語, 微子》

131 노중련도……있었지 : 원문의 노련(魯連)은 노중련(魯仲連, ?~?)을 말하는데, 이경석이 청(淸)나라에 굴복하지 않았던 일을 노중련에 빗대어 말한 것이다. 《사기(史記)》〈노중련열전(魯仲連列傳)〉에 "진(秦)나라의 병사들이 마침내 동쪽으로 한단(邯鄲)을 포위하자……'저 진나라가 방자하게 황제를 자칭하고, 죄악으로써 천하에 정치를 행한다면, 나는 차라리 동해에 빠져 죽을지언정, 내가 차마 그 백성은 될 수가 없다'라고 하였다〔秦兵遂東圍邯鄲……彼卽肆然而爲帝, 過而爲政於天下, 則連有蹈東海而死耳, 吾不忍爲之民也.〕."라고 한 데서 온 말이다. 《史記 卷83, 魯仲連列傳》

132 이백……부끄러워 : 저자와 이경석이 이백(李白)과 두보(杜甫)에 빗대어진 것을 부끄러워한다는 말이다.

원운

元韻

궁벽진 세상 끝 세 칸짜리 집에　　絶塞三間屋
행장으론 베옷 한 벌　　行裝一布衣
꽃을 보니 철쭉이 지천이고　　看花宜躑躅
풀을 보니 당귀가 반가우며　　見草喜當歸
머리 위로 푸른 하늘 나직하고　　頭上蒼天近
울타리 가로는 푸른 바다 둘렀구나　　籬邊碧海圍
나를 지탱해주는 건 짧은 지팡이뿐이니　　扶吾短笻在
그 옛날 재상[133]이었던 것 누가 알겠는가　　誰識舊黃扉

또 짓다

又

저물녘 산성에 홀로 서니　　獨立山城暮
바람이 내 옷에 불어오네　　天風吹我衣
서울로 언제 돌아갈 것인가　　長安幾日去
외로운 꿈속에서나 때때로 돌아가니　　孤夢有時歸
역의 나무 천 겹으로 어둑하고　　驛樹千重暗
관새의 구름 백 겹으로 둘러 막았네　　關雲百匝圍
평생 벼슬 물러나 살겠다는 계획으로　　平生乞骸計
옛 마을 사립문을 향해 가네　　會向舊村扉

133 재상〔黃扉〕: 원문의 황비(黃扉)는 재상의 관사 문을 황색으로 칠한 것에서 유래하여 삼공(三公)이나 승상(丞相)을 말하는데, 여기에서는 이경석이 영의정을 지냈던 사실을 말한다.

또 차운하다

又次

하늘의 뜻 언제나 알 수 있겠나	天定知何日
우리들 죄인 옷을 입어야 하는데	吾儕宜赭衣
신하 노릇하기 어려운 이곳에 있으니	爲臣難在此
옛날을 사모해 성현과 함께 돌아가고 싶으나	慕古聖同歸
세월은 두 귀밑머리를 괴롭히고	時序煩雙鬢
구름 안개는 사방에서 피어오르지만	雲煙媚四圍
그대 범순인이 되리라 생각하니[134]	期公范純父
바위 문[135]이 열릴 날 머지 않았으리	非晩啓嵒扉

134 범순인이 되리라 생각하니 : 원문의 범순부(范純父)는 송(宋)나라 문인이었던 범순인(范純仁, 1027~1101)을 말하는데, 여기에서는 이경석이 다시 재상의 자리에 오를 수 있으리라는 기대를 범순인에 빗대어 말한 것이다. 범순인은 재상의 자리에 올랐다가 송나라 철종(哲宗) 때 장돈(章惇)의 미움을 받아 영주안치(永州安置)로 폄적되었다. 휘종(徽宗)이 즉위한 후 관문전대학사(觀文殿大學士)에 임명되었지만 눈병 때문에 귀향을 청했다.《宋史 卷314, 范純仁列傳》

135 바위 문 : 원문의 암비(嵒扉)는 바위 골짜기의 문 또는 바위 문을 말하는데, 전의(轉義)하여 은사가 머물러 사는 곳을 말한다. 육유(陸游)의 시 〈개원막귀(開元莫歸)〉에 "지초 먹고 사는 것 평생의 일이었는데, 바위 문 향해 고개 돌리니 몹시 슬퍼지네〔茹芝却粒平生事, 回首巖扉一愴神.〕"라는 구절이 있다.《劍南詩稿 卷11, 開元莫歸》

오언율시의 마지막 연에 마음과 합하는 것이 있어 감탄하여 본 떠 지었다. 백헌[136]

五言律落句有契於心 感歎效颦 白軒

4월 변방 성의 나그네	四月邊城客
그대로 머물며 겨울옷 준비하고	猶留禦臘衣
고개의 복사꽃 봄 되어 더욱 곱지만	嶺桃春被任
관새의 깊은 숲은 꿈속에서도 되갈 길 헤매게하네	關樹夢迷歸
시율을 누가 대적하겠나	詩律誰能敵
근심도 바로 풀어져버리는데	愁城便解圍
그대의 말이 정녕 나의 뜻이니	君言政吾意
노년의 계획이 시골 사립문에 있다네	晩計在郊扉

136 오언율시의……백헌 : 이경석의 이 시는 《백헌집(白軒集)》 권8에 〈단율로 주옹에게 수답하다〔短律酬洲翁〕〉라는 제목으로 실려 있다.

5월 4일[137]

五月初四日

구의산 눈물[138]인 듯 눈 쌓였다가 纔雪九疑涕
금방 찾아온 5월을 만났는데 旋逢五月來
순임금이면서 어찌 백년도 살지 못했고[139] 舜年胡不百
하늘의 도는 괴로움과 어려움을 겸했지만 天道苦難該
은택은 저 멀리 있는 백성까지 다 적시고 酌澤遐氓洽
공을 따지면 역대로 넓으니 論功歷代恢
–'밝은 도리에 성대한 위업이 우뚝하니'로 된 곳도 있다. 〔一作明倫盛烈嵬〕
외로운 신하 지난 일에서 헤매다 孤臣迷往事
묵은 성 모퉁이에서 마음 상하네 心折古城隈

137 5월 4일 : 인조(仁祖)의 기일이 1649년 5월 8일이다. 여기에서 5월 4일을 제목으로 삼은 것은 인조의 기일이 다가왔다는 것으로, 인조의 죽음을 슬퍼하는 것이다.

138 구의산 눈물 : 백마산(白馬山)에 쌓인 눈이 아황(娥皇)과 여영(女英)이 순(舜)임금의 죽음을 슬퍼하여 구의산(九疑山)에서 흘린 눈물만큼 많다는 말이다. 《사기(史記)》〈오제본기(五帝本紀)〉에 "제위에 오른 지 39년에 되던 해에 남쪽으로 순수하다 창오의 들에서 붕어하니 강 남쪽의 구의산에서 장사지냈다〔踐帝位三十九年, 南巡狩, 崩於蒼梧之野, 葬於江南九疑.〕."라는 말이 있고, 《박물지(博物志)》〈사보(史補)〉에 "순임금이 붕어하자 순임금의 두 비가 울면서 대나무에 눈물을 떨구니 대나무가 온통 얼룩졌다〔舜崩, 二妃啼以涕揮竹, 竹盡斑.〕."라는 말이 있다. 《史記 卷1, 五帝本紀》, 《博物志 卷8, 史補》

139 순임금이면서……못했고 : 인조의 죽음을 순임금에 빗댄 것인데, 인조가 순임금 같은 성인이면서 112세를 산 순임금과 달리 55세에 죽은 것을 슬퍼한 것이다. 《서전(書傳)》〈우서(虞書)〉에 "요(堯)임금이 붕어하자 순임금이 3년 동안 상복을 입었고, 그러한 뒤에 즉위하니 나이가 62세였다. 50년 동안 제위(帝位)에 있다가 붕어하니 수명이 112세였다〔堯崩, 舜服喪三年, 然後卽位, 蓋年六十二矣. 在位五十載而崩, 壽百有一十二.〕."라는 말이 있다. 《書傳 卷2, 虞書》

백헌 상공이 차운하다
軒相次

상기가 다가오니 벌써 가슴 아픈데	已痛祥期迫
돌아보니 바로 그날이 와서[140] 깜짝 놀랐네	還驚節日來
성신의 공은 환하게 빛났고	聖神功煥赫
인의의 일은 다 갖추었으니	仁義事兼該
허심탄회했던 아름다움 아직도 생각나	尙憶虛襟美
그 큰 법도의 넓음을 다 미루어보고서	咸推大度恢
까닭 없이 송백나무 바라보다	無由望松栢
한밤중 산모퉁이에서 통곡하노라	中夜哭山隈

140 그날이 와서 : 여기에서는 인조의 기일인 5월 8일을 말한다.

상공이 보여준 시에 차운하다
次相公示韻

기운을 알아본 것 관윤과 어긋난 채[141]	識氣違關尹
돌아와 쉬면서 소철[142]을 떠올리는데	歸休憶穎濱
책 쓰는 공은 아직 이루지 못하고	著書功未就
세상 겪느라 귀밑머리만 되려 희게 변했네	閱世鬢還新
끝없는 궁벽한 이곳에서	漠漠窮荒界
아득한 태곳적 사람처럼 사니	悠悠太古人
근심을 녹이려고 무엇에 의지하는가	銷憂憑底物
병 속에 촉 땅의 소춘주가 가득하구나	甁滿蜀燒春

141 기운을…… 채 : 원문의 관윤(關尹)은 춘추시대 진(秦)나라 함곡관(函谷關)의 관령(關令)으로 노자(老子)의 기운을 알아본 윤희(尹喜)를 말하는데, 여기에서는 저자가 자신에게 다가올 일을 미리 예측하지 못했다는 것을 말한다. 《사기(史記)》 〈노장신휘열전(老莊申韓列傳)〉의 주에 "노자가 서쪽으로 떠날 때에 관령 윤희가 바라보니 자기(紫氣)가 관문 위에 떠 있었는데, 노자가 과연 푸른 소를 타고 지나갔다〔老子西遊, 關令尹喜望見, 其有紫氣浮關, 而老子果乘青牛而過.〕."라고 한 데서 온 말이다. 《史記 卷63, 老莊申韓列傳》

142 소철〔穎濱〕 : 원문의 영빈(穎濱)은 북송(北宋)의 소철(蘇轍, 1039~1112)로 자는 자유(子由), 호는 난성(欒城)・영빈유로(穎濱遺老)이다. 소순(蘇洵)의 아들이자 소식(蘇軾)의 동생으로 성도(成都)의 미산(眉山)이 고향이나 만년에 허주(許州)의 영수(穎水) 가에 거처하여 영빈유로라고 자호(自號)하였다. 소철은 신법(新法)에 반대하는 소식(蘇軾)과 함께 탄핵받아 좌천되었는데, 여기에서는 저자가 자신을 좌천된 소철의 처지와 동일시한 것이다. 《宋史 卷339, 蘇轍列傳》

또 짓다
又

몸 밖의 나를 찾아서	索我形骸外
공을 따라 적막한 물가로 가니	從公寂寞濱
정 깊어 청안은 옛 그대로이지만	情深青眼舊
쫓겨난 몸이라 흰머리는 새롭기만 한데	唾棄白頭新
산수는 거문고 갑을 열어 연주하고	山水絃開匣
숲 앵무새는 사람 익숙해져 벗하여	林鸎友慣人
욕심 버릴 만한 것 곳곳에 있으니	忘機隨處在
봄 맞은 무릉도원 찾아가길 그만두어야겠구나	休訪茂陵春

원운

元韻

이 몸은 하늘 위에 맡겨두고	身世寄天半
푸른 바닷가를 굽어보니	俯臨蒼海濱
텅 빈 성 푸른 산에 해는 저물고	城空碧峯暮
묵은 바위 푸른 이끼 새롭기만 하네	石古蒼苔新
백마[143]는 어느 곳으로 돌아갔는가	白馬歸何處
푸른 소는 옛 사람을 그리워하는데[144]	青牛思昔人
삼산이 정녕 멀지 않으니	三山定非遠
복사꽃 피는 봄에 찾아가 봐야지	擬訪桃花春

143 백마(白馬) : 저자와 이경석이 유배 된 백마산에서 놀았다는 백룡마(白龍馬)를 말하는 것으로 보인다〔白馬山, 在州南三十里, 諺傳白龍馬山遊故名.〕. 《新增東國輿地勝覽 卷53, 義州牧》

144 푸른……그리워하는데 : 원문의 청우(青牛)는 노자(老子)가 타고 다녔다는 푸른 소를 말하는 것으로 보인다. 《사기(史記)》〈노장신휘열전(老莊申韓列傳)〉의 주에 "노자가 과연 푸른 소를 타고 지나갔다〔老子果乘青牛而過.〕."라고 한 말이 있다. 《史記 卷63, 老莊申韓列傳》 각주 141번 참조.

또 짓다
又

누가 알겠는가 푸른 바닷가에	誰知碧海上
다시 이 맑은 호수가 있다는 것을	復此澄湖濱
환한 해는 책을 보기에 조용하고	白日看書靜
푸른 산은 시 구절에 들어 새롭기만 한데	靑山入句新
한평생 달을 쥐려는 흥취와	平生捉月興
일생 누대에 기댔던 사람이[145]	一代倚樓人
믿을 것은 속세의 풍경이 아니니	須信非塵境
복사꽃 피면 여름도 봄이라네	桃花夏亦春

145 한평생……사람이 : 경련(頸聯)의 두 구절은 이백(李白)과 두보(杜甫)를 말하는데 여기에서는 저자와 이경석을 지칭하는 말로 쓰인 듯하다. 《당재자전(唐才子傳)》에 이백이 "취기에 달을 잡으려다 끝내는 물에 빠졌다〔乘醉, 捉月, 遂沉水中.〕."라는 말이 있고, 두보의 시 〈강상(江上)〉에 "훈업을 염려해 자주 거울을 보고, 출처에 어두워 홀로 누각에 기대네〔勳業頻看鏡, 行藏獨倚樓.〕."라는 구절이 있다. 《唐才子傳 卷2》, 《杜詩詳註 卷15, 江上》

상공이 도꼬마리[146]를 보내며 써준 시에 화답하다
和相公送蒼耳韻

신농씨는 본초경을 지으며	神農著本草
도꼬마리는 묘이[147]를 길러준다 하였지	羊負妙頤生
체증을 풀어주니 비장이 먼저 건강해지고	通鬲脾先健
풍증을 낫게 하니 눈도 밝아지는데	愈風眼亦明
쟁반에 올리면 파나 부추처럼 평범하고	登盤葱韮俗
가치를 따지면 차조나 삼처럼 가볍지만	論品朮參輕
약재[148] 보내준 그 마음 몹시 고마워	多謝刀圭義
전해오는 방법대로 새벽에 서둘러 삶아야겠네	傳方趁曉烹

-'진효'는 '만의'로 되어 있는 곳도 있다.〔趁曉一作滿意〕

146 도꼬마리〔蒼耳〕: 원문의 창이(蒼耳)는 도꼬마리를 말하는데, 약초의 일종이다. 《구황본초(救荒本草)》에 "창이는 본래 이름은 시이(葈耳)인데 세상에서는 도인두(道人頭)・갈기초(喝起草)・호시(胡葈)・지규(地葵)・시(葹)・상사(常思)・양부래(羊負來)라는 이름으로 불리기도 한다〔蒼耳, 本草名葈耳, 俗名道人頭・又名喝起草・一名胡葈・一名地葵・一名葹・一名常思・一名羊負來.〕."라는 말이 있는데, 두 번째 구의 양부(羊負)는 양부래를 줄여서 말한 것으로 보인다. 《救荒本草 卷4》

147 묘이(妙頤): 묘어해이(妙語解頤)의 준말로 얼굴을 펴고 웃게 한다는 말이다. 고아한 말을 하여 사람을 웃게 한다는 뜻인데, 여기에서는 마음을 편안하게 만든다는 말이다. 《전한서(前漢書)》〈광장공마전(匡張孔馬傳)〉에 "광정(匡鼎)과 시를 말하지 말라. 광정이 시를 말하면 사람들이 얼굴을 펴고 웃게 된다〔無說詩匡鼎. 匡語詩, 解人頤.〕."라는 말이 있다. 《前漢書 卷81, 匡張孔馬傳》

148 약재〔刀圭〕: 원문의 도규(刀圭)는 약의 양(量)을 헤아리는 기구로, 전의(轉義)하여 의술(醫術)이나 약물(藥物)을 말한다. 여기에서는 이경석이 보내준 도꼬마리를 의미한다.

원운[149]

元韻

잎 무성한 도꼬마리	蒼耳萋萋葉
푸른 산 곳곳에 자라네	青山處處生
신농 때에 이미 벌써 지천이었고	神農嘗已遍
소자의 기록으로 더 분명해졌지	蘇子錄還明
먹으면 목과 비장 윤택해지고	勸飯喉脾滑
묵은 병이 나아 팔 다리 가벼워질 것이어서	蠲痾手脚輕
같은 병 앓는 나그네에게 전하노니	寄言同病客
이른 아침 되자마자 삶아 드시게	須趁早朝烹

149 원운(元韻) : 이경석의 이 시는《백헌집(白軒集)》권8에〈용주에게 도꼬마리 잎을 먹기를 권하다〔勸龍洲食蒼耳葉〕〉라는 제목으로 실려 있다.

성천의 관리 김경휘[150]에게 써 주다.

書與成川吏金景輝

이 사람은 앞 뒤의 국상에서 복을 입었다.

此人服前後國喪

사람은 누구나 충효를 알지만 人皆識忠孝
그대만 홀로 방상[151]을 다하였지 爾獨盡方喪
전후의 상에서 삼년간 참최복을 입느라 前後三年斬
선조와 인조 두 임금님의 상에 한없이 바빴지 宣仁二代忙
장군의 휘하에서 일을 보았고 給事將軍幕
곡구의 마을[152]에서 농사를 지었으니 爲農谷口鄕

150 김경휘(金景輝) : 《용주일기(龍洲日記)》 〈경인일기(庚寅日記)〉 효종(孝宗) 1년 5월 23일 일기를 보면 김경희(金景熙)라고 되어있다〔成川人金景熙者, 來扣棘門, 請見.〕. 《만력삼십일년계묘식년사마방목(萬曆三十一年癸卯式年司馬榜目)》에 김경휘(金景輝, 1571~?)의 본관은 해풍(海豐), 자는 여회(汝晦)로 1603년(선조36) 사마시에 급제하였다고 하였으나 김경휘가 맞는지, 김경희가 맞는지는 확인하기 어렵다. 《龍洲日記, 庚寅日記》, 《萬曆三十一年癸卯式年司馬榜目》

151 방상(方喪) : 부모의 상(喪)에 견준다는 말로, 여기에서는 김경휘가 부모의 상복을 입는 예로 선조(宣祖)와 인조(仁祖)의 상복을 입은 것을 말한다. 《예기(禮記)》 〈단궁(檀弓)〉에 "군주를 섬길 때 직간(直諫)하고 은미하게 간하지 않으며, 좌우로 나아가 봉양하되 일정한 곳이 있으며, 죽음에 이를 때까지 부지런히 일하며, 상은 부모의 삼년상에 견주어 치른다〔事君, 有犯而無隱, 左右就養有方, 服勤至死, 方喪三年.〕."라고 한 데서 온 말이다. 《禮記, 檀弓》

152 곡구의 마을 : 원문의 곡구(谷口)는 한(漢)나라의 정박(鄭樸)이 은거한 곳으로, 여기에서는 김경휘가 살던 곳으로 농사짓기 어려운 척박한 땅을 말한다. 《전한서(前漢書)》

어찌 일찍이 변변치 않은 녹봉에 얽매여　　何曾紆寸廩
해바라기 본성이 태양 향해 기울 듯 하겠는가　　葵藿本傾陽

상공이 차운하다
相公次

한나라 때는 임금님 상에 신하들이 모였다 들었는데　　漢代聞相聚
우리나라에선 그대만 삼년 방상을 지냈지　　吾東爾服喪
창오[153]에서 거듭 피눈물을 뿌렸으니　　蒼梧重灑血
임금님께서는 또 어찌 그리 황망하신가　　白日又何忙
늙은 관리는 왕실에 충성을 다하고　　老吏忠王室
외론 신하는 임금님 계신 서울을 꿈꾸는데　　孤臣夢帝鄉
은근한 마음으로 멀리 찾아와 주니　　殷懃遠來訪
울음을 삼키며 지는 해를 바라보는구나　　嗚咽對斜陽

〈왕공양공포전(王貢兩龔鮑傳)〉에 "곡구의 정자진(鄭子眞)은 자기의 뜻을 굽히지 않고 돌무더기 땅에서 농사를 지었는데, 그의 명성이 경사에 진동했다〔谷口鄭子眞, 不詘其志, 耕於巖石之下, 名震于京師.〕."라고 한 데서 온 말이다. 《前漢書 卷72, 王貢兩龔鮑傳》

153 창오(蒼梧) : 순(舜)임금이 천하를 순수하던 도중에 죽은 곳으로, 여기에서는 선조와 인조가 죽은 일을 말한다. 《사기(史記)》〈오제본기(五帝本紀)〉에 "제위에 오른 지 39년에 되던 해에 남쪽으로 순수하다가 창오의 들에서 붕어하니 강 남쪽의 구의산에서 장사지냈다〔踐帝位三十九年, 南巡狩, 崩於蒼梧之野, 葬於江南九疑.〕."라는 말이 있다. 《史記 卷1, 五帝本紀》

상공이 비를 기뻐하여 지은 시에 차운하다
次相公喜雨韻

무더운 밤 지친 나그네 잠들었다가　炎宵昏客睡
처마의 낙수 소리 새벽 들어 그제야 들으니　簷霤曉初聞
언덕마다 모두 물이 흐르고　岸岸皆流水
산마다 온통 비구름 덮여　山山盡濕雲
전원은 보기에 더욱 좋고　田園看更好
벼와 보리는 빛깔 더욱 뚜렷해지니　禾麥色平分
모두들 때를 아는 비라 말하지만　儘道知時雨
우리나라에 성군이 있어 내리는 비이지　東方有聖君

원운[154]

元韻

쏴아 저물녘 빗소리	颯颯黃昏雨
삼경의 베갯맡에 들려오네	三更枕上聞
정히 벼에 물을 댈 것이고	定教禾浸水
이미 보리는 구름에 닿을 듯하겠지	已覺麥連雲
어둑한 구름에 산은 온통 컴컴할 것이고	晻靄山全暗
아득하여 바다는 구분도 안 되지만	蒼茫海未分
정녕 하늘의 뜻은	丁寧上天意
그 모두가 성스럽고 밝은 우리 임금님 위한 것이지	總爲聖明君

154 원운(元韻) : 이경석의 이 시는 《백헌집(白軒集)》 권8에 〈25일 밤비를 기뻐하며 베갯맡에서 읊다〔廿五夜喜雨枕上口占〕〉라는 제목으로 실려 있다.

성준 스님의 시축에 지은 상공의 시에 차운하다
次性峻詩軸相公韻

그대는 스님[155]이 될 수 있었지만	爾能爲白足
나는 불법의 이치[156]을 꿰뚫지 못하였는데	吾未透玄關
무슨 일로 이 땅을 떠돌아다니면서	何事浮游地
유자와 불자의 거리를 잊어버렸나	相忘儒釋間
취했다 깨어 어부에게 물으니	醉醒漁父問
오고가며 태전[157]은 여유롭기만 했다하네	來往太顚閑

155 스님〔白足〕: 원문의 백족(白足)은 본래 위(魏)나라 승려 담시(曇始)를 말하는데, 전의(轉義)하여 고승(高僧)을 말한다. 《태평어람(太平御覽)》〈이승(異僧) 상(上)〉에 "승려 담시는……발이 얼굴보다 희어 몇 번이나 흙탕물을 다녀도 더러워지지 않아 세상 사람들이 백족화상(白足和尙)이라 불렀다〔釋曇始……足白於面, 雖屢涉泥水, 未嘗沾汚, 天下咸稱白足和尙.〕."라고 한 데서 온 말이다. 《太平御覽 卷655, 異僧 上》

156 불법의 이치 : 원문의 현관(玄關)은 현묘한 도로 들어가는 문으로, 불문에 귀의하는 입구를 말한다. 왕건(王巾)의 〈두타사비문(頭陀寺碑文)〉에 "현관(玄關)과 유건(幽鍵)에 감응하여 마침내 통달하였다〔於是玄關幽鍵, 感而遂通.〕."라는 말이 있는데, 이선(李善)이 주를 달아 "현관과 유건은 불교의 교법을 비유한 것이다〔玄關幽鍵, 喩法藏也.〕."라고 한 데서 온 말이다. 《六臣註文選 卷59, 頭陀寺碑文》

157 태전(太顚) : 한유(韓愈)와 가까이 지낸 스님으로, 여기에서는 성준 스님을 말하는 듯하다. 한유의 〈여맹상서서(與孟尙書書)〉에 "조주에 있을 때, 태전이라는 노승이 있어……그와 말을 해보면 비록 다 이해되지는 않았으나, 마음속에 막힘이 없어 얻기 어려운 사람이라 여겨서 왕래하였다. 그 후 남해의 신에게 제사를 지내기 위해 바닷가에 갔을 때에 그의 집을 찾아갔고, 내가 원주로 오게 되어서는 그에게 의복을 남겨 주어 작별을 하였다〔潮州時, 有一老僧號大顚……與之語, 雖不盡解, 要自胸中無滯礙, 以爲難得, 因與來往. 及祭神至海上, 遂造其廬, 及來袁州, 留衣服爲別.〕."라는 말이 있다. 《昌黎先生集 卷18, 與孟尙書書》

다람쥐만 다니는 적막한 길에서 寂寞鼪鼯逕
발소리에 거의 얼굴 펴지네 跫音幾破顏

산을 내려오면서 상공의 시에 차운하다
下山次相公韻

설풋 갠 뒤 남은 비 내리는데	小晴餘飛落
푸른 이내 헤치고 산을 내려오며	山行拂翠嵐
어리석음 씻어내려 솟는 샘을 떠올리다가	滌昏思迸井
버선을 말아 쥐고 둘러싼 바위를 피해가니	鉤襪避回巖
나그네 마음은 동으로 흐르는 물길 저 너머에 있고	客意東流外
공의 명성은 북극성 저 남쪽에 있네[158]	公名北斗南
강호에 있으면서도 두 걱정[159] 여전하니	江湖二憂在
들 늙은이 찾아가 이야기나 나누어야지	且就野夫談

158 북극성……있네 : 이경석이 재상의 자리에 있었음을 말한 것이다. 《진서(晉書)》〈천문지(天文志) 상(上)〉에 "상성 한 별이 북두의 남쪽에 있다〔相一星在北斗南.〕."라고 한 데서 온 말이다. 《晉書 卷11, 天文志 上》

159 두 걱정 : 원문의 이우(二憂)는 두 가지 걱정이라는 말로, 조정의 높은 자리에 있으면서 백성을 걱정하는 것과 강호에 있으면서 임금님을 근심하는 것을 말한다. 여기에서는 저자와 이경석이 유배지에 와 있지만 늘 백성과 임금님을 걱정한다는 것을 말한다. 범중엄(范仲淹)의 〈악양루기(岳陽樓記)〉에 "묘당에 높이 있을 때는 그 백성을 근심하고 강호에 멀리 있을 때는 그 임금을 근심하니, 이는 나아가도 근심하고 물러나도 근심하는 것이다〔居廟堂之高, 則憂其民, 處江湖之遠, 則憂其君, 是進亦憂, 退亦憂.〕."라고 한 데서 온 말이다. 《范文正集 卷7, 岳陽樓記》

상공이 차운하다

相公次

가랑비에 푸른 산 젖어	細雨青山濕
가마로 푸른 이내 뚫고 가니	肩輿破碧嵐
길은 위태로워 괴이한 바위 널려있고	逕危多怪石
등나무는 묵어 층진 바위 감쌌으며	藤古擁層巖
맑은 강 북쪽으로는 한 채 집 있고	一室淸江北
작은 성가퀴 남쪽에는 외론 마을 있는데	孤村粉堞南
본디 세상을 경영할 계획 없었으니	素無經濟策
늙은 농부와 이야기나 나누는 게 좋겠네	宜與老農談

상공의 살구시에 차운하다
次相公杏韻

사리[160]가 입에 맞는 것은	相梨緣可口
신맛이 가을 들기 전에 다 없어져서인데	酸打盡先秋
산 살구는 언제 익을까	山杏熟能幾
역졸이 따갈 마음 품고 있으니	郵人妄意偸
처음 열린 과일 특히 좋아하는 것은	偏憐初結子
바짝 마른 목 때문만이 아니라네	非只爲煩喉
앉아 사랑스레 가지를 헤쳐보니	坐愛披枝葉
바위굴같이 그윽한 그 모습도 나쁠 것 없네	不妨嵒穴幽

160 사리(相梨) : 돌배, 배, 사과 등 육즙이 많은 과일을 통칭하는데, 여기에서는 살구를 말한다.

또 짓다

又

살구 심는 것은 선가에서 하는 일이지만	種杏仙家事
동그래져서는 가을을 기다리는데	均圓欲待秋
큰 비바람도 견뎌왔지만	能經大風雨
아이들 서리질을 어찌하겠나	可奈細兒偸
귤은 너무 시어서 이가 시리고	橘太酸傷齒
감람은 되려 써서 목에 거슬리니	橄還苦觸喉
무엇이 제철 과일 그 맛과 같겠나	孰如時果味
그윽한 숲 옆에서 맛을 보네	咀嚼傍林幽

원운

元韻

울타리 가 한 그루 살구나무	一樹籬邊杏
보리 가을 지난 뒤 엷은 노란 빛을 띠는데	微黃過麥秋
일찍이 범이 와서 지키지 않아선지	曾無虎來護
한순간에 역졸이 따 가버렸네	忽被驛人偸
이미 아무것도 없으니[161]	已盡成烏有
끝내 바짝 마른 목을 적셔줄 생각과 어긋났지만	終違沃暍喉
그래도 푸른 잎 남아있어서	依然綠葉在
작은 뜰 그윽하게 덮고 있구나	供作小庭幽

161 아무것도 없으니 : 원문의 오유(烏有)는 무엇이 있느냐는 말로, 여기에서는 남아있는 살구가 없다는 말이다. 사마상여(司馬相如)의 〈자허부(子虛賦)〉는 자허(子虛)와 무시공(亡是公), 오유선생(烏有先生) 세 가공의 인물을 설정하여 문답을 전개한 것이다. 《사기(史記)》〈사마상여열전(司馬相如列傳)〉에서 오유선생은 어찌 이런 일이 있는가라는 것이라고 한 데서 온 말이다〔烏有先生者, 烏有此事也.〕. 《史記 卷117, 司馬相如列傳》

또 짓다

又

홰나무 그늘지는 여름 되자 살구 익었으니	熟趁槐陰夏
어찌 복숭아 열리는 가을을 이야기할 게 있겠나 했는데	寧論桃實秋
맛은 동봉이 심은 것[162]과 같지만	味同董仙種
일은 동방삭이 훔친 것[163]과 달라	事異方朔偸
사마천의 손길에 오르기도 전에[164]	未入龍門手
되려 마부의 목구멍 속으로 들어가 버렸네	還添馬卒喉
가져가는 것 막을 수 있는 사람 없어서	無人能禁得
정녕 그윽하고 무성하게 서 있을 뿐이네	政坐太深幽

162 동봉이 심은 것 : 원문의 동선(董仙)은 삼국(三國)시대 오(吳)나라 사람 동봉(董奉)으로, 동봉은 남의 병을 치료하고 돈 대신 살구나무를 심게 하였다고 한다. 《신선전(神仙傳)》〈동봉(董奉)〉에 "군은 산 속에 따로 살면서 남들을 위해 병을 치료해 주고 돈을 받지 않았다. 큰 병이 나은 사람에게는 살구나무 다섯 그루를 심게 하고, 가벼운 병이 나은 사람은 한 그루를 심게 하였다. 몇 년을 이와 같이 하여 세어보니 십만여 그루가 되어 울창한 숲을 이루었다〔君異居山間, 爲人治病, 不取錢物. 使人重病愈者, 使栽杏五株, 輕者一株. 如此數年, 計得十萬餘株, 鬱然成林.〕."라는 말이 있다. 《神仙傳 卷10, 董奉》

163 동방삭이 훔친 것 : 원문의 방삭(方朔)은 한(漢)나라 무제(武帝) 때의 동방삭(東方朔)을 말하는데, 동방삭은 서왕모(西王母)의 복숭아를 훔쳐 먹고 쫓겨났다고 한다. 《한무고사(漢武故事)》에 "서왕모가 선도(仙桃)를 심어 3천년 만에 한 번씩 열매를 맺는데, 이 아이가 불량하여 이미 세 번이나 선도를 훔쳐 먹고 서왕모의 미움을 받아 쫓겨나서 여기에 유배 온 것입니다〔王母種桃, 三千年一結子, 此兒不良, 已三過偸之, 失王母意, 故被謫來.〕."라는 말이 있다. 《漢武故事》

164 사마천의……전에 : 원문의 용문(龍文)은 사마천이 태어난 곳으로, 사마천의 별호(別號)로 쓰인다. 여기에서는 글을 잘 짓는 사람을 말한다. 따라서 사마천의 손길에 오르기 전이라는 것은 주변의 문인이나 이경석이 살구를 제재로 글을 쓰기 전을 말한다.

7월 5일 상공이 참새 수십 마리를 보내주어 시를 써서 사례하다

七月五日 相公送黃雀數十 詩以謝之

참새 이 같은 놈들은	黃雀與斯類
늘 무리를 불러 모아	頻頻聚黨能
엎어진 수레의 곡식을 탐하니	徒營覆車粟
하늘을 등에 진 붕새를 어찌 알겠나	那識負天鵬
기미를 알아챈 들[165] 어디로 날아갈 것이며	色擧飜何處
그물 펼쳐졌어도 자기만 무사하길 기원하니	羅張祝自矜
군자의 일을 가득 채운다면	充庖君子事
너를 누가 미워하겠는가	於爾有誰憎

165 기미를 알아챈 들 : 원문의 색거(色擧)는 기색을 보고 조심한다는 말로, 《논어(論語)》〈향당(鄕黨)〉에 "새가 사람의 기색을 보고 날아올라 한참을 빙빙 돈 뒤 내려와 앉는다〔色斯擧矣, 翔而後集.〕."라고 한 데서 온 말이다. 《論語, 鄕黨》

백헌 상공이 차운하다

軒相次

먹을 것 얻으려다 그물에 걸리는 재앙은	得食翻羅禍
언덕에서 멈출 줄[166] 몰라서이지	丘隅止未能
무리지어 날아서는 단지 제비를 속일 뿐이고	群飛但欺燕
변화는 감히 붕새를 따를까마는	變化敢追鵬
잠자는 새 주살질 일찍이 경계했고[167]	射宿曾存戒
바친 음식 먹는 것도 삼가는 게 있으니	供羞亦可矜
강호의 백조 한 쌍은	江湖雙白鳥
세상 사람들의 미움 받지 않는다네	不受俗人憎

166 언덕에서 멈출 줄 : 그쳐야 할 곳에서 그칠 줄을 안다는 말로, 자신의 처지나 능력을 안다는 말이다. 여기에서는 주제를 모르는 참새를 비유한 것이다. 《시경(詩經)》〈면만(綿蠻)〉에 "꾀꼴꾀꼴 꾀꼬리 무성한 숲에 그친다〔緜蠻黃鳥, 止于丘隅.〕."라는 구절이 있는데, 여기에 대해 《대학장구(大學章句)》에 공자(孔子)가 "그쳐야 할 곳에서 그칠 줄을 아니, 사람이면서 새만 못할 수 있겠는가〔於止, 知其所止, 可以人而不如鳥乎.〕."라고 한 데서 온 말이다. 《詩經, 小雅 綿蠻》, 《大學章句, 傳3章》

167 잠자는……경계했고 : 원칙과 도리에 어긋날 경우 이익을 취하지 않는다는 말이다. 《논어(論語)》〈술이(述而)〉에 "공자(孔子)는 낚시질은 하였으나 그물질은 하지 않았고 주살질은 하였으나 잠자는 새를 쏘지는 않았다〔子釣而不綱, 弋不射宿.〕."라고 한 데서 온 말이다. 《論語, 述而》

상공이 주신 시에 차운하다
次相公惠韻

나는 겨울 석 달의 공부[168]도 부족한데 我乏三冬學
공은 천수의 시를 지으셨으면서도 公吟千首詩
가도와 맹교에게는 차고 여윈 것을 부끄러워하고[169] 島郊媿寒瘦
굴원과 가의에게는 내세우는 것을 사양하셨네[170] 屈賈讓施麾
옥을 가까이 하면서도 내 모습은 추해지기만 하고 近玉形從穢

168 겨울……공부 : 원문의 삼동(三冬)은 겨울 석 달을 말하는데, 겨울 석 달의 공부는 공부하기 좋은 시기에 한 공부를 말한다. 《전한서(前漢書)》 〈동방삭전(東方朔傳)〉에 동방삭(東方朔)이 한(漢)나라 무제(武帝)에게 "나이 열 둘에 글을 배워, 겨울 석 달의 문사만으로도 쓰이기에 충분합니다〔年十二學書, 三冬文史足用.〕."라는 말이 있다. 《前漢書 卷65, 東方朔傳》

169 가도와……부끄러워하고 : 원문의 도교(島郊)는 당(唐)나라의 시인 가도(賈島)와 맹교(孟郊)를 말한다. 여기에서는 이경석이 자신의 시를 가도와 맹교에게 부끄럽게 여긴다고 한 말이다. 《동파전집(東坡全集)》 〈제유자옥문(祭柳子玉文)〉에 "맹교의 시는 차고 가도의 시는 여위었다〔郊寒島瘦.〕."라는 말이 있다. 《東坡全集 卷91, 祭柳子玉文》

170 굴원과……사양하셨네 : 원문의 굴가(屈賈)는 시문에 능했던 초(楚)나라의 굴원(屈原)과 한(漢)나라의 가의(賈誼)를 말한다. 여기에서는 이경석이 자신의 시문이 굴원과 가의에 비해 부족하게 생각한다고 말한 것이다. 《사기(史記)》 〈굴원가생열전(屈原賈生列傳)〉에서 굴원에 대해 "그의 문장은 간략하며, 내용은 은미하고……그 문장은 작지만 뜻은 지극히 크고, 가까운 것을 예로 들었으나 의미하는 바는 깊다〔其文約, 其辭微……稱文小而其指極大, 擧類邇而見義遠.〕."라고 한 말이 있고, 《전한서(前漢書)》 〈가의전(賈誼傳)〉에서 가의에 대해 "시서(詩書)를 외고 문장 짓는 것을 잘하여 군중의 칭찬을 받았다〔能誦詩書屬文, 稱於郡中.〕."라고 한 말이 있다. 《史記 卷84, 屈原賈生列傳》, 《前漢書 卷48, 賈誼傳》

표주박 쥐고서 바다와 골짜기를 재려하는데	持蠡海谷知
산골짜기에 물러나 살려는 생각 가졌다 들었으니	仍聞丘壑計
어찌 만종의 녹봉 때문에 계획을 바꾸시겠나[171]	寧爲萬鍾移

171 어찌……바꾸시겠나 : 원문의 만종(萬鍾)은 만종록(萬鍾祿)으로 제후들이 받는 것과 같은 많은 녹봉을 말하는데, 만종의 녹봉으로도 이경석이 의지를 바꾸지 않을 것임을 말한 것이다. 《맹자(孟子)》〈고자(告子) 상(上)〉에 "만종록은 예의를 분별하지 않고 받으니, 만종록이 나에게 무슨 보탬이 되는가〔萬鍾則不辨禮義而受之, 萬鍾於我何加焉.〕."라는 말이 있다. 《孟子, 告子 上》

또 짓다

又

외진 변방은 안개 먼지로 어둑하고　絶塞煙塵黑
외론 성에는 세월만 깊어가는데　孤城歲月深
한평생 가까이했던 벗이 있지만　平生青眼舊
임금님[172] 향하는 마음은 사라지지 않네　未死蒼梧心
물결 차가워 용은 잠들지 못하고　波冷龍難睡
산 높아 해도 쉬이 떨어지는데　山高日易沉
그리운 마음에 반걸음 나가보지만　相思跬步外
병든 잎처럼 서리 내린 숲이 두렵기만 하네　病葉戰霜林

172 임금님〔蒼梧〕: 원문의 창오(蒼梧)는 순(舜)임금이 천하를 순수하던 도중에 죽은 곳으로, 전의(轉義)하여 임금님을 말하는데 여기에서는 인조를 말한다. 《사기(史記)》〈오제본기(五帝本紀)〉에 "제위에 오른 지 39년에 되던 해에 남쪽으로 순수하다 창오의 들에서 붕어하니 강 남쪽의 구의산에서 장사지냈다〔踐帝位三十九年, 南巡狩, 崩於蒼梧之野, 葬於江南九疑.〕."라는 말이 있다. 《史記 卷1, 五帝本紀》 각주 153번 참조.

원운

元韻

동쪽 울타리에서 국화꽃[173] 볼 수 없어	東籬不見菊
남쪽 시내에서 홀로 시를 쓰는데[174]	南澗獨題詩
율리에는 원래 세 길 나 있고[175]	栗里元三逕
유주도 오히려 한 번 배척당했으니[176]	柳州揞一麾
나그네로 떠도는 괴로움에 되려 스스로 웃는 것은	羈危還自笑
위엄과 무력을 일찍이 알지 못해서지	威武未曾知
어리석고 어두움이 이와 같으니	愚暗有如此
첫 마음[177]이 바뀔 것 없네	初心無變移

173 동쪽 울타리에서 국화꽃 : 원문의 동리(東籬)는 도연명(陶淵明)이 율리(栗里)에 은거했을 때 국화를 따던 곳으로, 여기에서는 이경석이 유배당한 상황을 말한 것이다. 도연명의 시 〈음주(飮酒)〉에 "동쪽 울타리에서 국화를 따노니, 아득히 남산이 보이네〔採菊東籬下, 悠然見南山.〕."라는 구절이 있다. 《陶淵明集 卷10, 飮酒》

174 남쪽……쓰는데 : 원문의 남간(南澗)은 유종원(柳宗元)이 유주자사(幽州刺史)로 좌천되었을 때 시간을 보낸 곳으로, 여기에서는 이경석이 유배당한 상황을 말한 것이다. 유종원의 시 〈남간중제(南礀中題)〉에 "가을 기운 남쪽 시내에 모였는데, 홀로 한낮에 노니네〔秋氣集南礀, 獨游亭午時.〕."라는 구절이 있다. 《柳河東集 卷43, 南礀中題》

175 율리에는……있고 : 원문의 율리(栗里)는 도연명이 은거한 곳으로, 여기에서는 이경석이 유배당한 상황을 말한 것이다. 《도연명집(陶淵明集)》〈총론(總論)〉에 "도연명은 율리에 은거했다〔淵明隱約栗里.〕."라는 말이 있다. 《陶淵明集, 總論》

176 유주도……배척당했으니 : 원문의 유주(柳州)는 유종원이 좌천된 곳으로 유종원이 유주자사로 좌천된 일을 말하는데, 여기에서는 이경석이 유배당한 상황을 말한 것이다. 《당재자전(唐才子傳)》에 "유종원은……원화(元和) 10년에 유주자사로 옮겼다〔柳宗元……元和十年, 徙柳州刺史.〕."라는 말이 있다. 《唐才子傳 卷3, 柳宗元》

177 첫 마음 : 원문의 초심(初心)은 처음 먹었던 마음을 말하는 것으로, 여기에서는 이경

-위 시는 별 생각 없이 읊어 본 것이다
右漫吟

또 짓다
又

석양에 하늘 반쯤 붉어지고	落日半天赤
아득한 강 바다는 깊기도 한데	蒼茫江海深
지팡이 짚고 홀로 서서는	搘笻獨立處
머리 긁적이며 평생의 마음을 돌아보네	搔首百年心
묵은 변방에는 봉화 막 지나가고	古塞烽初度
아득한 산은 안개에 잠길 듯한데	遙山霧欲沉
쓸쓸히 마을 개 짖으니	寥寥村犬吠
성긴 숲 너머에서 등불이 비치네	燈火隔疎林

-위 시는 먼 곳을 바라보며 쓴 것이다
右望遠

석이 척화를 반대했던 마음과 벼슬을 버리고 은거하려고 했던 마음을 말한다.

햇볕을 쬐며

負暄

남쪽 창 아래에서 햇볕을 쬐니	負暄南牖下
계절은 봄같이 따뜻하네	天氣暖如春
벌은 꽃을 탐하느라 시끄럽고	撩亂蜂貪蘂
일꾼들은 웃통 벗고 나무하는데	樵蘇役裸身
양덕[178]의 고마움을 잘 알겠으니	爭知感陽德
높은 하늘에 물어볼 이 감히 누구인가	誰敢問高旻
서쪽 변방 이제 추위 시작됐지만	西塞從今始
가죽옷 그리 귀한 것 아니라네	狐裘不作珍

178 양덕(陽德) : 만물을 생장시키는 태양의 기운을 말한다. 사장(謝莊)의 〈월부(月賦)〉에 "해는 양덕(陽德)으로, 달은 음령(陰靈)으로 한다〔日以陽德, 月以陰靈.〕."라는 구절이 있다. 《六臣註文選 卷13, 月賦》

원운

元韻

가을 볕에 귀가 따뜻해짐을 느끼지만	秋陽覺耳熱
동정호 봄 든 것은 아니라네	非爲洞庭春
천자에게 바칠 것 이제 알겠고	始識獻天子
병든 몸에 딱 맞으니 더욱 좋다네	更欣宜病身
온 산에는 붉은 잎이 무르익고	千峯酣赤葉
너른 땅 위에는 푸른 하늘이 맑기만 하여	萬里霽蒼旻
담요의 따뜻함이 필요 없으니	不用氈毹暖
부들자리만으로도 충분하다네	團蒲亦足珍

상공의 시에 차운하다

次相公韻

긴 강에는 물결이 일고	波浪長江水
묵은 변방성에는 거센 바람 부는데	長風古塞城
되가는 기러기 절로 괴로이 울어대니	征鴻鳴自苦
쫓겨난 나그네 마음을 아는 것 같네	遷客若爲情
병든 뒤에 배웠으니 청낭서[179]도 늦었고	病學青囊晚
근심이 전해오니 흰머리는 뚜렷한데	愁傳白髮明
책상 앞에 파리한 몸 세우고 있노라니	藜床閣瘦骨
생의 이치 완연히 맑아져오네	生理十分清

179 청낭서〔青囊〕: 원문의 청낭(青囊)은 오행(五行)·천문(天文)·복서(卜筮) 등의 술수가 써진 청낭서(青囊書)를 말하는데, 여기에서는 의술(醫術)을 말한다. 《진서(晉書)》〈곽박(郭璞)〉에 "곽공(郭公)이라는 사람이 하동에 살았는데 복서에 정통하였다. 곽박(郭璞)이 그를 따라 수업을 받아 곽공이 푸른 주머니에 담긴 책 아홉권을 주었는데 이로 인해 오행·천문·복서 등의 술수를 통달하게 되었다〔有郭公者, 客居河東, 精於卜筮. 璞從之受業, 公以青囊中書九卷與之, 由是遂洞五行·天文·卜筮之術.〕."라고 한 말이 있다. 《晉書 卷72, 郭璞》

또 짓다
又

칠십 나이 다 되려하지만	七十年將滿
시를 읊으면 흥이 쇠하지 않으니	吟哦興不衰
이 가을 구름을 바라보고[180] 시를 읊는 그 날이	今秋望雲日
그 옛날 누각에 기대 시 읊을 때와 똑같네	疇昔倚樓時
공은 양구의 주역을 압도하고[181]	公壓梁丘易
나는 서울의 시를 산삭하며[182]	吾刪鄴下詩

180 구름을 바라보고 : 원문의 망운(望雲)은 고향에 계시는 어버이에 대한 그리움을 말한다. 《구당서(舊唐書)》〈적인걸(狄仁傑)〉에 "적인걸(狄仁傑)이 병주(幷州)에 부임했을 때 태항산(太行山)에 올라 남쪽으로 흰 구름이 외로이 날리는 것을 보고 주변에 나의 부모님이 계시는 곳이 저 구름 아래이다〔仁傑赴幷州, 登太行山, 南望見白雲孤飛, 謂左右曰, 吾親所居, 在此雲下.〕."라고 한 말이 있다.《舊唐書 卷89, 狄仁傑》

181 양구의 주역을 압도하고 : 원문의 양구(梁丘)는 한(漢)나라 원제(元帝) 때의 사람으로 주역(周易)을 전수한 양구하(梁丘賀)를 말하는데, 여기에서는 저자가 이경석이 주역에 능통했음을 비유한 말이다. 《전한서(前漢書)》〈유림전(儒林傳)〉에 "주역을 지었다는 설이 삼만 가지가 있는데……정관(丁寬)은 같은 고을인 창(碭)의 전왕손(田王孫)에게 수업을 받았고, 왕손은 시수(施讎)·맹희(孟喜)·양구하(梁丘賀)에게 수업을 받았으니, 이로부터 주역에는 시수·맹희·양구하의 학문이 있다〔作易說三萬言……寬授同郡碭田王孫, 王孫授施讎孟喜梁丘賀, 繇是易有施孟梁丘之學.〕."라는 말이 있다.《前漢書 卷88, 儒林傳》

182 서울의 시를 산삭하며 : 원문의 업하(鄴下)는 조조(曹操)가 도읍했던 위(魏)나라의 수도로, 여기에서는 서울을 말한다. 저자가 자신이 서울에서 지었던 시를 유배지에서 정리한다는 말이다.

도잠처럼 천명을 즐거워하니[183] 陶潛樂天命
국화꽃 따는 것도 늦지 않았네 採菊未爲遲

원운
元韻

땅은 변방의 누런 구름 아래에서 다하고 地盡黃雲塞
하늘은 백마성 위로 나직하며 天低白馬城
꿈은 외론 나그네의 한 속에 깨고 夢回孤客恨
세월은 늙은 신하의 마음처럼 저물어만 가지만 歲晚老臣情
산 기운은 가을 만나 쓸쓸해지고 山氣逢秋肅
호수 빛은 밤들어 밝아지니 湖光得夜明
서늘한 바람도 즐길 만하여 涼風亦可喜
내게 한 편의 맑은 시를 남겨준다네 遺我一篇淸

183 도잠처럼 천명을 즐거워하니 : 원문의 도잠(陶潛)은 은거하여 자신의 분수에 맞게 살고자 한 도연명(陶淵明)을 말하는데, 여기에서는 저자가 유배지에서의 삶을 받아들이고 사는 것을 말한다. 도연명의 〈귀거래사(歸去來辭)〉에 "조화를 타고 일생을 마치려 하니, 천명을 즐길 뿐 다시 무엇을 의심하겠는가〔聊乘化以歸盡, 樂夫天命復奚疑.〕."라는 말이 있다. 《陶淵明集 卷5, 歸去來辭》

또 짓다
又

서리진 뒤 가을바람 차가워지고	霜落秋風冷
쓸쓸하게 초목은 시들어가서	蕭條草木衰
이제 겨울 옷 입을 날 되고	方當授衣日
다시 중양절 좋은 때[184]가 닥쳐오니	更迫吹帽時
묵은 변방에도 새 달이 뜨고	古塞猶新月
황량한 성에도 좋은 시가 있어	荒城有好詩
고향 동산 국화를 아득히 떠올리니	遙思故園菊
분명 늦게 오는 나를 기다리며 웃고 있겠지	應笑我歸遲

184 중양절 좋은 때 : 원문의 취모(吹帽)는 가을바람에 모자가 날린다는 것으로 중양절(重陽節)을 즐기는 것을 말한다. 두보(杜甫)가 중양절에 지은 시 〈구일남전최씨장(九日藍田崔氏莊)〉에 "늙어 갈수록 가을의 슬픔을 애써 위로하다가, 흥겹게도 오늘은 그대의 환대를 잔뜩 받았네. 짧은 머리털에 모자 날려 부끄러운데, 옆 사람 시켜 관 바로잡는 것 우습네. 남수는 멀리 일천 계곡에서 내려오고, 옥산은 높다랗게 두 봉우리가 차네. 내년의 이 모임 때까지 누가 건강할는지, 취하여 수유를 손에 쥐고 자세히 보노라〔老去悲秋强自寬, 興來今日盡君歡. 羞將短髮還吹帽, 笑倩傍人爲正冠. 藍水遠從千澗落, 玉山高竝兩峯寒. 明年此會知誰健, 醉把茱萸子細看.〕."라는 구절이 있다. 《杜詩詳註 卷19, 九日藍田崔氏莊》

칠언율시
七言律詩

24일 밤 꿈 속에서 어머니 얼굴을 뵙고 절한 뒤 느낌이 있어

二十四夜 夢拜慈顔有感

밤 꿈속 어머니 북당에 앉아계셨는데	夜夢慈顔坐北堂
깬 뒤의 내 행색은 서방 저쪽 끝에 있네	覺來行色盡西方
정녕 이 몸이 평생의 뜻을 허락받지 못했으니	政身未許平生志
어찌하여 벼슬이 이 날의 재앙을 불러 왔나	盍祿還媒此日殃
시서를 천천히 외워 봐도 임금님[185]께 어긋나고	謾誦詩書違御馬
소합이라는 헛된 명예 쇠똥구리와 무엇이 다른가[186]	虛名蘇合豈殊蜣
충과 효 모두 제대로 못한 모습 절로 부끄러워서	自慙忠孝俱無狀
외로운 성 가시 울타리 속에서 저 하늘에 맡겨두네	栫棘孤城任彼蒼

185 임금님〔御馬〕: 원문의 어마(御馬)는 임금님이 타는 말을 가리키는데, 여기에서는 현재 임금님인 효종을 말한다.

186 소합이라는……다른가 : 원문의 소합(蘇合)은 소합향을 원료로 만든 진귀한 환약을 말하고, 강(蜣)은 소합환과 같은 진귀한 약재를 만들 때 사용하는 쇠똥구리의 쇠똥을 말한다. 여기에서는 헛된 명예란 본질적으로 아무 쓸모없는 보잘것없는 것임을 말한 것이다.

거련역[187]

又車輦

거센 바람 땅을 말고 지는 해 나직하더니	强風捲地落日低
가랑비 갑자기 흩뿌려 순식간에 쓸쓸해지네	小雨旋催忽慘凄
변새의 절기 어그러짐을 잘 알겠으니	旁覺塞門乖氣象
어찌 시세가 동서 따라 달라지겠는가	豈伊時勢判東西
겨울 지난 갖옷을 수선할 생각하다가	經冬裘弊翻思攬
쇠한 몸으로 남은 술잔을 또다시 끌어 쥐네	損肺盃殘亦復携
한평생 험난한 삶을 사느라 머리 다 세었으니	履險百年頭盡白
그 누가 게으른 나를 깃든 곳에서 나오게 하겠나	誰令疏懶出幽棲

187 거련역〔車輦〕: 원문의 거련(車輦)은 평안도 철산군에 있는 거련역(車輦驛)을 말한다. 《용주일기(龍洲日記)》〈경인일기(庚寅日記)〉 효종 1년 3월 27일자에 거련역에 도착했다〔至車輦館〕는 내용이 나온다. 조선 시대에 한양과 의주를 잇는 교통로 상에 있는 역중의 하나로 평안도에 위치한 역들을 '관(館)'이라고도 호칭했던 까닭에 거련관(車輦館)으로 기록되어 있는 경우도 있다. 거련역은 철산군에서 북쪽 27리에 위치해 있고, 관(館) 앞에 반송(盤松)이 있는데, 구불거리며 높이 솟아 그 맑은 그늘이 여러 두둑을 덮을 정도였다〔車輦驛, 在郡北二十七里, 館前有盤松, 昂藏虯屈晴蔭數畝.〕. 《龍洲日記, 庚寅日記》, 《新增東國輿地勝覽 卷53, 平安道 鐵山郡》

4월 초하루 백마성에서

四月初一日白馬城

동한의 땅이 끝나는 압록강 가	東韓地盡鴨江瀕
그 위 외로운 성에 쫓겨난 신하 있네	上有孤城處逐臣
가시 울타리 사이로 하늘 보니 우물에 앉은 듯하고	栫棘觀天疑坐井
깊은 처마는 해를 가려 새벽 알기 어려우니	深簷舂日始知晨
편안히 여겨 명처럼 하는 것[188] 내 어찌 감히 하랴	安之若命吾何敢
집착을 버려 편히 하는 것[189] 그 자체로 진귀하네	捨去如斯或自珍
한 줄기 푸른 물결 요동 바다 근처에서	一道滄波遼海近
머리 들고는 관녕[190]에게 정녕 부끄럽구나	擡頭慙媿管寧人

188 편안히……것 : 원문의 안지약명(安之若命)은 지금 자신에게 닥친 일들은 천명에 의한 것이니 마음 편하게 하여 따른다는 것을 의미한다. 《장자(莊子)》〈인간세(人間世)〉에 "어떻게 할 수 없다는 것을 알고서 마음을 편안히 하고 천명을 따르는 것이 덕의 지극함이다〔知其無可奈何而安之若命, 德之至也.〕."라고 한 데서 온 말이다. 《莊子, 人間世》

189 집착을……것 : 원문의 사거여사(捨去如斯)는 '사거여사, 달거여사(捨去如斯, 達去如斯)'에서 온 말이다. 《이정외서(二程外書)》에서 정이(程頤)가 부주(涪州)로 유배갈 때 삼협(三峽)의 염예퇴(灩澦堆)를 지나는데 파도가 매우 거세게 일어 배 안의 사람들이 모두 놀라 어쩔 줄 몰라 했으나 정이 홀로 동요하지 않았다. 이때 언덕에서 어떤 나무꾼이 소리를 높여 '생(生)을 버려 이와 같은가. 이치를 달관하여 이와 같은가'라고 묻기에 정이가 대답하려 했으나 배가 이미 지나가 버렸다고 한 데서 온 말이다〔伊川涪陵之行, 過灩澦, 波濤洶湧舟中之人, 皆驚愕失措, 獨伊川凝然不動, 岸上有樵者厲聲問曰, 舍去如斯, 達去如斯, 欲答之而舟已行.〕. 《二程外書 卷12》

190 관녕(管寧) : 관녕(管寧, 158~241)은 중국 삼국시대의 위(衛)나라 사람으로 자는 유안(幼安)이다. 황건적의 난 때 요동으로 피난하여 항상 검은 모자에 굵은 베옷을

백헌 상공이 차운하다

軒相次

푸른 바다 굽어보니 아득하여 나루도 없지만	俯臨滄海杳無津
우러러본 하늘 오히려 미천한 신하를 덮어주며	仰見天猶覆小臣
풀빛 어우러지니 추율[191]의 따뜻함을 만난 듯하고	草色會逢鄒律暖
종소리는 되려 경양루[192]의 새벽을 그리워하는 듯하네	鍾聲却戀景陽晨
관직에 있어도 재주 없으니 재앙이 당연하지만	不才虛忝宜災孼
함께 온 나그네는 자리의 보배[193]이지	有客同來卽席珍
백마산 높은 곳에서 긴 휘파람 불어보고	白馬憑高一長嘯
물결 어귀에서 옛 신인을 떠올려보네	潮頭想像古神人

입고 은거하였는데 따르는 사람이 매우 많았다. 관녕의 덕화에 백성들이 감화되어 송사하는 일이 없었다고 한다. 《三國志 卷11, 管寧》

191 추율(鄒律) : 전국시대 추연(鄒衍)이 불던 율관(律管)을 말하는데, 여기에서는 봄이 와서 날씨가 따뜻해졌음을 말한다. 《유림(喻林)》에 "북방에 있는 땅은 비옥하지만 날이 추워 오곡이 자라지 못했는데 추연이 율(律)을 불자 따뜻해져서 곡식들이 잘 자랐다〔北方有地, 美而寒不生五穀, 鄒子吹律暖之, 而禾黍滋也.〕."라는 말이 있다. 《喻林 卷2》

192 경양루〔景陽〕 : 원문의 경양(景陽)은 남제(南齊)의 무제(武帝)가 종을 만들어 걸어놓았던 경양루를 말한다. 《남제서(南齊書)》에 무제가 경양루에 종을 걸어두고 시간에 맞추어 치게 했는데, 이 종을 치면 궁녀(宮女)들이 일찍 잠에서 깨어 단장을 하곤 했다는 말이 있다〔上數遊幸諸苑囿, 載宮人從後車, 宮內深隱, 不聞端門鼓漏聲, 置鍾於景陽樓上, 宮人聞鍾聲, 早起裝飾.〕. 《南齊書 卷20》

193 자리의 보배 : 원문의 석진(席珍)은 뛰어난 학덕을 지닌 유자(儒者)를 비유한 말로, 《예기대전(禮記大典)》에 "춘추시대 노(魯)나라 애공(哀公)이 공자(孔子)에게 자리를 권하자 공자께서 모시고 앉아 '유자는 자리 위에 보배를 준비하고 초빙해 주기를 기다리는 사람입니다'라고 하였다〔哀公命席, 孔子侍曰, 儒有席上之珍以待聘.〕."라고 한 데서 온 말이다. 《禮記大典 卷29》

이곳 선비[194]가 찾아온 것을 보고

見本州士人來訪

애주[195] 땅은 나라의 서쪽 문이어서	愛州之履國西門
안팎으로 뻗은 산하에 선비와 말 많기도 하네	表裏山河士馬蕃
위화도에서 군대를 돌리신 이는 태조이셨고[196]	威化班師惟聖祖
금성에서 군대를 머무신 이도 왕손이셨지[197]	錦城留轡亦神孫
남긴 풍속[198]이 사라지지 않아 사람들은 의를 알고	遺風未沫人知義
큰 난리 지나도 풍속은 순박함을 숭상하네	大亂纔經俗尙醇
유관 쓴 김씨에게 사례하고	多謝儒冠金氏子
나지막한 처마 아래 마주하고 고금을 이야기하네	矮簷相對古今言

194 이곳 선비 : 원문의 본주(本州)는 저자가 유배와 있는 의주를 말하고, 사인(士人)은 의주의 유생 김우직(金友稷)을 말한다. 《용주일기(龍洲日記)》〈경인일기(庚寅日記)〉 효종 1년 4월 20일자에 "본주 유생 김우직 등 네 명이 술과 음식을 가지고 와서 만나려고 하였으나 기재 때문에 사양하였다〔本州儒生金友稷等四人, 持酒饌來見, 以忌齋辭.〕."라는 말이 있다.

195 애주(愛州) : 평안북도 의주(義州)를 말한다. 《해동역사(海東繹史)》에 "용천성 건너편 강 북쪽 언덕이 바로 의주성이다〔龍川城隔河北岸. 卽義州城.〕."라고 하였고, 그 소주(小註)에 "애주는 바로 의주이다〔愛州卽義州.〕."라는 말이 있다. 《海東繹史 續集 卷14》

196 위화도에서……태조이셨고 : 1338년 이성계가 압록강의 위화도에서 군대를 돌려, 이후 조선을 건국한 일을 말한다.

197 금성에서……왕손이셨지 : 원문의 금성(錦城)은 조선 시대 나주를 말한다는 점에서, 여기에서는 강원도 철원군 김화(金化)의 옛 지명인 금성(金城)을 말하는 것으로 추정되기도 하지만 왕손이 군대를 머물렀던 사실에 대해서는 확인하기 어렵다. 현재 금성(錦城)이 어디인지는 정확하지 않다.

198 남긴 풍속 : 원문의 유풍(遺風)은 예부터 전해 내려오는 풍습을 말하는데 여기에서는 기자(箕子)가 지었다는 홍범구주(洪範九疇)의 예의(禮義)를 말한다.

5월 10일 밤 꿈속에서 도원과 자중 두 분을 만나니 완연히 옛날과 같아서 감격하여 시를 짓다
五月十日夜 夢見道源子中二公 宛如平昔 感而成詩

문아하신 도원[199]과 달통하신 자중[200]	道源文雅子中通
요즘 세상 인재로는 이 두 분뿐이니	近世人才此二公
앞뒤로 관아에서 사신의 일 맡아봤고	前後關河膽使節
지휘하신 기묘한 계책 하늘의 오묘함 다했는데	指揮籌策極天工
어찌하여 부싯돌 불처럼 한순간에 가셨는가[201]	如何石火催箕尾

199 도원(道源) : 김세렴(金世濂, 1593~1646)으로 본관은 선산(善山), 자는 도원(道源), 호는 동명(東溟)이다. 조부는 동인(東人)의 영수 김효원(金孝元)이다. 1616년(광해군 8) 증광 문과에 급제하여 예조좌랑, 시강원사서, 정언 등을 역임하였고, 폐모론에 반대하다 곽산으로 유배되었다. 1623년 인조반정 후 다시 기용되었으며 1636년 통신부사로 일본에 다녀왔다. 저자와 친분이 두터웠으며 시문에 능하였다. 저서로《동명집(東溟集)》이 있다.《東溟集 附錄, 神道碑》

200 자중(子中) : 정유일(鄭惟一, 1533~1576)로 본관은 동래(東萊), 자는 자중(子中), 호는 문봉(文峯)이다. 부친은 정목번(鄭穆蕃)이고, 이황(李滉)의 문하에서 수학하였으며 시문에 뛰어났다. 1558년(명종 13) 문과에 급제하여 진보·예안의 현감을 거쳐 영천 군수 등을 지냈다. 저서로《문봉집(文峯集)》이 있다.《文峯集 卷6, 附錄 行狀》

201 부싯돌……가셨는가 : 원문의 석화(石火)는 부싯돌을 부딪칠 때 반짝하는 불꽃으로 매우 빠르고 시간이 극히 짧은 것을 말하고, 기미(箕尾)는 기성과 미성 두 별자리로 죽음을 말하는데, 여기에서는 김세렴과 정유일의 죽음이 순식간에 일어났음을 의미한다.《장자(莊子)》〈대종사(大宗師)〉에 "부열(傅說)은 이를 얻어 무정(武丁)의 재상이 되어 천하를 다스리다 동유(東維)에 올라 기미성을 타고 여러 별들과 나란히 했다[傅說得之, 以相武丁, 奄有天下, 乘東維, 騎箕尾, 而比於列星.]."라는 말이 있다.《莊子, 大宗師》

이로부터 어지신 분의 순탄한 죽음 드물었네	自是賢勞鮮考終
은근한 얼굴로 내 꿈속에 오시니	眉宇殷勤來我夢
오경의 혼이 압록강 바람에 놀라는구나	五更魂愕鴨江風

부모님의 함자를 보고 눈물을 흘리며 쓰다
先諱泣書

내 나이 스물여덟 부모님 돌아가셨으니	吾年二十八孤露
지금까지 세어 보면 사십년이 되었네	屈指如今四十年
동생 조카 죽은 이가 연이어 ■ 넘어서고	弟姪在亡仍過■[202]
자손 쇠락함은 한결같이 어찌 그런가	子孫零替一何偏
노둔한 재주로 치달리니[203] 엎어지는 것 당연하고	駑才歷塊宜顚躓
살모사 독으로 사람을 홀려 빌붙어 사는 듯했는데	虺毒迷人若撲緣
백마성 안에서 부모님 기일에 통곡하니	白馬城中哭先忌
산바람 나를 위해 서러운 샘[204]을 울려주는구나	山風爲我咽悲泉

202 ■ : 원문에서 탈락된 글자이다.

203 치달리니〔歷塊〕: 원문의 역괴(歷塊)는 흙덩어리를 뛰어넘듯 순식간에 먼 길을 치달린다는 것으로 천리마(千里馬)와 같은 준족(駿足)을 말하는데, 여기에서는 급하게 달려가는 모습이나 상황을 말한다. 한(漢)나라 왕포(王褒)의 〈성주득현신송(聖主得賢臣頌)〉에 "도읍을 지나고 국경을 넘는데도 빠르기가 마치 흙덩이를 지나는 것 같다〔過都越國, 蹶如歷塊〕."라는 말이 있다. 《文選 卷47, 聖主得賢臣頌》

204 서러운 샘 : 원문의 비천(悲泉)은 슬픈 소리를 울리며 흐르는 샘으로 주로 겨울 샘을 말한다. 남조(南朝) 송(宋)나라 포조(鮑照)의 〈무학부(舞鶴賦)〉에 "괴로운 안개는 혹독하고 서러운 샘은 환한 빛인데, 얼음은 긴 강을 덮었고 눈은 뭇 산에 가득하네〔嚴嚴苦霧, 皎皎悲泉, 冰塞長河, 雪滿群山.〕."라는 구절이 있다. 《鮑氏集 卷1, 舞鶴賦》

백헌 상공이 율시를 보여주어 병든 몸을 무릅쓰고 화답하다
軒相以長律見示 强疾拚和

유배지[205]에서 말라죽은들 내 어찌 사양하리　湘潭枯死我何辭
보잘것없는 재주로 임금님 지우 두루 받았으니　薄劣偏蒙聖主知
졸렬한 입은 비록 호랑이를 꺾는 용기에 부끄럽지만　拙喙縱慙摧虎勇
굳센 마음은 구석에 앉아도 슬프지 않으나[206]　剛腸不受向隅悲
강은 발해와 이어져 큰 파도 일어나고　江連渤海鯨波立
땅은 양산[207] 같아서 새 나는 길조차 위태롭네　地似陽山鳥道危
이 경치 그려내는 새 시에 힘입으니　賴有新詩描此景
격문 읽지 않았는데도 풍질이 나은 것 같네[208]　除非讀檄愈風爲

205 유배지〔湘潭〕 : 원문의 상담(湘潭)은 초(楚)나라 충신 굴원(屈原)이 참소를 받고 쫓겨났던 곳으로, 궁벽한 유배지를 말한다.

206 구석에……않으나 : 원문의 향우(向隅)는 집이나 방의 한 모서리에 있는 것으로 무리에 끼이지 못하고 소외된 상황을 말한다. 《설원(說苑)》에 "지금 집안 가득한 사람들은 술을 마시는데, 오직 한 사람이 홀로 구석을 향해 운다면, 그곳 사람들 모두 즐겁지 않을 것이다〔今有滿堂飮酒者, 有一人獨索然向隅而泣, 則一堂之人, 皆不樂矣.〕."라는 말이 있다. 《說苑 卷5》

207 양산(陽山) : 진한(秦漢)시대 음산(陰山)의 가장 서쪽 부분에 있던 높고 험한 산을 말한다. 《사기(史記)》 〈몽염열전(蒙恬列傳)〉에 "이에 강을 건너 양산을 거점으로 하여 구불구불 북쪽으로 갔다〔於是渡河, 據陽山, 逶蛇而北.〕."라는 말이 있다. 《史記 卷88, 蒙恬列傳》

208 격문……같네 : 원문의 격(檄)은 진림(陳琳)이 쓴 격문을 말한다. 《태평어람(太平御覽)》에 "진림은 격문을 잘 썼는데 처음 쓴 것을 조조에게 바쳤다. 조조는 고질병으로 두통이 있었는데, 그날 두통이 심해 누워서 진림이 지은 격문을 읽다가 땀을 흘리며 일어나 말하기를 '오늘 내 병이 나았도다'라고 하며 후하게 상을 내렸다〔琳作諸書及檄,

원운

元韻

화의 근원이 문장에 있다고 말하지 말게	禍胎休說在文辭
정녕 고명한 이름 사해가 알게 되었으니	正坐高名四海知
부모님 기일에 연옥에서 눈물 흘리는 것[209] 같다고	先忌却同燕獄泣
장대한 뜻이 어찌 초나라 죄수의 슬픔[210] 같겠나	壯志寧作楚囚悲
푸른 바다는 곧장 청주 제주[211]와 닿을 만큼 넓고	滄溟直接青齊闊

草成呈太祖. 太祖先苦頭風, 是日疾發, 臥讀琳所作, 翕然而起曰, 此愈我病. 數加厚賜.〕."라는 말이 있다.《太平御覽 卷741》

209 연옥에서……것 : 원문의 연옥(燕獄)은 억울한 옥살이를 말하는데, 여기에서는 죄 없이 유배 온 저자와 이경석의 처지를 말한다.《태평어람(太平御覽)》에 전국시대 제(齊)나라 추연(鄒衍)이 연(燕)나라 혜왕(惠王)을 섬기다가 참소를 받고 옥에 갇힌 뒤 하늘을 우러러 통곡을 하자 5월 하늘에 서리가 내렸다고 한 데서 온 말이다〔鄒衍事燕惠王盡忠, 左右譖之王繫之仰天, 而哭夏五月天爲之降霜.〕.《太平御覽 卷23》

210 초나라 죄수의 슬픔 : 원문의 초수비(楚囚悲)는 진(晉)나라에 포로로 잡혀가서 남관을 쓰고, 거문고로 초나라 음악을 연주하며 고향을 그리워했던 종의(鍾儀)의 슬픔을 말하는 것으로 고향을 떠나와 있는 유배객의 슬픔을 말한다.《춘추좌씨전(春秋左氏傳)》에 "진후(晉侯)가 군영을 순시하던 중에 종의(鍾儀)를 보고 유사에게 묻기를 '남관(南冠)을 쓰고 구속된 저자는 누구냐'라고 하자, 대답하기를 '정(鄭)나라 사람이 바친 초나라 죄수〔楚囚〕입니다'라고 하였다〔晉侯觀于軍府, 見鍾儀, 問之曰, 南冠而縶者, 誰也. 有司對曰, 鄭人所獻楚囚也.〕."라는 말이 있다.《春秋左氏傳, 成公 9年》 각주 40번 참조.

211 청주 제주 : 원문의 청제(青齊)는 중국 산동(山東)지역에 있던 청주(青州)와 제주(齊州) 지역으로 의주와 멀리 떨어져 있는 것을 말한다.《시전대전(詩傳大全)》〈제풍(齊風)〉의 주에 "청주는 곧 지금의 청주부(青州府)이고, 제주는 곧 지금의 제남부(濟南府)이다〔青州卽今青州府, 齊州今爲濟南府.〕."라는 말이 있다.《詩傳大全 卷5 齊風》

산꼭대기는 저 멀리 하늘[212]과 이어져 위태롭지만	山頂遙通碧落危
먼 변방 은거한 삶도 되려 싫어하지 않고	絶境冥棲還不惡
한평생 나가고 물러섬을 하늘 하는 대로 맡겨두네	百年行止任天爲

보여주신 율시를 보고 상심하고 애통해 하는 마음이 대략 비슷하여 감격하여 눈물을 흘린 나머지 받들어 화답하다. 백헌.

獲承長律之示 傷痛之懷 大略相似 感涕之餘奉酬 白軒

외로운 생 다시 함께할 형제[213]도 없었는데	孤生無復雁行聯
그대와 나 함께 흰머리로 늙은이 되었네	君我俱爲白髮年
천 리 산과 강에 향불은 저 멀리 있고	千里關河香火隔
오경 바람 부는 나무에 감회만 가득한데	五更風木感懷偏
그때 한 번 보고는 바로 허락해서	當時一見仍相許
지금까지 함께 왔으니 이 또한 오랜 인연이네	此日同來亦宿緣
곤궁한 곳에 있어도 일찍이 서러운 적 없었으나	處困未曾煩戚戚
갑자기 좋은 시를 보니 눈물이 샘솟듯 줄줄 흐르네	忽看佳什淚傾泉

212 하늘〔碧落〕: 원문의 벽락(碧落)은 도가(道家) 용어로 하늘 또는 푸른 하늘을 말한다. 당(唐)나라 양형(楊炯)의 시 〈화보선입호천관(和輔先入昊天觀)〉에 "벽락은 삼천 너머에 있고, 황도는 사해 가운데 있네〔碧落三乾外, 黃圖四海中〕"라는 구절이 있다. 《盈川集 卷2, 和輔先入昊天觀》

213 함께할 형제 : 원문의 안항(雁行)은 기러기가 형제처럼 다정하게 줄지어 날아가는 모습으로 형제를 높여 부르는 말이다.

5월 4일

五月初四日

매실 익을 무렵 비는 연유처럼 윤기나고 黃梅時雨潤如酥
눈에 가득한 교외 들판에는 풍경도 새로운데 極目郊原物色殊
하늘 뜻이 사람에게 부지런히 배 채워 주려하니 天欲與人勤望腹
가뭄의 어려움 해가 됨도 한갓 막다른 길일 뿐이라 魃難爲虐走窮途
집집마다 문을 열고 이야기 주고받고 村村開戶語相答
곳곳에서 술병 쥐니 술은 넉넉한데 處處提壺酒剩酤
백발 늙은 신하 즐거워하다 다시 눈물 흘리는 것은 白髮老臣歡復泣
남쪽 구름[214]으로 머리 돌려도 창오산에 막혀서지[215] 南雲回首隔蒼梧

214 남쪽 구름〔南雲〕 : 원문의 남운(南雲)은 남쪽으로 날아가는 구름으로 항상 부모님을 생각하고 고향을 그리는 정을 말하는데, 여기에서는 서울이나 임금님을 그리는 것을 말한다. 당(唐)나라 이백(李白)의 시 〈대제곡(大堤曲)〉에 "대제 아래에서 아름다운 기약, 고향 구름 가득 눈물 흐르네〔佳期大堤下, 淚向南雲滿.〕."라는 구절이 있다. 《李太白文集 卷23, 大堤曲》

215 창오산에 막혀서지 : 원문의 창오(蒼梧)는 순(舜)임금이 남쪽으로 순수하던 도중에 붕어한 곳으로 창오산에 막혔다고 하는 것은 죽은 임금을 떠올리는 것을 말한다. 인조의 기일인 5월 8일이 다가오기 때문에 인조를 그리워한 것이다. 《사기(史記)》 〈오제본기(五帝本紀)〉에 "제위에 오른 지 39년에 되던 해에 남쪽으로 순수하다 창오의 들에서 붕어하니 강 남쪽의 구의산에서 장사지냈다〔踐帝位三十九年, 南巡狩, 崩於蒼梧之野, 葬於江南九疑.〕."라는 말이 있다. 《史記 卷1, 五帝本紀》 각주 153번 참조.

백헌 상공이 차운하다

軒相次

산나물 그래도 낙타 젖에 견줄만하지만　山蔬猶可敵駝酥
변새 풍운은 기운 절로 다르니　塞上風雲氣自殊
5월 갑자기 닥쳐 절기에 마음 상하고　五月忽來傷節序
장안 보이지 않고 물결만 아득하네　長安不見杳川途
시를 지은 것이 모두 근심할 때 지은 것이어서　題詩摠是憂時作
술을 그만하려하니 눈 가득 술이 들게 말게　止酒休教滿眼酤
단비 되려 연일 뿌려 즐거우니　好雨却欣連日灑
풀집에서 아득히 뜰 오동에 울리던 소리 떠올리네　草堂遙憶響庭梧

백헌 상공이 준 시에 차운하다

次軒相贈韻

외로운 성 온종일 비바람 부니	孤城盡日風兼雨
어지러운 바위 사립문에는 새조차 드물며	亂石柴門鳥鳥稀
시름 너머 펼쳐진 돛은 포구에 가려있고	愁外布颿浦口隱
눈에 드는 흰 구름은 하늘가를 떠가는데	望中白雲天際飛
쑥대 같은 흰머리는 삼천 장이나 길어있고[216]	嶔崎素髮三千丈
나무등걸 같은 거친 피부는 사십 아름 같아졌네[217]	癰腫霜皮四十圍
늙었구나 나 지금 세상에서 버림받았으니	老矣吾今棄於世
스님과 서로 의지해도 해로울 건 없겠지	不妨釋子相因依

- 이때 스님이 찾아왔기 때문에 이렇게 말한 것이다.
  時有釋子來訪故云

- '근기'는 '청연'으로, '옹종'은 '고백'으로 되어있는 곳도 있다
  嶔崎一作靑蓮, 癰腫一作古栢.

216 흰머리는……길어있고 : 원문의 소발삼천장(素髮三千丈)은 늙어서 흰머리가 삼천 장이나 되었다는 말로 노인이 되었음을 과장되게 표현한 말이다. 여기에서는 저자가 늙어가는 신세를 한탄하는 말로 쓰였다. 이백(李白)의 시 〈추포가(秋浦歌)〉에 "흰머리 삼천 장, 근심 걱정 때문에 자랐으니. 모르겠구나 맑은 거울 속, 어느 곳에서 가을서리를 맞았는지〔白髮三千丈, 緣愁似個長. 不知明鏡裏, 何處得秋霜.〕."라는 구절이 있다. 《李太白文集 卷6, 秋浦歌》

217 거친……같아졌네 : 원문의 상피사십위(霜皮四十圍)는 노인의 거친 피부가 마치 40위나 되는 큰 아름드리나무의 껍질처럼 거칠고 두꺼움을 말한 것이다. 여기에서는 저자가 늙어가는 신세를 한탄하는 의미로 쓰였다. 두보의 시 〈고백행(古柏行)〉에 "서리맞은 껍질에 흐르는 물방울 둘레는 사십 아름드리이고, 검푸른 잎새는 하늘로 이천 척이나 솟아있네〔霜皮溜雨四十圍, 黛色參天二千尺.〕."라는 구절이 있다. 《杜詩詳註 卷15, 古柏行》

또 짓다

又

오른손은 재상직 왼손은 위태로움 막을 수 있으니　右能調鼎左持危
상국의 뛰어난 재주는 가는 곳마다 마땅하네　相國瓌才逐處宜
높은 자리에서는 되려 재주 칭찬 부끄러워했지만　高騁却羞稱驥力
냇가에서는 도리어 자라 낚는 낚싯줄을 쥐었지[218]　臨川還把釣鼇絲
일월처럼 당당하여 마음 오히려 굳세고　堂堂日月心猶壯
공명을 버려도 꿈속에서조차 서러워하지 않았으니　去去功名夢不悲
함께 쫓겨난 신하 된 것이 참으로 외람되어　同作逐臣眞忝竊
좋은 시[219]로 갚고자 하지만 귀밑머리만 늘어졌네　欲酬靑玉鬢毛垂

218 자라……쥐었지 : 원문의 조오(釣鼇)는 자라를 낚는다는 뜻으로 포부가 크고 호쾌한 사람을 말한다. 《열자(列子)》 〈탕문(湯問)〉에서 옛날 발해(渤海) 동쪽에 신선이 사는 다섯 개의 산이 파도에 떠밀려 표류하자, 천제(天帝)가 큰 자라 15마리를 보내 교대로 그 산들을 떠받치게 하였는데, 용백국(龍伯國)의 거인(巨人)이 나타나 한 번 낚시질하여 여섯 마리를 연달아 낚아 올려 등에 지고 자기 나라로 돌아갔다는 말이 있다〔而五山之根無所連著，常隨潮波上下往還，不得蹔峙焉. 仙聖毒之，訴之於帝，帝怒流於西極，失羣聖之居，乃命禺彊使巨鼇十五擧首而戴之. 迭爲三番，六萬歲一交焉. 五山始峙，而龍伯之國有大人，擧足不盈數步而暨五山之所，一釣而連六鼇，合負而趣歸其國.〕. 《列子 卷5，湯問》

219 좋은 시 : 원문의 청옥(靑玉)은 아름다운 시문을 뜻한다. 한(漢)나라 장형(張衡)의 시 〈사수시(四愁詩)〉에 "미인이 나에게 금수단을 선물했는데 무엇으로 보답할까, 청옥안으로 하리〔美人贈我錦繡段，何以報之靑玉案.〕."라는 구절이 있다. 《太平御覽 卷815，四愁詩》

원운[220]

元韻

백마산 위로는 해가 지려하고	白馬山頭日欲落
백마산 아래로는 다니는 사람 없으니	白馬山下行人稀
멋대로 다니는 것은 호랑이 표범(의 자취)뿐이고	縱橫但有虎豹■[221]
적막하여 까치도 나는 일 일찍이 없었네	寂寞曾無烏鵲飛
긴 강은 떠가는 푸른 바다로 흘러들고	長江流入碧海去
너른 들은 둘러싼 푸른 산과 아득히 이어지는데	大野遙連青嶂圍
눈을 부릅떠 보아도 서울[222]은 어디에 있는가	極目東華何處是
저물녘 하늘에 높이 솟은 나무[223]만 정녕 아득하네	暮天雲樹政依依

220 원운(元韻) : 이경석의 이 시는《백헌집(白軒集)》 권8에 〈백마산에서 회포를 쓰다〔白馬山書懷〕〉라는 제목으로 실려 있다.

221 ■ : 원문에서 탈락된 글자이다. 이경석의 문집《백헌집(白軒集)》 권8의 〈백마산에서 회포를 쓰다〔白馬山書懷〕〉에는 '적(迹)'으로 되어 있다. '적'으로 보면 이 부분은 "멋대로 다니는 것은 호랑이 표범의 자취뿐이고"로 번역된다.

222 서울〔東華〕 : 원문의 동화(東華)는 송(宋)나라 궁성의 동쪽 문 이름으로, 입조(入朝)할 때 이 문을 이용하였다. 여기에서는 서울을 의미하는 말로 사용되었다.《몽계필담(夢溪筆談)》〈고사일(故事一)〉에 "지금 학사들이 막 절을 하고 동화문으로 들어가서 좌승천문(左承天門)에 이르러 말에서 내렸다〔今學士初拜, 自東華門入, 至左承天門下馬.〕."라는 말이 있다.《夢溪筆談 卷1, 故事一》

223 높이 솟은 나무 : 원문의 운수(雲樹)는 '운수지회(雲樹之懷)'로 멀리 떨어져 있는 친구를 생각하는 것을 의미한다. 두보(杜甫)의 시 〈춘일억이백(春日憶李白)〉에 "위수가엔 봄날의 나무, 강남땅엔 저녁의 구름〔渭北春天樹, 江東日暮雲.〕."이라는 구절이 있다.《杜詩詳註 卷1, 春日憶李白》

또 짓다

又

재주 없고 힘도 없으면서 위태로움 구제하려다가　才疏無力濟艱危
변방으로 쫓겨났으니 지은 죄에 또한 당연하네　竄謫遐荒罪亦宜
모든 일 다 버려서 신세는 한 잎 같고　衆務都抛身一葉
온갖 걱정 다 모여 귀밑머리는 천 가닥　百憂交集鬢千絲
한 해의 좋은 절기 지금 다시 가까워지니　天中令節今還迫
이 땅의 외로운 신하는 여기서 다시 슬퍼지네　地上孤臣此更悲
임금님 가셔서[224] 옥좌도 처량하여　玉座凄涼弓劍遠
흰 구름 바라보며 눈물만 부질없이 흘리네　白雲瞻望淚空垂

224 임금님 가셔서 : 원문의 궁검(弓劍)은 전설상의 임금인 황제(黃帝)가 지녔던 활과 검으로, 전의(轉義)하여 임금님의 죽음을 애도하는 것을 말하는데, 여기에서는 인조의 죽음을 말한다. 《사기(史記)》〈봉선서(封禪書)〉에 황제가 형산(荊山) 아래에서 솥〔鼎〕을 주조(鑄造)하고 용(龍)을 타고 승천할 때 군신(群臣)과 후궁(後宮) 70여 인이 따라 올라갔다. 이때 여기에 함께 따라가지 못한 소신(小臣)들이 용의 수염을 잡고 하늘에 오르려다 용의 수염이 빠지는 바람에 땅으로 떨어졌는데, 이때 황제의 궁(弓)도 함께 떨어졌다. 이에 백성들이 그 궁을 부둥켜안고 통곡했다는 말과〔黃帝采首山銅, 鑄鼎於荊山下.鼎旣成, 有龍垂胡髯下迎黃帝. 黃帝上騎, 群臣後宮從上者七十餘人, 龍乃上去. 餘小臣不得上, 乃悉持龍髯, 龍髯拔, 墮, 墮黃帝之弓. 百姓仰望黃帝旣上天, 乃抱其弓與胡髯號, 故後世因名其處曰鼎湖, 其弓曰烏號.〕, 《열선전(列仙傳)》〈황제(皇帝)〉에 "왕세가 놀아가신 후 교산(橋山)에 장례하였는데 산이 무너지고 시신은 남아있지 않고 칼만 남아 있었다〔黃帝至於卒, 還葬橋山, 山崩, 柩空無屍, 唯劍潟在焉.〕."라고 한 데서 온 말이다. 《史記 卷28, 封禪書》, 《列仙傳, 皇帝》

백헌 상공과 상대에 올라

同相公登上臺

높은 누대 짙푸른 하늘 가까워	陵起高臺近鬱藍
하늘 꼭대기 누런 고니도 옆으로 날아드니	摩天黃鵠席邊參
눈에 가득한 역수[225]는 연산 북쪽으로 흐르고	眼窮易水燕山北
그림자 우뚝한 요동성은 화표주[226] 남쪽에 있네	影兀遼城鶴表南
공자가 노나라 작게 여긴 뜻[227] 이제 알겠으니	始覺宣尼小魯意

225 역수(易水) : 중국 하북성(河北城)에 있는 강으로 형가(荊軻)의 이야기가 전한다. 《사기(史記)》〈형가전(荊軻傳)〉에 전국(戰國)시대 위(衛)나라의 자객 형가(荊軻)가 진시황(秦始皇)을 암살하기 위해 길을 떠날 때 사람들이 역수(易水) 가에서 송별하였다. 이때 형가가 친구 고점리(高漸離)의 축(筑)에 맞추어 노래를 부르자 사람들이 모두 눈물을 흘렸고, 또 '바람은 스산하고 역수는 차가운데, 대장부 한번 떠나면 다시 오지 못하리' 하고 노래 부르자 사람들이 모두 눈을 부릅뜨고 온 머리카락이 관(冠)을 향해 치솟았다는 말이 있다〔太子及賓客知其事者, 皆白衣冠以送之. 至易水之上, 旣祖, 取道, 高漸離擊筑, 荊軻和而歌, 爲變徵之聲, 士皆垂淚涕泣. 又前而爲歌曰, 風蕭蕭兮易水寒, 壯士一去兮不復還 復爲羽聲慨, 士皆瞋目, 發盡上指冠.〕. 《史記 卷86, 刺客列傳》

226 화표주〔鶴表〕: 원문의 학표(鶴表)는 화표(華表)를 말한다. 《수신후기(搜神後記)》에 "요동(遼東)의 정령위(丁令威)가 영허산(靈虛山)에서 도술을 배워 학이 되어 요동에 돌아와 성문의 화표주(華表柱) 위에 앉았는데, 때로 소년이 활을 들고 학을 쏘려고 하자 이에 공중을 날며 배회했다〔丁令威本遼東人, 學道於靈虛山, 後化鶴歸遼, 集城門華表柱, 時有少年, 擧弓欲射之鶴, 乃飛徘徊空中.〕."라고 한 데서 온 말이다. 《搜神後記 卷1》

227 공자가……뜻 : 원문의 소노의(小魯意)는 공자가 노(魯)나라를 작게 여겼다는 말로, 《맹자(孟子)》〈진심(盡心) 상(上)〉에 "공자가 동산(東山)에 올라가 노나라를 작게 여기고 태산(太山)에 올라가 천하를 작게 여겼다〔孟子曰, 孔子登東山而小魯, 登太山而小天下.〕."라고 한 데서 온 말이다. 《孟子, 盡心 上》

하백이 바다보고 한 이야기[228] 용납하지 않으리라	未容河伯望洋談
유배 와서도 명승 찾는 것 모두 임금님 은택인데	謫來探勝皆恩渥
평생의 일 돌이켜보니 낯 들기 부끄럽네	點撿平生面發慙

228 하백이……이야기 : 원문의 하백망양담(河伯望洋談)은 황하의 신 하백이 북해 바다를 보고 탄식한다는 말로, 도저히 넘볼 수 없는 위대한 경지를 접하고서 자신의 부족함을 탄식하는 것을 말한다. 《장자(莊子)》〈추수(秋水)〉에서 가을이 되면 모든 냇물이 황하로 흘러드니 황하의 신 하백은 기뻐하며 천하의 아름다움이 모두 자기에게 갖추어져 있다고 생각하였다. 그러나 북해에 도착해 동쪽 끝이 보이지 않자 북해의 신을 보고 탄식하며 자신의 좁은 소견을 부끄러워했다는 말이 있다〔秋水時至, 百川灌河, 涇流之大, 兩涘涯之間, 不辨牛馬. 於是焉. 河伯欣然自喜, 以天下之美爲盡在己. 順流而東行, 至於北海, 東面而視, 不見水端. 於是焉 河伯始旋其面目, 望洋向若而歎曰, 野語有之曰, 聞道百以爲莫己若者, 我之謂也. 且夫我嘗聞少仲尼之聞而輕伯夷之義者, 始吾不信, 今我睹子之難窮也. 吾非至於子之門則殆矣, 吾長見笑於大方之家.〕. 《莊子, 秋水》

또 짓다
又

한평생 그나마 나은 것은 유람 다닐 건강한 신체라　長物平生濟勝具
푸른 짚신 베버선으로 원숭이처럼 가볍게 다녔는데　青鞋布襪趁輕猱
이제와선 늙고 병들어 근력을 써 보려 해도　卽今衰病驅筋力
바람서리에 귀밑머리만 바뀐 것 아니어서　不獨風霜換鬢毛
망루에 한번 오르면 마음이 계속 두근거려　一上譙樓魂屢悸
돌아갈 길 먼저 생각나 머리만 거듭 긁으니　先思歸逕首重搔
상공이 나를 돌아보고 소리 없이 웃는 것은　相公顧我盧胡笑
구름 속 날 듯한 걸음걸이 마음이 호기로워서지　飛步雲煙意象豪

백헌 상공이 차운하다
相公次

도도한 압록강 쪽빛보다 푸르고　滔滔鴨水碧於藍
백마산 우뚝해 북두성에 닿을 듯한데　白馬山高斗可參
관령은 쭉 뻗어서 요동 북쪽과 닿아있고　關嶺平臨遼塞北
바다 물결 아득하게 초나라 남쪽 흘러가며　海潮遙蹴楚天南
만 리 뻗은 하늘과 땅 두 눈에 다가드니　乾坤萬里來雙眼
천년 동안 예나 지금을 한 이야기에 부치네　今古千年付一談
바람 맞으며 머리 긁으니 감개 더하는데　搔首臨風增感慨
상공의 자취에 부끄럽기만 하구나　上公蹤迹只堪慙

또 짓다[229]

又

내가 쇠하여 산에 오를 힘 모자라니	吾衰頓乏登山力
문득 부럽구나 아이들 원숭이처럼 재빠른 것이	却羨兒曹捷似猱
발밑의 푸른 바다는 작은 술잔 같고	脚底滄溟小杯勺
눈앞의 송골산[230]도 한 터럭 같으니	眼中松鶻一毫毛
젊은 시절 돌이켜보면 유람을 다하려 했는데	追思少壯窮遊覽
마침 변방에 유배 오니 병도 다 나은 듯하네	政値邊垂絶疥搔
외로운 성에 홀로 기대 길게 휘파람 부니	獨倚孤城發長嘯
지금 와서 그 누가 예전 시가 호방했던 것을 알겠나	秖今誰識舊詩豪

229 또 짓다 : 이경석의 이 시는 《백헌집(白軒集)》 권8에 〈용주의 '등조'에 차운하다〔次龍洲登眺韻〕〉라는 제목으로 실려 있다.

230 송골산〔松鶻〕 : 의주(義州) 바깥쪽 중국 구련성(九連城) 북쪽에 있는 산을 말한다. 김성일(金誠一)의 시 〈송골산(松鶻山)〉에 "압록강 강 어귀에서 처음 보았는데, 구련성 북쪽에서 눈이 더욱 밝아지네〔鴨綠江頭初識面, 九連城北眼重明.〕."라는 구절이 있다. 《鶴峯逸稿 卷1, 松鶻山》

김생의 시에 차운하다

次金生韻

그대 집 도의 기운 삼모[231]에 가깝고	君家道氣近三茅
더구나 문장은 가도와 맹교[232]를 압도하니	何況文章壓島郊
가슴속에 가득한 시서는 항상 햇볕을 쬐고[233]	滿腹詩書恒曬日
무심한 까치는 둥지에 깃들어 있는데[234]	無心烏鵲可攀巢

231 삼모(三茅) : 도가(道家)의 세 신선, 즉 모영(茅盈)·모고(茅固)·모충(茅衷) 삼형제를 말한다. 《삼모진군가봉사전(三茅眞君加封事典)》에 모영·모고·모충 삼형제가 바위에 깃들어 골짜기에 은거하며 정신을 연마하고 참된 도를 닦아서 공을 쌓고 행적을 쌓아서 득도를 한 후에 신선이 되었다.……모영은 사명신군(司命眞君), 모고는 정록진군(定錄眞君), 모충은 보명진군(保命眞君)의 호를 내려주어 삼모군이라 부르게 되었다는 말이 있다〔大茅君盈, 次固, 次衷, 兄弟三人, 巖棲谷隱, 精練道眞, 累功積行. 得道之後, 領括旱仙, 受事太極, 司命嶽府, 考校乎昊越之境, 留治乎赤城之山……茅山大茅君今號太元眞人東嶽上卿司命神君, 可進號太元妙道眞君東嶽上卿司命神君, 庶幾導和氣, 獲嘉應, 以相助國家太平無疆之福. 故玆詔示, 想宜知悉, .中茅君今號定錄眞人, 可進號定錄沖靜眞人, 小茅君今號三官保命眞人, 可進號三官保命沖慧眞人.〕. 《三茅眞君加封事典 卷上》

232 가도와 맹교 : 원문의 도교(島郊)는 당(唐)나라 시인 가도(賈島)와 맹교(孟郊)를 말한다. 가도와 맹교는 문장과 시가 뛰어난 인물로 손꼽히는데, 여기에서는 김생의 문장을 가도와 맹교에 비유한 것이다.

233 가슴속에……쬐고 : 원문의 쇄일(曬日)은 쇄복(曬腹)으로 가난하여 집안에 책이 없어도 시문(詩文)이 훌륭한 김생을 비유한 말이다. 《세설신어(世說新語)》〈배조(排調)〉에서 진(晉)나라 때 학륭(郝隆)이 칠석에 이웃의 부자들이 비단 옷을 볕에 쬐는 것을 보자 햇볕에 배를 내놓고 누웠는데 누가 그 까닭을 묻자 '나는 내 뱃속에 들어 있는 서책들을 볕에 쬐고 있다'라고 한 말이 있다〔郝隆七月七日出日中仰臥, 人問其故, 答曰, 我曬復中書耳.〕. 《世說新語 卷下之下, 排調》

노숙의 삼천 세계[235]에 한가롭게 의지해　閑依老宿三天界

장강 백 척 저 끝을 내려다보네　俯瞰長江百尺梢

때로 초가에서 좋은 일 이야기 나누었으니　時枉窮簷談好事

내 귀밑머리에 눈서리 내린 것 알겠네　知吾鬢髮雪霜交

234 까치는……있는데 : 원문의 조작가반소(鳥鵲可攀巢)는 새 둥지를 손으로 끌어당길 수 있다는 것으로 새들이 사람들을 무서워하지 않아서 높은 곳에 둥지를 틀지 않는다는 말이다. 이는 사람과 자연이 하나가 되어 본성에 따라 소박하게 사는 것을 말하는데, 여기에서는 김생이 자연 속에 은거하며 사는 삶을 의미한다. 《장자(莊子)》〈마제(馬蹄)〉에 만백성이 무리지어 살면서 마을에 함께 지내니, 금수들이 무리를 이루고, 초목이 마음껏 자랄 수 있었다. 이 때문에 짐승들은 끈으로 묶어 다니며 놀 수 있었고, 새 둥지를 손으로 끌어당겨 안을 들여다 볼 수 있었다. 지덕의 세상은 짐승들과 같이 지내면서 무리짓고 만물과 나란히 살았다.……소박함을 지키면 사람의 본성이 유지된다는 말이 있다〔萬物群生, 連屬其鄕, 禽獸成群, 草木遂長. 是故禽獸可係羈而游, 烏鵲之巢可攀援而闚. 夫至德之世, 同與禽獸居, 族與萬物竝.……素樸而民性得矣.〕. 《莊子, 馬蹄》

235 노숙의 삼천 세계 : 원문의 노숙(老宿)은 나이가 많고 덕이 높은 사람을 말하는데, 여기에서는 김생을 높여 부르는 말이다. 삼천(三天)은 도가에서 선인(仙人)의 거처 혹은 청미천(淸微天)·우여천(禹餘天)·대적천(大赤天)을 말한다. 《운급칠첨(雲笈七籤)》〈삼십구장경(三十九章經)〉에 "삼천(三天)은 청미천(淸微天)·우여천(禹餘天)·대적천(大赤天)이 이곳이다〔三天者, 淸微天·禹餘天·大赤天是也.〕."라는 말이 있다. 《雲笈七籤 卷8, 三十九章經》

밤 꿈에서 동계옹[236]을 만나니 완연히 평소와 같았다. 깨어나 느낀 것이 있어 짓다

夜夢見桐翁 宛若平昔 覺而有感

번쩍이는 두 눈동자 수염은 신선 같으니	喦電雙瞳鬚若神
나그네 밤 꿈속에서 위인의 참모습 보았네	羈人夜夢偉人眞
역양[237]이 여기서부터 삼천 리이고	嶧陽此去三千里
기성과 미성으로 돌아가신 지[238] 십년인데	箕尾收精一十春

236 동계옹〔桐翁〕 : 원문의 동옹(桐翁)은 정온(鄭蘊, 1569~1641)으로 본관은 초계(草溪), 자는 휘원(輝遠), 호는 동계(桐溪)·고고자(鼓鼓子)이다. 1610년(광해군 2) 별시문과(別試文科)에 급제하여 사간원정언(司諫院正言)을 역임하였다. 영창대군(永昌大君)이 강화부사(江華府使) 정항(鄭沆)에게 피살되자 정항의 처벌과 폐모론의 부당함을 주장하다 제주도에 위리안치 되었다가 인조반정으로 풀려난 후 도승지, 대사헌 등을 역임하였다. 저서로 《동계집(桐溪集)》이 있다. 저자와 친분이 두터웠으며, 정온의 신도비명(神道碑銘)을 저자가 지었다. 《桐溪集 續集 卷3, 附錄 神道碑銘》

237 역양(嶧陽) : 정온의 집이 있던 안음(安陰)의 역양리(嶧陽里)를 말한다. 중국의 역양(嶧陽)은 예로부터 질 좋은 오동나무가 자라는 것으로 유명한 곳이었는데, 《동계집(桐溪集)》 〈신도비명(神道碑銘)〉에 "정온의 집이 안음의 역양에 있어서 동계(桐溪)라고 자호(自號)하였다〔其家卽安陰之嶧陽里, 仍自號桐溪.〕."라는 말이 있다. 《서전(書傳)》 〈하서(夏書)〉에 "역양은 역산(嶧山)의 남쪽이고, 고동(孤桐)은 홀로 있는 오동나무를 말한다〔嶧陽孤桐.〕."라고 한 데서 온 말이다. 《桐溪集 續集 卷3, 附錄 神道碑銘》, 《書傳 卷5, 夏書》

238 기성과……지 : 원문의 기미(箕尾)는 기성(箕星)과 미성(尾星) 두 별자리로 훌륭한 이의 죽음을 말하는데, 여기에서는 정온의 죽음을 말한다. 《장자(莊子)》 〈대종사(大宗師)〉에 "부열(傅說)은 이를 얻어 무정(武丁)의 재상이 되어 천하를 다스리다 동유(東維)에 올라 기미성을 타고 여러 별들과 나란히 했다〔傅說得之, 以相武丁, 奄有天下, 乘東維, 騎箕尾, 而比於列星.〕."라는 말이 있다. 《莊子, 大宗師》 각주 201번 참조.

철벽같은 위의 눈에 뚜렷이 비치고 鐵壁威儀森照眼
사립문 궤장은 아득히 속세를 초월했지 柴門几杖逈超塵
침상에서 은근히 하신 말씀 분명하니 分明枕上殷懃話
용렬하고 게으른 영욕의 육신을 애석해하는 듯하네 似惜疏慵寵辱身

아침에 안개가 크게 일어나 사람들의 얼굴이 보이지 않다
朝霧大作不見人面

부슬부슬 실체 없어 구름보다 가벼운데　濛濛無質弱於雲
산꼭대기에서 일어나 바다까지 다 덮으니　起自山頭盡海濆
지척의 아이는 소리만 들릴 뿐이고　隔手兒童聲但應
숲을 지나는 소와 말은 색도 분간하기 어렵네　穿林牛馬色難分
살에 닿는 것 비록 남방 시내 장기[239]와 다르지만　侵膚縱異蠻溪瘴
마음 놀라니 누가 초나라 요새 기운[240]이라 했던가　駭膽誰論楚塞氛
늙었구나 우리들 표범처럼 은거해[241] 견디면서　老矣吾儕堪豹隱
바람이 큰 공 세우는 것을 지켜보리라[242]　佇看風后樹奇勳

239 장기(瘴氣) : 원래는 중국 남부와 서부 지역의 산림 사이에서 발생하는 축축하고 찌는 듯이 더워 병에 이르게 하는 기운을 말하는데, 전의(轉義)하여 풍토병 혹은 기후병을 말한다. 《후한서(後漢書)》〈남만전(南蠻傳)〉에 "남쪽의 땅은 덥고 습한데 장기가 더해져 죽는 자가 열에 네다섯 명이나 된다〔南州水土溫暑, 加有瘴氣, 致死者十必四五.〕."라는 말이 있다. 《後漢書 卷116, 南蠻傳》

240 초나라 요새 기운 : 원문의 초분(楚氛)은 적진에서 발산되는 요기(妖氣)를 말한다. 《춘추좌씨전(春秋左氏傳)》에 초나라 진영의 분위기가 매우 심상치 않으니, 대처하기 어려운 일이 벌어질까 두렵다는 말이 있다〔楚氛甚惡, 懼難.〕. 《春秋左氏傳, 襄公 27年》

241 표범처럼 은거해 : 원문의 표은(豹隱)은 능력이 있는 사람이 벼슬하지 않고 은거하는 것을 말하는데, 여기에서는 유배 온 자신들의 처지를 말하는 것으로 보인다. 《고열녀전(古列女傳)》〈도답자처(陶答子妻)〉에 남산의 검은 표범이 자신의 털 무늬를 아름답게 보존하기 위해서, 무우(霧雨)가 계속된 7일 동안 먹을 것이 없어도 가만히 머물러 있기만 하고, 산 아래로 내려가 먹을 것을 구하려 하지 않았다는 말이 있다〔妾聞南山有玄豹, 霧雨七日而不下食何也, 欲以澤, 其毛而成文章也, 故藏而遠害.〕. 《古列女傳 卷2, 陶答子妻》

백헌 상공이 차운하다[243]

軒相次

무더위 불타듯 혹독하여 정녕 한스러웠는데 定恨朱炎劇似焚
실구름 강가에서 일어나니 泄雲同起自江濆
혼돈에 구멍 뚫었다[244]고 누가 말했나 誰言混沌曾敎鑿
홍몽[245]은 애초에 나누어지지 않았다고 배웠는데 故學鴻蒙未始分

242 바람이……지켜보리라 : 원문의 풍후(風后)는 황제(黃帝)의 재상인데, 여기에서는 바람을 의인화하여 바람이 안개를 몰아내는 것을 말한다. 《사기(史記)》〈오제본기(五帝本紀)〉에 "황제(黃帝)는……풍후(風后)·역목(力牧)·상선(常先)·대홍(大鴻)을 등용하여 백성을 다스렸다〔黃帝者……擧風后·力牧·常先 ·大鴻以治民.〕."라고 하였는데, 그 주(註)에 "풍후는 황제의 삼공(三公)이다〔風后, 黃帝三公也.〕."라는 말이 있다. 《史記 卷1, 五帝本紀》

243 백헌 상공이 차운하다 : 이경석의 이 시는 《백헌집(白軒集)》 권8에 〈용주의 '대무'에 차운하다〔次龍洲大霧韻〕〉라는 제목으로 실려 있다.

244 혼돈에 구멍 뚫었다 : 원문의 혼돈증교착(混沌曾教鑿)은 칠규혼돈착(七竅混沌鑿)에서 나온 말로 혼돈(混沌)은 이목구비(耳目口鼻)의 욕구가 일지 않은 순수한 본성을 말한다. 《장자(莊子)》〈응제왕(應帝王)〉에 남해(南海)의 임금을 숙(儵), 북해(北海)의 임금을 홀(忽), 그리고 중앙의 임금을 혼돈이라 하였다. 숙과 홀은 수시로 혼돈의 땅에서 함께 만났는데 혼돈이 이들을 잘 대접했다. 숙과 홀은 혼돈의 덕에 보답할 마음으로 사람들은 '모두 일곱 구멍이 있어 보고 듣고 먹고 숨을 쉬는데 이 혼돈은 그것이 없으니, 뚫어 주어야겠다' 하고, 하루에 하나씩 구멍을 뚫으니 7일 만에 혼돈이 죽었다는 말이 있다〔南海之帝爲儵. 北海之帝爲忽, 中央之帝爲渾沌. 儵與忽時相與遇於渾沌之地, 渾沌待之甚善, 儵與忽謀報渾沌之德, 曰人皆有七竅, 以視聽食息, 此獨无有, 嘗試鑿之. 日鑿一竅, 七日而渾沌死.〕. 《莊子, 應帝王》

245 홍몽(鴻蒙) : 우주가 형성되기 이전의 혼돈(混沌)상태를 말하는 것으로 홍몽(鴻濛)이라고도 한다. 《장자(莊子)》〈재유(在宥)〉에 "구름이 동쪽에서 노닐다가 부요(扶搖)의 가지에서 홍몽을 만났다〔雲將東遊, 過扶搖之枝, 適遭鴻蒙.〕."라는 말이 있는데, 《남화

어두운 골짜기 잠깐 사이 풀과 나무 적셔주어	谷暗乍成霑草樹
깊은 산 속세와 다르다는 것 깨달았는데	山深更覺隔塵氛
순식간에 다 흩어져서 어느 곳으로 돌아갔나	須臾散盡歸何處
한바탕 맑은 바람만 곧 공을 세우네	一陣淸風便策勳

진경의해찬미(南華眞經義海纂微)》 여혜경(呂惠卿)의 주에 "홍은 큼이고 몽은 입음이니 그 이름을 보면 알 수 있다〔鴻大而蒙被, 觀其名, 可知.〕."라고 한 말이 있다.《莊子, 在宥》,《南華眞經義海纂微 卷32, 在宥》

백헌 상공이 보내준 시에 차운하다
次相公贈韻

이백은 석 잔 술로 대도와 통했다 했으니[246]	白也三盃大道通
미간 펴고 곧장 홍몽과 벗하여	軒眉直欲友鴻濛
구름 안개 너머 흩뿌리듯 주옥같은 글 쓰고[247]	霏微珠唾雲煙外
천지 가운데 우뚝한 고상한 담론 나누며	磊落高談盖壤中
바다 산 천천히 거닐다 물에 잠긴 해를 보고	徐步海山看浴日
취석에서 홀로 자며[248] 훈훈한 바람[249]을 꿈꾸니	孤眠醉石夢薰風

246 이백은……했으니 : 원문의 백야(白也)는 이백을 말한다. 두보(杜甫)의 시 〈춘일억이백(春日憶李白)〉에 "이백의 시는 적수가 없으니, 초연한 생각이 무리에서 뛰어나네〔白也詩無敵, 飄然思不群.〕."라는 구절에서 온 말이다. 이백(李白)의 시 〈월하독작(月下獨酌)〉에 "석 잔을 마시니 대도에 통하고, 한 말을 마시니 자연에 합치되네〔三杯通大道, 一斗合自然.〕."라는 구절이 있다. 《杜詩詳註 卷1, 春日憶李白》, 《李太白文集 卷20, 月下獨酌》

247 주옥같은 글 쓰고 : 원문의 주타(珠唾)는 아름다운 시구를 비유한 말이다. 《장자(莊子)》 〈추수(秋水)〉에 "그대는 침을 보지 못했는가. 큰 것은 구슬과 같고, 작은 것은 작디작은 물방울 같다네〔子不見夫唾者乎. 噴則大者如珠, 小者如霧.〕."라는 말이 있다. 《莊子, 秋水》

248 취석에서 홀로 자며 : 원문의 취석(醉石)은 여산(廬山) 앞을 흐르는 강물 가운데 있는 반석을 말한다. 《여산기(廬山記)》에 진(晉)나라 도연명(陶淵明)이 거처했던 율리(栗里)에는 큰 바위가 있었는데, 도연명은 술에 취하면 항상 이 바위에 누웠기 때문에 취석이라고 한다는 말이 있다〔又三里過栗里源, 有陶令醉石. 陶令名潛, 字元亮, 或曰字淵明……所居栗里, 兩山間有大石, 仰視懸瀑, 平廣可坐十餘人. 元亮自放以酒, 故名醉石.〕. 《廬山記 卷三》

249 훈훈한 바람 : 원문의 훈풍(薰風)은 훈훈한 바람으로 성군(聖君)의 덕정(德政)을 비

표주박에 담길 작은 지혜[250] 가진 내가 우습지만	挈甁小智吾堪笑
입 벌려 장대 같은 큰 붓으로 무지개를 그려내네	口呿如杠筆吐虹

유하는 말이다. 《고시기(古詩紀)》〈남풍가(南風歌)〉에 "훈훈한 남쪽 바람이여, 우리 백성의 수심을 풀어 주기를. 제때에 부는 남풍이여, 우리 백성의 재산을 늘려 주기를〔南風之薰兮, 可以解吾民之慍兮. 南風之時兮, 可以阜吾民之財兮.〕."이라는 구절이 있다. 《古詩紀 卷4, 南風歌》

250 표주박에……지혜 : 원문의 설병(挈甁)은 손에 들고 다닐 수 있는 병으로 작은 지혜를 비유한 말이다. 《춘추좌씨전(春秋左氏傳)》에 비록 물병을 들고 물을 길을 수 있는 지혜만 있어도 자기의 그릇을 지키고 남에게 빌려주지 않는 것이 예라는 말이 있다〔雖有挈甁之知, 守不假器, 禮也.〕. 《春秋左氏傳, 昭公 7年》

원운[251]

元韻

백 척 높은 누대 사방 훤히 트였지만	百尺高臺四望通
산하가 반은 드러나고 반은 어둑한데	山河半露半冥濛
외로운 성 밖 온 봉우리에 천둥 비바람치고	千峯雷雨孤城外
석양 속 만 리에는 푸른 바다 펼쳐졌으며	萬里滄溟落照中
자리 가 흐릿한 게 부상[252]인 듯하고	席上依俙若木影
귀밑머리 쓸쓸하게 하늘 바람[253] 불어오니	鬢邊蕭颯廣寒風
알겠구나 조물주가 읊고 구경할 것을 주려	須知造物供吟眺
또 하늘 동쪽에 채색 무지개 걸어둔 것을	又向天東掛彩虹

251 원운(元韻) : 이경석의 이 시는 《백헌집(白軒集)》 권8에 〈용주와 그 자제와 함께 서대에 올라 즉흥적으로 읊다〔與龍洲及其子弟登西臺卽事〕〉라는 제목으로 실려 있다.

252 부상〔若木〕 : 원문의 약목(若木)은 전설 속의 나무를 말한다. 《산해경(山海經)》 〈대황북경(大荒北經)〉에 대황 가운데 있는 형석산(衡石山)·구음산(九陰山)·회야지산(灰野之山)·형야지산(泂野之山) 꼭대기에 자라는 붉은 나무로, 잎은 푸르고 꽃은 붉은 나무이다〔大荒之中, 有衡石山·九陰山·灰野之山·泂野之山, 上有赤樹, 青葉赤華, 名曰若木.〕.라는 말이 있는데, 약목은 신선이 사는 곳에 자라기 때문에 전의(轉義)하여 신선이 사는 곳을 부상(扶桑)이라고 한다. 《山海經, 大荒北經》

253 하늘 바람 : 원문의 광한풍(廣寒風)은 달의 광한전(廣寒殿)에서 불어오는 바람을 말하는데, 여기에서는 하늘에서 부는 바람을 말한다. 명(明)나라 유기(劉基)의 〈상엽비(霜葉飛)〉에 "하늘 바람 불어 계수나무 꽃 흩날리니, 달 속의 토끼와 두꺼비도 추워지겠지〔桂華吹散廣寒風, 兎老蟾蜍冷.〕."라는 구절이 있다. 《誠意伯文集 卷12, 霜葉飛》

상공이 비를 기뻐하며 지은 시에 차운하다

次相公喜雨

일어나라 재촉하는 소리가 새벽을 나누어	喚起聲催曉色分
집집마다 농사꾼 이야기 울타리 너머 들려오고	家家農語隔籬聞
오늘 비 수천 리에 내릴 것을 알겠는데	我知今雨數千里
사람들은 하늘에 온통 구름 끼었다고 하니	人道上天同一雲
삿갓 쓴 목동은 풀 우거진 곳에서 애쓰고[254]	遺笠牧童爭樹密
젖은 둥지로 돌아온 학은 까마귀 떼 싫어하겠지	濕巢歸鶴厭鴉群
막 갠 뒤 저녁밥에 도꼬마리 삶을테니	新晴晩飯烹蒼耳
청니방 아래 미나리 밭[255] 절경이겠구나	絶勝青泥坊底芹

254 삿갓……애쓰고 : 가뭄 끝에 내리는 단비에 목동이 소를 데리고 다니며 풀이 많이 자란 곳을 찾아 풀을 먹이려 애쓴다는 말로 비가 내린 뒤 분주한 목동의 모습을 말한 것이다.

255 청니방……밭 : 원문의 청니방(青泥坊)은 신선들이 마시는 이장(泥漿)이나 이토(泥土)를 말하는 것으로 도가(道家)에서 약처럼 복용하는 청니반(青泥飯)을 말한다. 진흙이 많은 곳에서 주로 미나리를 재배하므로 여기에서는 미나리가 많이 자라는 곳을 의미한다. 두보(杜甫)의 시 〈최씨동산초당(崔氏東山草堂)〉에 "쟁반에는 백아곡 어귀의 밤을 벗겨 놓았고, 밥 먹을 땐 청니방 밑의 미나리를 삶아 놓았네〔盤剝白鴉谷口栗, 飯煮青泥坊底芹.〕."라는 구절이 있다. 《杜詩詳註 卷6, 崔氏東山草堂》

원운

元韻

처마 소리 밤들도록 끊이지 않으니	簷聲不絶到宵分
늙은이 너무 기쁜 소리 듣고 잠들지 못하네	老子無眠最喜聞
맑은 물은 몇 천 이랑에 넘실대고	白水漫漫幾千頃
청산은 만 겹 구름에 어둑하며	青山漠漠萬重雲
작은 집 시서 둔 시렁은 썰렁하고	蕭然小屋詩書架
깊은 숲 짐승들은 다 젖었겠네	濕盡深林鳥獸群
좋은 곡식으로 ■ 전원에 사례하려하니	欲謝田原嘉穀■[256]
시내 아래 길게 자란 새 미나리 보겠네	須看澗底長新芹

256 ■ : 원문에서 탈락된 글자이다.

5월 그믐

五月晦

4월에 서쪽 와서 5월도 다 지나니	四月西來五月盡
서울에는 두구꽃[257] 여기는 라마꽃[258]피었네	在京荳蔲此蘿摩
흐르고 흐르는 세월에 귀밑머리 늘어나고	年光冉冉添新鬢
부슬부슬 바다 안개는 묵은 병을 돋우는데	海霧霏霏挑舊痾
임금님 부모님 돌아보니 마음은 찧는 듯하고	回首君親心似擣
천지에 기댄 몸은 공이만 헛되이 갈 뿐이니	側身天地杵空磨
인간 세상 모든 일이 어찌 그리 바쁜지	人間萬事何悤促
늙음에 그 누가 해를 물린 창[259]을 휘두르겠나	老去誰揮退日戈

257 두구꽃〔荳蔲〕: 육두구(肉荳蔲)를 말한다. 씨와 씨껍질은 향신료로 사용되며, 소화를 시키고 장을 튼튼하게 한다. 꽃망울이 소녀가 임신한 것 같으므로 함태화(含胎花)라고도 말한다.

258 라마꽃〔蘿摩〕: 7, 8월에 꽃이 피는 야생화로 연한 순은 나물로, 잎과 열매는 강장제, 해독제로 이용된다. 박주가리라고도 말한다.

259 해를 물린 창 : 원문의 퇴일과(退日戈)는 창으로 해를 물리쳐서 시간을 뒤로 되돌린 것을 말한다. 《회남자(淮南子)》〈남명훈(覽冥訓)〉에 전국시대 초(楚)나라 노양공(魯陽公)이 한나라 군대와 한창 싸움을 벌일 때 해가 저물자 창을 한번 휘둘러 해를 삼사(90리)나 되돌렸다는 말이 있다〔魯陽公與韓構難, 戰酣日暮, 援戈而撝之, 日爲之反三舍.〕. 《淮南子 卷6, 覽冥訓》

백헌 상공이 차운하다

軒相次

꽃 필 때 집 떠났는데 보리 벌써 익으니 花發離家麥已熟
쓸쓸한 집에서 누워있어도 날은 가지만 蕭然一室臥猶摩
같은 병 앓고 있는 이웃 내 벗 없었다면 若無吾友憐同病
문병하러 찾아올 사람 누가 있겠나 更有何人來問痾
안개 걷힌 산봉우리 나란히 그린 눈썹 같고 霧罷峯巒眉竝畫
바람 잔 호수바다는 새로 갈아낸 거울 같네 風恬湖海鏡新磨
이때의 장관은 넋이 놀랄 정도이니 此時壯觀堪驚魄
시를 멋대로 지어 온갖 무기 다루듯하네 詞疊橫驅萬鐵戈

백헌 상공의 앵두 시에 차운하다
次軒相櫻桃韻

제철 과일 이역에서 천천히 익어가니	時果殊方報熟遲
새를 부르는 푸른 오얏 왕희지에게 얹혔지[260]	來禽青李負羲之
시골 노인 보내준 앵두에 깜짝 놀랐으니	忽驚野老櫻桃贈
지난밤 분 비바람 어떻게 견뎠을까	那保前宵風雨吹
화지[261]를 고이 보내 진액 맛 깨달으니	穩送華池津覺味
성긴 이 쓰지 않아도 폐에 생기 일어나네	不勞疏齒肺生滋
대명궁에서 받들고 나온 건[262] 당나라 때 일인데	大明擎出唐朝事
이 물건 보자 문득 쫓겨 온 신하의 서러움 더하네	覽物翻添逐客悲

260 푸른……얹혔지 : 원문의 청리(青李)는 왕희지(王羲之)의 필첩(筆帖)인 내금첩(來禽帖)을 말한다. 첫머리에 '청리' 두 글자가 선명하게 기록되어 있어서 이렇게 부른다. 여기에서는 이경석의 앵두시에 나오는 앵두를 왕희지 필첩의 첫 두 글자 청리(青李)에 비유하여 말한 것이다.

261 화지(華池) : 입속 혀 아래 부위에서 솟아나는 맑은 침을 말한다. 박이장(朴而章)의 시 〈서양생방(書養生方)〉에 "신령한 뿌리를 늘 달여 마시면 명이 길어지니, 화지 물 한 방울이 금 한 조각이네〔靈根常灌命長存, 一點華池一點金.〕."라는 구절이 있다. 《龍潭集 卷1, 書養生方》

262 대명궁에서……건 : 원문의 대명격출(大明擎出)은 두보(杜甫)가 임금에게 앵두를 하사받았던 일을 말하는데, 여기에서는 시골 노인이 보내 온 앵두를 보고 임금님을 그리는 마음을 두보의 일에 비유하여 말한 것이다. 두보의 시 〈야인송주앵(野人送朱櫻)〉에 "지난 날 생각하니 문하성에서 내려주신 앵두, 조회에서 물러나 대명궁으로 가지고 나왔었네〔憶昨賜霑門下省, 退朝擎出大明宮.〕."라는 구절이 있다. 《杜詩詳註 卷11, 野人送朱櫻》

원운[263]

元韻

변방 성 절기는 비교할수록 더뎌선지	邊城節候較偏遲
이 물건 어찌하여 이제 처음 보게 되었나	此物如何始見之
구슬 같은 과일은 새로이 차가운 강비를 머금고	珠顆新含江雨冷
대바구니는 정녕 불어오는 바닷바람을 띠니	筠籠正帶海風吹
연객[264]이 쟁반에 흘린 눈물을 보는 듯하고	疑看淵客盤中泣
선인의 손바닥 위에 떨어진 이슬[265] 들이키는 듯하네	似吸仙人掌上滋
이전 사당에 올릴 때는 오히려 알지 못했는데	先廟薦時猶未識
맛보니 되려 나그네 마음에 서러움 더하네	嘗來添却旅懷悲

263 원운(元韻) : 이경석의 이 시는 《백헌집(白軒集)》 권8에 〈5월 20일 앵두를 보자 감회가 일어. 가져와 대접하는 사람의 집이 강과 바다 사이에 있으므로 함련에서 언급한 것이다〔五月廿七日 始見櫻桃有感 來餉者家在江海間 故頷聯及之〕〉라는 제목으로 실려 있다.

264 연객(淵客) : 교인(鮫人)의 별칭으로 인어를 말한다. 진(晉)나라 좌사(左思)의 〈오도부(吳都賦)〉에 "물속에 들어가 남몰래 비단을 짜서 말아 올리니, 연객이 슬퍼하여 구슬 눈물을 흘리네〔泉室潛織而卷綃, 淵客慷慨而泣珠.〕."라는 구절이 있는데, 당나라의 이한(李瀚)은 《몽구(蒙求)》 〈연객읍주(淵客泣珠)〉에서 "연객은 교인이다〔淵客蓋鮫人也.〕."라고 하였다. 《文選註 卷5, 吳都賦》, 《蒙求集註 卷上》

265 선인의……이슬 : 원문의 선인장상자(仙人掌上滋)는 한(漢)나라 무제(武帝)가 감로(甘露)를 받기 위해 세웠다는 승로반(承露盤)을 말한다. 《삼국연의(三國演義)》에 장안궁 안에 백량대를 세우고 그 위에 신선 동상을 세우고, 그 손바닥을 승로반이라고 하였다. 새벽에 신선의 손바닥에 맺힌 이슬을 마셨는데 이를 천장 또는 감로라고 하였다는 말이 있다〔嘗於長安宮中, 建柏梁臺, 臺上立一銅人, 手捧一盤, 名曰 承露盤, 接三更北斗所降沆瀣之水, 其名曰, 天漿, 又曰, 甘露.〕. 《三國演義 第105回》 각주 77번 참조.

6월 초하룻날 상공의 시에 차운하다

六月初一日 次相公韻

일이 없는 중에 늘 상공과 물러나 살기로 약속하였으니 오래전부터 상공의 임지의 흥[266]을 알고 있었기 때문이다. 그러므로 세 번째와 네 번째 구에서 이렇게 말한 것이다.

無聊中 每與相公約退休 久識相公臨池之興 故第三第四及之

삼강의 지척에 있는 백룡퇴[267]는	三江只尺白龍堆
땅 멀어 나그네 시간 재촉해 가슴 아프게 하네	地遠偏傷客日催
녹야[268]는 이전부터 쫓겨난 상국과 기약했고	綠野遙期衰相國
난정[269]은 일찍이 치방회[270]와 함께했지	蘭亭曾共郗方回

266 임지의 흥 : 원문의 임지(臨池)는 '임지학서, 지수진흑(臨池學書, 池水盡黑)'에서 나온 말로 서법을 배우거나 서법을 만드는 것을 말한다. 여기에서 임지의 흥〔臨池之興〕은 벼슬에서 물러나 시를 쓰면서 한적하게 지내는 흥을 말한다. 《사체서세(四體書勢)》에서 한(漢)나라의 서예가 장지(張芝)는 눈에 보이는 집안의 모든 천에 글씨 연습을 하였는데 이 천들을 연못에서 세탁하자 연못의 물이 모두 검게 되었다는 말이 있다〔弘農張伯英者, 因而轉精甚巧. 凡家之衣帛, 必書而後練之. 臨池學書, 池水盡黑. 下筆必爲楷則, 號匆匆不暇草書. 寸紙不見遺, 至今世尤寶其書, 韋仲將謂之草聖.〕. 《四體書勢》

267 백룡퇴(白龍堆) : 서역(西域)의 사구(沙丘) 이름으로 유사(流沙)가 끝나는 곳인데, 여기에서는 북쪽 변방을 말한다.

268 녹야(綠野) : 당(唐)나라 헌종(憲宗) 때 재상 배도(裴度)가 지은 별장인 녹야당(綠野堂)으로 여기에서는 은퇴한 재상의 거처를 말한다. 《신당서(新唐書)》〈배도전(裴度傳)〉에 배도가 오교에 별장을 지어 녹야당(綠野堂)이라 부르고, 백거이(白居易)·유우석(劉禹錫) 등과 시주(詩酒)를 즐기며 세상일을 묻지 않았다는 말이 있다〔午橋作別墅, 具燠館涼臺, 號綠野堂, 激波其下. 度野服蕭散, 與白居易·劉禹錫爲文章·把酒, 窮晝夜相歡, 不問人間事.〕. 《新唐書 卷173, 裴度傳》

울타리가 고운 풀은 근심을 부르고 喚愁芳草籬邊色

바닷가 누대의 긴 바람은 달을 보내는데 送月長風海上臺

성 아래 동남쪽 향하는 큰길 있지만 城下東南通大道

하교에서 오는 편지 한 통도 얻기 어렵구나 河橋難得一書來

269 난정(蘭亭) : 중국 회계(會稽)의 산음(山陰)에 있던 정자로《난정고(蘭亭考)》〈난정수계서(蘭亭修禊序)〉에 왕희지(王羲之)가 영화(永和) 9년 계축년(癸丑年) 3월 초에 인재들을 모아 계제사(禊祭祀)를 행한 뒤 술을 마시고 시를 지으며 놀던 곳이라는 말이 있다〔永和九年, 歲在癸丑, 暮春之初, 會於會稽山陰之蘭亭, 修禊事也. 群賢畢至, 少長咸集.〕.《蘭亭考 卷1, 蘭亭修禊序》

270 치방회(郗方回) : 치음(郗愔, 313~384)으로 자는 방회, 시호는 문목(文穆)이다. 왕희지의 의제(義弟)이자 처남으로, 아버지 치감(郗鑒, 269~339)의 뒤를 이어 임해태수(臨海太守)가 되었다. 만년에 회계(會稽)에 은거했으며, 서예에 뛰어났는데 특히 초서가 훌륭했다는 말이 있다〔郗愔薨, 愔字方回, 高平金鄉人, 太尉鑒之長子. 善草隸書. 常與姊夫王羲之, 高士許玄度等棲心絶穀, 十許年方起, 至司空.〕.《建康實錄 卷9》

원운[271]

元韻

살구 이제 누래지고 보리 물결 쌓이는데	杏子初黃麥浪堆
귀밑머리 가 되려 눈서리 재촉함을 깨닫네	鬢邊還覺雪霜催
새벽꿈처럼 구름은 아련히 젖어들고	雲如曉夢依依濕
근심 어린 장처럼 강은 굽이굽이 휘돌지만	江似愁腸曲曲回
관새에서 봄 지나 나그네 되었어도	關塞經春仍作客
바다 산 해가 져서 누대에 오르지 못하네	海山斜日莫登臺
고향 정원 아득해 소식조차 없고	鄕園迢遞音書靜
오히려 쌍쌍이 와서 깃드는 새만 보는구나	猶見棲禽兩兩來

271 원운(元韻) : 이경석의 이 시는 《백헌집(白軒集)》 권8에 〈회포를 쓰다〔書懷〕〉라는 제목으로 실려 있다.

상공의 시에 차운하다
次相公韻

생각지도 않게 유배된 산[272] 한쪽이 열려	不謂囚山開一面
하늘의 해를 우러러보니 햇빛 쨍쨍 비쳐서	仰看天日照亭亭
구름 끌어 붓을 적셔 가슴을 씻고	盪胸雲惹染毫墨
바람은 소리내며 띠를 둘러 난간을 스치네	拂檻風鳴圍帶釘
편히 앉아서도 신선의 깃발[273] 오게 할 수 있으니	安坐可能來絳節
전생에 황정경[274] 잘못 읽었다고 한하지 마라	前身休恨誤黃庭
공과 견주니 삼십 리 지혜가 있는가 없는가[275]	較公三十有無智

272 유배된 산 : 원문의 수산(囚山)은 산이 사방으로 둘러쳐져 새장처럼 꼼짝 못하게 만든다는 뜻으로 여기에서는 고달픈 유배생활을 말한다. 당(唐)나라 유종원(柳宗元)이 영주(永州)에 유배 가서 쓴 〈수산부(囚山賦)〉에 "나는 무소도 아닌데 우리에 갇혔네, 나는 돼지도 아닌데 우리에 갇혔도다.……성군이 날마다 다스리니 현신이 날마다 나아가는데, 누가 나의 산에게 나를 드넓은 곳에 가두게 하는가〔匪兕吾爲柙兮, 匪豕吾爲牢.……聖日以理兮, 賢日以進, 誰使吾山之囚吾兮滔滔.〕."라는 구절이 있다.《柳河東集 卷2, 囚山賦》

273 신선의 깃발 : 원문의 강절(絳節)은 전설상의 상제 혹은 신선을 나타내는 의장을 말한다. 두보(杜甫)의 시 〈옥대관(玉臺觀)〉에 "하늘 한가운데 푸른 산에 옥대 아득하고, 상제의 높은 거처에 신선들이 조회하네〔中天積翠玉臺遙, 上帝高居絳節朝.〕."라는 구절이 있다.《杜詩詳註 卷13, 玉臺觀》

274 황정경〔黃庭〕 : 원문의 황정(黃庭)은 도교의 경서인 《황정경(黃庭經)》을 말한다. 《황정경》은 양생과 수련의 원리를 담고 있어 《도덕경(道德經)》, 《주역참동계(周易參同契)》와 더불어 선도(仙道) 수련(修練)의 주요 경전이다.

275 삼십……없는가 : 원문의 삼십유무지(三十有無知)는 '유지무지교삼십리(有智無智校三十里)'에서 나온 말로 뒤늦게 깨닫는 것을 말한다. 《세설신어(世說新語)》 〈첩오(捷

널리 보고 또 즐거이 따르겠네[276]　　闊視且從雙眼青

悟)〉에 후한 말 조조(曹操)와 양수(楊修)가 길을 가다가 채옹(蔡邕)이 비문에 쓴 '황견유부외손제구(黃絹幼婦外孫齏臼)'라는 여덟 글자를 보고 양수는 그 자리에서 그 뜻을 알았지만 조조는 30리를 걸어간 후에야 비로소 뜻을 깨닫고는 알고 모르는 것이 30리 차이가 난다고 탄식했다는 말이 있다〔魏武嘗過曹娥碑下, 楊脩從, 碑背上見題作黃絹幼婦, 外孫齏臼八字. 魏武謂脩曰, 解不. 答曰解. 魏武曰, 卿未可言, 待我思之. 行三十里, 魏武乃曰, 吾已得. 令脩別記所知. 脩曰黃絹, 色絲也. 於字爲絶. 幼婦, 少女也, 於字爲妙. 外孫, 女子也, 於字爲好. 齏臼受辛也, 於字爲辭. 所謂絶妙好辭也. 魏武亦記之, 與脩同, 乃嘆曰我才不及卿, 乃覺三十里.〕.《世說新語 卷中之下, 捷悟》

276 즐거이 따르겠네 : 원문의 안청(眼青)은 청안(青眼)으로 반갑게 맞이하는 것을 말한다.《진서(晉書)》〈완적전(阮籍傳)〉에 "완적(阮籍)이 상을 당하자 혜희(嵇喜)가 예를 갖추어 조문을 왔는데 완적은 오히려 눈을 흘겼다. 그런데 혜강(嵇康)이 술과 거문고를 들고 찾아오자 기뻐하며 반가운 눈으로 맞이했다는 말이 있다〔及嵇喜來弔, 籍作白眼, 喜不懌而退. 喜弟康聞之, 乃齎酒挾琴造焉, 籍大悅, 乃見青眼.〕.《晉書 卷49, 阮籍傳》

원운[277]

元韻

울타리 여니 곧 천지가 크다는 것을 깨닫고	開籬陡覺乾坤大
가려 어둑했던 것 곧 빼어난 정자가 되어	豐蔀翻成絶勝亭
이 또한 천하의 선비 머무를 수 있게 하니	此亦可稽天下士
갑자기 눈 속의 가시[278]를 빼낸 것 같네	忽然如拔眼中釘
산 모습 들 기운은 온갖 경치를 바치고	山容野氣呈千景
바다 빛깔 호수의 물결이 뜰 안에 가득하네	海色湖波滿一庭
신선 세계 멀지 않았음을 이제 알겠으니	須識仙區非在遠
배개가 구름 희고 하늘 반쯤 푸르구나	枕邊雲白半空靑

277 원운(元韻) : 이경석의 이 시는 《백헌집(白軒集)》 권8에 〈울타리를 열고〔開籬〕〉라는 제목으로 실려 있다.

278 눈 속의 가시 : 원문의 안중정(眼中釘)은 눈에 박힌 못으로 눈에 몹시 거슬리는 것을 비유한 말이다. 《오대사보(五代史補)》에 오대(五代) 시대 조재례(趙在禮)라는 탐관오리의 탐학으로 백성들이 매우 힘들어했는데 그가 관직을 그만두고 떠나자 송주(宋州) 사람들이 '모두 눈에 바힌 못이 빠졌으니 어찌 즐겁지 아니한가' 하며 기뻐하였다는 말이 있다〔趙在禮之在宋州也, 所爲不法百姓苦之, 一旦下制而鎭, 永興百姓忻然相可曰此人苦去可謂眼中拔釘子, 賀快哉.〕. 《五代史補 卷3》

울타리를 열고 잠시 얼굴을 내밀며

開籬半面

깊은 그늘 잠깐 열어 긴 바람 끌어오니	暫開深樾引長風
그제야 높은 정자가 푸른 하늘 가까움을 알겠네	始覺高亭近碧空
먼 굴은 나는 새 너머로 곧장 마주하고	遠岫平臨飛鳥外
너른 바다는 노룡궁을 굽어보니	滄溟俯唾老龍宮
염관[279]이 더위[280]로 멋대로 녹여대도	炎官火傘從他鑠
성가퀴 맑은 그늘 그대와 똑같네	粉堞淸陰與爾同
가을 오길 기다리지 않아도 폐의 기운 살아나니	不待秋來蘇肺氣
취향[281] 찾아가도 되려 공이 없겠구나	醉鄕還欲訪無功

279 염관(炎官) : 불의 신을 말한다. 당(唐)나라 오균(吳筠)의 시 〈유선시(游仙詩)〉에 "적제는 화룡을 타고, 염관은 붉은 새를 타네〔赤帝躍火龍, 炎官控朱鳥.〕."라는 구절이 있다. 《宗玄集 卷中, 游仙詩》

280 더위〔火傘〕 : 원문의 화산(火傘)은 작렬하는 뜨거운 태양으로 더위를 말한다. 당(唐)나라 한유(韓愈)의 시 〈유청용사증최대보궐(遊青龍寺贈崔大補闕)〉에 "화려한 빛이 벽에 번쩍이니 귀신을 보는 듯하고, 밝디 밝은 불의 신이 더위를 펴네〔光華閃壁見神鬼, 赫赫炎官張火傘.〕."라는 구절이 있다. 《昌黎先生集 卷4, 遊青龍寺贈崔大補闕》

281 취향(醉鄕) : 취중(醉中)의 경지를 이상향에 비유한 말이다. 당(唐)나라 왕적(王績)의 《고금사문유취(古今事文類聚)》〈취향기(醉鄕記)〉에 "취향은 중국과 거리가 몇 천 리되나 되는지 알 수 없이 멀지만, 땅은 광대하나 구릉이 없으며 기후는 화평하여 어둡고 밝고 추위와 더위가 없다〔醉之鄕, 去中國不知其幾千里也. 其土曠然無涯, 無丘陵阪險, 其氣和平一揆, 無晦明寒暑.〕."라고 한 데서 온 말이다. 《古今事文類聚 續集 卷15, 醉鄕記》

구룡연[282]

九龍淵

삼강[283]이 쏟아지는 이곳이 못이 되니	三江屈注此爲淵
신룡의 굴이 여기라는 것을 알겠네	須識神龍窟宅專
내뿜는 기에 그제야 하늘이 움직이는 곳을 보겠고	噓氣方看天用處
토해내는 구슬은 그 누가 밤에 읊조리는가	吐珠誰的夜吟邊
나라의 제례는 오히려 강과 산에서 이루어지지만	邦家祭秩猶河嶽
마을 아전은 제사 지낼 길일을 정성 다해 고르네[284]	州吏豆籩盡吉蠲
지난 밤 만약 쏟아지던 뇌우가 없었다면	前夜若無雷雨沛
성궁[285]에선 분명히 꿈틀거리던 용[286]을 벌했겠지	星宮應有罰蜿蜒

282 구룡연(九龍淵) : 의주에 있는 연못으로 의주에서 북으로 8리 떨어져 있다. 못의 남쪽에 토성(土城) 터가 있는데, 둘레가 6백 척이다〔九龍淵, 在州北八里淵, 南有土城基周六百尺.〕. 《新增東國輿地勝覽 卷53, 義州牧》

283 삼강(三江) : 압록강(鴨綠江)을 말한다. 압록강이 의주(義州)의 북쪽에서 세 갈래로 나뉘어 흐르기 때문에 삼강이라고 하였다〔鴨綠江, 在州西北, 一云馬訾・一云青河・一云龍彎, 西距遼東都司五百六十里, 其源出胡地白頭山, 南流數百里, 經咸鏡道甲山三水, 過本閭延・茂昌・虞芮・慈城, 至江界・渭源地境, 與禿魯江合, 至理山郡山羊會, 與蒲洲江合, 至阿耳堡, 與童巾江合, 經碧潼・昌城・小朔州, 至州北於赤島東分三派, 一南流匯爲九龍淵, 名曰鴨綠江.〕. 《新增東國輿地勝覽 卷53, 義州牧》 각주 3번 참조.

284 제사……고르네 : 원문의 길견(吉蠲)은 길일(吉日)을 택하여 정결하게 제계(齊戒)하여 제사지내는 것을 말한다. 《시경(詩經)》 〈천보(天保)〉에 "길일을 잡아 정결히 주식(酒食)을 장만해 이를 효성으로 제향하네〔吉蠲爲饎, 是用孝享.〕."라는 구절이 있다. 《詩經, 小雅 天保》

285 성궁(星宮) ; 하늘의 궁궐이나 높은 곳에 위치한 누대를 말하는데, 여기에서는 하늘의 궁전을 말한다. 당(唐)나라 무삼사(武三思)의 시 〈봉화춘일유용문응제(奉和春日游

백헌 상공이 차운하다
軒相次

상류의 깊은 곳 이곳이 용연이니 上游深處是龍淵
가물면 곧 제사 지내 제사를 전담하네 旱輒虔祈祀事專
구름 기운 강 마을 안에서 처음 나왔으나 雲氣初從江國裏
빗소리는 나그네 창가에 먼저 이르렀으니 雨聲先到客窓邊
마른 것 소생함은 신의의 의술에 힘입은 것 같고 蘇枯似被神醫活
더위 씻은 것 가혹한 법을 없애는 은혜 입은 것 같네 洒熱似蒙酷法蠲
신령한 자취는 다시 사백이 드러낸 것을 따르니 靈蹟更因詞伯著
새로 지은 좋은 시로 꿈틀대는 용을 읊네 新篇玉律詠蜿蜒

龍門應制)〉에 "성궁은 비 기운을 머금고, 월전은 봄빛을 품었네〔星宮含雨氣, 月殿抱春輝.〕."라는 구절이 있다. 《御定全唐詩 卷80, 奉和春日游龍門應制》

286 꿈틀거리던 용 : 원문의 완연(蜿蜒)은 용이나 뱀이 꿈틀거리는 모양을 말하는데 여기에서는 꿈틀거리는 용을 말한다. 당(唐)나라 맹교(孟郊)의 시 〈초어락중선(初於洛中選)〉에 "푸른 물은 용과 뱀처럼 달리니, 꿈틀거리며 정원을 둘러가네〔碧水走龍蛇, 蜿蜒繞庭除.〕."라는 구절이 있다. 《御定全唐詩 卷374》

병중에 읊다

病中吟

늙은 나이라 막히고 열리는 조화가 가장 어려워 衰年開鬲最難調
비장과 폐조차도 내쉬고 들이키는 것 제멋대로인데 脾肺僑藏亦自驕
양이 채소밭 밟아서 밤 꿈이 괴롭고[287] 羊蹴菜田煩夜夢
술이 단액[288]을 방해하여 영묘[289]가 줄어드네 酒妨丹液縮靈苗
원래 육착[290]이 없으면 마음[291]으로 듣겠지만 元無六鑿天君聽

287 양이……괴롭고 : 원문의 양축채전(羊蹴菜田)은 양이 채소밭을 밟았다는 말로 채소만 먹던 사람이 우연히 고기를 먹는 것을 비유한 말이다. 여기에서는 용주가 몸이 아파 밤새 잠을 자지 못한 것을 말한다. 《감주집(紺珠集)》〈양답채원(羊踏菜園)〉에 "어떤 이가 채소만 먹고 살다가 우연히 양고기를 실컷 먹게 되었는데, 그날 밤 꿈에 오장(五臟)의 신(神)이 나타나서 '양이 찾아와서 채소밭을 짓밟았다'라고 하였다〔有人嘗食蔬茹, 忽食羊肉, 夢五髒神曰羊踏破菜園.〕."라고 한 데서 온 말이다. 《紺珠集 卷13, 羊踏菜園》

288 단액(丹液) : 먹으면 죽지도 늙지도 않는다는 선계의 약을 말한다. 왕유(王維)의 시 〈과태을관가생방(過太乙觀賈生房)〉에 "단액을 취하는 것 늘 두려워했는데, 내가 먼저 자양의 손님이 되었네〔常恐丹液就, 先我紫陽賓.〕."라는 구절이 있다. 《王右丞集箋注 卷15, 過太乙觀賈生房》

289 영묘(靈苗) : 사람의 마음속에 있는 신령한 기운의 싹을 말한다. 진(晉)나라 왕가(王嘉)의 《습유기(拾遺記)》에 "신지는 기이한 빛깔을 드러내고, 영묘는 좋은 이삭을 뽐내네〔神芝發其異色, 靈苗擢其嘉穎.〕."라는 말이 있다. 《拾遺記 卷1》

290 육착(六鑿) : 사람의 마음을 미혹하게 하는 여섯 가지 근원인 안(眼)·이(耳)·비(鼻)·설(舌)·신(身)·의(意)를 말한다. 육근(六根)이라도 하는데 이것에 구멍이 파여져서 순박한 것이 해롭게 된다는 뜻이다. 《장자(莊子)》〈외물(外物)〉에 "마음이 자연의 큰 도 안에서 노닐지 못하면 육착이 서로 해친다〔心無天遊, 則六鑿相攘.〕."라는 말이 있다. 《莊子, 外物》

어찌 삼초가 도적에게 흔들리는 것[292] 면하겠나	那免三焦寇盜搖
열흘을 베개 베고 누웠느라 고기 맛을 잊었는데[293]	伏枕彌旬忘肉味
주변 사람들은 소소를 들었다[294]고 잘못 말하네	傍人錯道聞簫韶

291 마음〔天君〕: 원문의 천군(天君)은 본래의 마음을 말한다. 《순자(荀子)》〈천륜(天論)〉에 "마음이 한가운데 빈자리에 있으면서 다섯 가지 감각 기관을 다스리기 때문에 마음을 천군이라고 하는 것이다〔心居中虛以治五官, 夫是之謂天君.〕."라는 말이 있다. 《荀子, 天論》

292 삼초가……것 : 원문의 삼초(三焦)는 오장육부의 하나로 상초(上焦)·중초(中焦)·하초(下焦)를 총칭하는 말이다. 《난경본의(難經本義)》에 삼초는 수곡의 도로이고 기의 시작과 끝이다. 심장 아래 부위를 상초, 위(胃) 부근을 중초, 방광(膀胱) 윗 부위를 하초라고 한다는 말이 있다〔三焦者, 水穀之道路, 氣之所終始也. 上焦在心下下鬲, 在胃上口也. 中焦在胃中脘. 不上不下也. 下焦在臍下, 當膀胱上口也.〕. 《難經本義 卷下》

293 고기 맛을 잊었는데 : 원문의 망육미(忘肉味)는 고기 맛을 잊었다는 것으로, 《논어(論語)》〈술이(述而)〉에 "부자께서 제(齊)나라에 계실 때에 소소(簫韶)를 들으시고 석 달 동안 고기 맛을 모르셨다〔子在齊問韶, 三月不知肉味.〕."라고 한 데서 온 말이다. 《論語, 述而》

294 소소를 들었다 : 원문의 문소소(聞簫韶)는 순임금의 음악을 듣는 것을 말한다. 소(韶)는 순임금이 만든 음악인데, 대나무 퉁소를 사용하였기 때문에 소소(簫韶)라고 한다. 《논어(論語)》〈술이(述而)〉에 "부자께서 제(齊)나라에 계실 때에 소소(簫韶)를 들으시고 석 달 동안 고기 맛을 모르셨다〔子在齊問韶, 三月不知肉味.〕."라는 말이 있다. 《論語, 述而》

백헌 상공이 차운하다

軒相次

6월 변방성 바람 조화 잘못되었다가	邊城六月失風調
비 한 번으로 기승을 부리는 모진 가뭄 제거했으니	一雨能除旱魃驕
살려는 뜻은 주돈이의 풀에서 잘 보이고[295]	生意好觀周子草
기르는 마음은 송나라 사람의 싹[296]을 경계해야 하지	養心宜戒宋人苗
마을 개 짖는 소리 잦아드니 사립문이 고요하고	村厖減吠柴門靜
고기 그물에 물고기 걸리니 옥척이 흔들리네	漁網抽腥玉尺搖
시율이 그대 사랑하여 좋은 구절 많으니	詩律愛君多秀句
지난번 긴 피리 소리는 순임금 음악 들은 것이겠지	向來長笛當聞韶

- 잇달아 개고기를 먹는 일[297]이 있었기 때문에 세 번째 연에서 이렇게 말한 것이다. 連有家獐之役, 故第三句及之.

295 살려는……보이고 : 원문의 주자(周子)는 송(宋)나라 유학자 주염계(周濂溪)를 말한다. 《주자어류(朱子語類)》에 "어떤 사람이 주염계에게 창 앞의 풀을 뽑지 않는 이유를 묻자, 곧 '저 풀이 살고 싶어하는 마음은 나와 똑같다'라고 하였다〔問周子窗前草不除去, 卽是謂生意與自家一般.〕."라고 한 말이 있다. 《朱子語類 卷96》

296 송나라 사람의 싹 : 원문의 송인묘(宋人苗)는 급하게 일을 이루려다 실패하는 것을 말한다. 《맹자(孟子)》〈공손추(公孫丑) 상(上)〉에 "송(宋)나라 사람이 심어놓은 곡식이 자라지 않을까 걱정하여 싹을 조금씩 뽑아 놓고 집에 돌아와서 '오늘 내가 피곤하다. 내가 싹의 자람을 도왔노라'라고 하자 그 아들이 달려가서 보니 곡식의 싹이 말라 있었다〔宋人有閔其苗之不長而揠之者, 芒芒然歸, 謂其人曰今日病矣, 予助苗長矣. 其子趨而往視之, 苗則槁矣.〕."라고 한 데서 온 말이다. 《孟子, 公孫丑 上》

297 개고기를 먹는 일 : 원문의 가장(家獐)은 여름에 개고기를 삶거나 구워 먹는 것을 말한다. 《효종실록(孝宗實錄)》에 "나라의 풍속에 여름에 개고기를 삶고 구워서 먹는 것을 가장이라고 한다〔國俗於夏月, 烹炙犬肉而啖之, 謂之家獐.〕."라는 말이 있다. 《孝宗實錄 卷1》

백마산성에서 읊다

詠白馬山城

기자는 주나라 조회갈 때 흰 말을 탔으니	箕子朝周乘白馬
이 성은 은나라 때부터 불렸던 것이 아니겠나	此城無乃號殷時
유풍과 선정으로 삼한을 교화시키고	遺風善政三韓化
홍범과 이륜을 만대에 드리웠네	洪範彝倫萬代垂
황천은 안목 있어 유배지에서도 너그럽고	有眼皇天寬罪地
관문의 달은 정이 많아 시름겨운 미간을 펴게 하네	多情關月展愁眉
책을 펼치고 문득 미친 척 했던 일[298] 떠올려보니	陳篇忽憶佯狂事
높은 절개 그 뒤에는 백이가 굶주렸지	高節從他餓伯夷

298 미친……일 : 원문의 양광사(佯狂事)는 기자(箕子)가 머리를 풀고 거짓으로 미친 척 했던 일을 말한다. 《사기(史記)》〈송미자세가(宋微子世家)〉에 기자는 은(殷)나라 주왕(紂王)의 삼촌으로 주왕이 폭정을 일삼자 이를 말리며 간쟁하였으나 들어주지 않자 거짓으로 미치광이 행세를 하고 옥에 갇혔다는 말이 있다〔紂爲淫泆, 箕子諫, 不聽. 人或曰可以去矣. 箕子曰爲人臣諫不聽而去, 是彰君之惡而自說於民, 吾不忍爲也. 乃被髮詳狂而爲奴. 遂隱而鼓琴以自悲, 故傳之曰箕子操.〕. 《史記 卷38, 宋微子世家》

백헌 상공이 차운하다[299]

軒相次

백제성으로 이사한 두공부 서러워했으니[300]	遷居白帝傷工部
우리들 지금 백마성에 머무는 그때이지	我輩今留白馬時
성가퀴[301]는 지나가는 비구름을 굽어보고	睥睨俯看雲雨過
창은 드리운 두우성을 아스라이 띠고 있으며	窓櫳逈帶斗牛垂
강은 구불구불[302] 막 그린 그림 같고	江如巴字初[303]成畫

299 백헌 상공이 차운하다 : 이경석의 이 시는 《백헌집(白軒集)》 권8에 〈용주의 '백마성에서 읊다'에 차운하다〔次龍洲詠白馬城韻〕〉라는 제목으로 실려 있다.

300 백제성으로……서러워했으니 : 원문의 백제(白帝)는 중국 사천성 기주(夔州) 동쪽 백제산에 위치한 산성으로, 한(漢)나라 말 공손술(公孫述)이 자신을 백제라 칭하며 쌓은 성을 말한다. 두보(杜甫)는 안사(安史)의 난으로 피난을 다니다 중원에서 멀리 떨어진 기주(夔州)에서 2년 간 머문 적이 있는데 이때 백제성의 누각을 소재로 여러 수의 시를 지었다. 두보(杜甫)의 시 〈백제(白帝)〉에 "백제성 안으로 구름 피어오르더니, 백제성 아래로 비가 쏟아붓듯 내리네〔白帝城中雲出門, 白帝城下雨翻盆.〕."라는 구절이 있다. 《杜詩詳註 卷15, 白帝》

301 성가퀴〔睥睨〕 : 원문의 비예(睥睨)는 성곽 위에 있는 작은 담장인 성가퀴를 말한다. 《천중기(天中記)》에 "성 위의 담을 비예라고 하니, 구멍으로 비상한 상황을 살펴보는 것이다〔城上垣謂之睥睨, 於孔中睥睨非常也.〕."라는 말이 있다. 《天中記 卷13》

302 구불구불〔巴字〕 : 원문의 파자(巴字)는 파강(巴江) 혹은 파협(巴峽)을 말하는데, '파(巴)' 자(字)처럼 곡절(曲折)이 있는 것을 비유한 것으로 강물이나 계곡의 모양이 몹시 구불구불한 모양을 말한다. 왕유(王維)의 시 〈송최오태수(送崔五太守)〉에 "안개 속 먼 숲에 도주 드러나고, 하늘가 맑은 강은 굽이굽이 돌아흐르네〔霧中遠樹刀州出, 天際澄江巴字回.〕."라는 구절이 있다. 《王右丞集箋註 卷6, 送崔五太守》

303 초(初) : 이경석의 문집 《백헌집(白軒集)》 권8의 〈용주의 '백마성에서 읊다'에 차운하다〔次龍洲詠白馬城韻〕〉에는 신(新)으로 되어있다.

산은 아름다운 여인이 곱게 그린 눈썹 같네　　山似佳人淡掃眉
주나라 조회 가던 남은 옛 길 눈에 드니　　指點朝周餘古路
어질고 현명해도 일찍이 명이[304]의 때에 곤궁했지　　仁賢曾亦困明夷

304 명이(明夷) : 《주역(周易)》 64괘 중 36번째 괘인 명이괘(明夷卦)를 말한다. 명이괘는 밝은 빛이 상처를 입어 어둠이 지배하는 시기에 군자가 처신해야 할 방도에 대한 괘로 어리석은 임금이 위에 있어 어진 사람이 고난을 받고 뜻을 얻지 못하는 것을 말한다. 《주역(周易)》에 "명이는 리(利)와 정(貞)이 어려움을 겪는 것이다〔明夷, 利艱貞.〕."라고 하였는데, 정현(鄭玄)의 《증보정씨주역(增補鄭氏周易)》에 "명이는 리와 정이 어려움을 겪는 것이다. 리는 상처를 입는 것이다. 해는 땅 위에 떠서 밝게 빛나는데 사람과 땅에 미쳐서 밝음이 상처를 입는 것을 명이라고 한다. 태양의 밝음이 상처를 입는 것은 성인군자가 밝은 덕이 있는데 어지러운 세상을 만나 아랫사람들이 억눌려있다면 마땅히 스스로 중요하지 않은 일을 멀리하여 소인들의 해를 피해야 한다〔明夷, 利艱貞. 夷, 傷也. 日出地上, 其明乃光. 至其入地, 明則傷矣, 故謂之明夷. 日之明傷, 猶聖人君子有明德, 而遭亂世, 抑在下位, 則宜自艱无幹事政, 以避小人之害.〕."라는 말이 있다. 《增補鄭氏周易 卷中》

서울로 돌아가는 아이를 전송하고 느꺼워 읊은 것을 기록하여 상공에게 드리고 화답을 구하다

送兒還京 感吟錄呈相公求和

올 때 기뻐했다가 끝내 이별하니　始喜來從終有別
이곳에서 이 생이 그 마음 어떠한가　此生於此若爲情
뜬구름처럼 모였다 흩어지는 게 인간사이고　浮雲聚散人間事
하늘이 준 마음이니 본성이 분명한데　天屬心肝性分明
송아지 핥는 늙은 소[305]는 무성한 풀밭에 누워있고　舐犢老牛豊草臥
반포하는 새의 지극한 즐거움[306] 저문 숲에 울리네　哺鳥至樂暮林聲

305 송아지……소 : 원문의 지독노우(舐犢老牛)는 송아지를 핥아 주는 늙은 소로, 자식을 끔찍이 사랑하는 어버이를 말한다. 《후한서(後漢書)》〈양진열전(楊震列傳)〉에 양표(楊彪)의 아들 양수(楊修)가 조조(曹操)에게 죽음을 당하였는데, 그 뒤에 조조가 양표를 만나 '왜 그토록 야위었느냐'고 묻자, 양표는 '부끄럽게도 김일제와 같은 선견지명을 갖지는 못하였지만 그래도 늙은 소가 송아지를 핥아 주는 애정만 아직도 품고 있어서 그렇습니다'라고 대답하였고, 이에 조조의 안색이 바뀌었다는 말이 있다〔操不得已遂理出彪, 四年, 復拜太常, 十年免. 十一年, 諸以恩澤爲侯者皆奪封. 彪見漢祚將終, 遂稱脚攣, 不復行, 積十年. 後子修爲曹操所殺, 操見彪問曰, 公何瘦之甚, 對曰愧無日磾先見之明, 猶懷老牛舐犢之愛, 操爲之改容.〕. 《後漢書 卷54, 楊震列傳 楊彪》

306 반포하는……즐거움 : 원문의 포조(哺鳥)는 까마귀를 말한다. 까마귀는 다 자란 뒤 어미 새에게 먹이를 물어다 주어서 자오(慈烏)・반포조(反哺鳥)라고도 하는데 여기에서 '반포지효(反哺之孝)'・'오조사정(烏鳥私情)'이라는 말이 나왔다. 《진서(晉書)》〈이밀(李密)〉에 진(晉)나라 무제(武帝) 때 이밀(李密)이 올린 〈진정표(陳情表)〉에 '신 밀은 올해 44세이고, 조모 유씨는 96세이니, 신이 폐하께 절의를 다할 날은 길고, 유씨를 봉양할 날은 짧습니다. 까마귀가 먹이를 물어다 늙은 어미에게 먹여 은혜를 갚듯이, 조모가 돌아가시는 날까지 봉양할 수 있도록 해 주시길 바라옵니다'라고 한

상공의 오늘 마음이 내 전날의 마음 같으리니　相公今日吾前日
경물 구경하며 시 읊어도 그 마음 가라앉지 않네　覽物吟詩亦不平

백헌 상공이 차운하다
軒相次

인간 세상 이별의 괴로움이 가장 크지만　最是人間離別苦
어찌 하늘 끝에서 아이를 보내는 정 같겠는가　天涯何況送兒情
진나라 땅의 역졸은 늘 적고　秦中驛使常稀少
변새의 바람 구름은 어둑하다가 밝아지는데　塞上風雲半晦明
마음 풀려 해도 촉 땅의 술 힘[307]에 기대기 어려우니　寬憶難憑蜀酒力
애간장 끊어짐이 어찌 초 땅 원숭이 울음[308] 기다리나　斷腸寧待楚猿聲

말이 있다〔臣密今年四十有四, 祖母劉今九十有六, 是臣盡節於陛下之日長, 報劉之短也. 烏鳥私情, 願乞終養.〕. 《晉書 卷88, 孝友 李密》

307 촉 땅의……힘 : 원문의 촉주(蜀酒)는 촉나라 땅에서 나는 술인 춘주(春酒)·검남주(劍南酒)·성도주(成都酒) 등을 말하는데, 여기에서는 술로 근심을 잊는 것을 말한다. 두보(杜甫)의 시 〈초당즉사(草堂卽事)〉에 "촉 땅의 술 시름을 이기는데, 돈이 없으니 어느 곳에서 사겠는가〔蜀酒禁愁得, 無錢何處賖.〕."라는 구절이 있다. 《杜詩詳註 卷22, 草堂卽事》

308 애간장……울음 : 원문의 단장(斷腸)은 자식을 잃은 슬픔이 창자가 끊어질 만큼 크다는 것으로 자식을 사랑하는 부모의 마음을 말한다. 《세설신어(世說新語)》 〈출면(黜免)〉에 진(晉)나라 환온(桓溫)이 촉 땅에 들어 삼협(三峽)에 이르렀을 때, 어떤 군사가 원숭이 새끼 한 마리를 잡았다. 그 어미가 슬피 울며 백여 리를 따라오다가 배 위로 뛰어 올라 죽었다. 배를 갈라 보니 창자가 마디마디 끊겨 있었다는 말이 나온다〔桓公入蜀, 至三峽中, 部伍中有得猨子者. 其母緣岸哀號, 行百餘里不去, 遂跳上船, 至便卽絶. 破

오늘 아침 다시 그대의 지난날을 떠올려보니	今朝更識君前日
그 마음 아득해서 한이 가라앉지 않는구나	心緖茫茫恨不平

視其腹中, 腸皆寸寸斷.〕.《世說新語 卷下之下, 黜免》

무더위를 괴로워하는 시를 지어 상공에게 드려 화답을 구하다
苦熱 呈相公有和

그 누가 서북쪽을 얼어붙은 고장이라 했나	誰言西北沍陰鄉
이 땅의 무더위 온 세상과 다른데	此地炎蒸異四方
찌는 구름 많기도 많아 발해를 태우는 듯하고	多族火雲焦渤海
혹독한 가뭄 하늘 가득하여 곤륜산[309] 같아	彌天赤魃凡崑岡
들에는 푸른 풀 없으니 한 해 농사 어찌 될 것인가	野無靑草年何有
사람은 진액 말라 몸이 좋지 않으니	人困黃膏體不良
번뜩 떠오르네 요동 길 사신 가면 얼음물 마시며[310]	忽憶飮氷遼路使
자욱한 풍진 속에 아득히 계문[311]을 나섰겠지	風埃蓬勃薊門長

309 곤륜산〔崑岡〕 : 원문의 곤강(崑岡)은 중국의 곤륜산(崑崙山)을 말한다. 《서경(書經)》 〈윤정(胤征)〉에 "불이 곤강을 태우면 옥과 돌이 모두 탄다〔火炎崑岡, 玉石俱焚.〕."라는 말이 있다. 《書經, 胤征》

310 얼음물 마시며 : 원문의 음빙(飮氷)은 몸에 열이 나서 얼음물을 마신다는 뜻으로 사신의 임무 수행이 어려움을 말한다. 여기에서는 더위에 고생하며 얼음물을 마시고 싶어 하는 마음과 함께 자신의 친구가 사신이 아닌 유배객이라는 것을 안타까워하는 의미이다. 《장자(莊子)》 〈인간세(人間世)〉에 "섭공 자고(子高)가 제(齊)나라에 사신을 가면서 공자께 묻기를 '임금님께서 저를 사신으로 보내는 것은 매우 중요한 일이 있기 때문입니다. 그런데 제나라는 사신을 대할 때 겉으로는 공경하지만 서두르지 않을 것입니다.……지금 제가 아침에 명령을 받고 나서 저녁에 얼음물을 마셔대니, 저는 아무래도 몸속에 열이 있는 것 같습니다'라고 했다〔葉公子高將使於齊, 問於仲尼曰王使諸梁也甚重, 齊之待使者, 蓋將甚敬而不急……今吾朝受命而夕飮冰, 我其內熱與.〕."라는 말이 있다. 《莊子, 人間世》

311 계문(薊門) : 계구(薊丘)라고도 한다. 당(唐)나라 때 북방의 중요 기지였던 계성(薊城)을 가리키며 유주(幽州)의 치소(治所)였다. 현재 북경의 덕승문(德勝門) 바깥 지역

백헌 상공이 차운하다
軒相次

오령[312] 모두 무더워 지독한 고장이라고 하니	五嶺皆稱毒熱鄕
그 누가 서방이 남방과 같다는 것을 알겠나	西方誰識似南方
뇌공[313]이 직분에 소홀하여 은택 입기 어렵고	雷公曠職難霑澤
불 우산이 하늘에 있어 산도 다 녹이려 하니	火傘當空欲爍岡
가을 부들[314] 되기를 원하는 마음만 간절할 뿐이고	願作秋菰意徒切
하북을 따르고자 하는 계책[315]도 좋은 것이 못되네	擬追河朔策非良

이다. 당나라 고적(高適)의 시 〈계문행(薊門行)〉 5수 중 제1수에 "계문에서 만난 노인, 홀로 서서 한창 때 생각하네〔薊門逢古老, 獨立思氛氳.〕."라는 구절이 있다. 《御定全唐詩 卷24, 薊門行》

312 오령(五嶺) : 중국의 강서(江西)·호남(湖南)·광동(廣東)·광서(廣西) 등 네 성(省)의 접경에 위치한 다섯 개의 고개로 대유령(大庾嶺)·월성령(越城嶺)·기전령(騎田嶺)·맹저령(萌渚嶺)·도방령(都龐嶺)을 말한다. 당(唐)나라 이신(李紳)의 시 〈영교지황추저고요(嶺嶠止荒陬抵高要)〉에 "남표의 구리 기둥 황량함의 경계이고, 오령은 여기부터 험난함이 다했네〔南標銅柱限荒徼, 五嶺從玆窮險艱.〕."라는 구절이 있다. 《御定全唐詩 卷480, 嶺嶠止荒陬抵高要》

313 뇌공(雷公) : 천둥과 번개를 관장하는 도교의 신으로, 천둥소리를 만드는 북과 나무망치, 그리고 끌을 가지고 다니며 범죄를 저지른 인간과 악령을 벌하는 신을 말한다.

314 가을 부들 : 원문의 추고(秋菰)는 가을철의 부들을 말하는데, 여기에서는 날씨가 너무 더워서 가을철의 부들이 되고 싶을 정도라는 말이다. 두보(杜甫)의 시 〈열(熱)〉에 "차디찬 수정이 되고자 하고, 서늘한 가을 부들 되길 원하네〔乞爲寒水玉, 願作冷秋菰.〕."라는 구절이 있다. 《杜詩詳註 卷15, 熱》

315 하북을……계책 : 원문의 하삭(河朔)은 하북(河北)을 말하고, 하삭책(河朔策)은 여름철 더위를 피하기 위해 마련한 연회를 말한다. 여기에서는 더위를 잊으려 베푸는 주연이 피서에 큰 도움이 되지 않는다는 말이다. 《전론(典論)》〈주회(酒誨)〉에 후한

청량함은 몸과 마음에 달려있을 뿐이니	淸涼只在身心靜
책상 위 시서의 맛이 정녕 길구나	一榻詩書味正長

(後漢) 말 광록대부 유송(劉松)이 원소(袁紹)의 군대를 진압하러 갔다가 원소의 아들과 함께 하북(河北)에서 삼복(三伏) 더위를 피하기 위해 밤낮으로 주연을 베풀어 취하며 만사를 잊었다는 말이 나온다〔大駕都許, 使光祿大夫劉松北鎭袁紹軍, 與紹子弟日共宴飮. 松嘗以盛夏三伏之際, 晝夜酣飮極醉, 至于無知, 云以避一時之暑.〕. 《典論, 酒誨》

칠석
七夕

더위와 추위 바뀌는 것 이전 약속 있어서	炎涼相禪有前期
칠석 초가을 되어도 슬프지 않으며	七夕新秋我不悲
견우직녀가 하수 건넌다는 이야기 참 오래된 것인데	牛女渡河終古說
거미줄로 솜씨 점치는[316] 어리석은 이는 얼마나 되나	蛛絲乞巧幾人癡
오동잎 소리에 고향 되가는 꿈을 꾸고	故鄉歸夢梧桐葉
까치 깃든 가지에 밝은 달뜨니 나그네 시름 더하네	明月羈愁烏鵲枝
천시를 세어보며 믿음이 이루어진다고 여겼으니	默數天時如許信
인간 세상 어떤 일이 어긋나길 좋아하겠나	世間何事喜參差

316 거미줄로 솜씨 점치는 : 원문의 걸교(乞巧)는 교묘한 재주를 구한다는 말이다. 《형초세시기(荊楚歲時記)》에 중국 한대(漢代) 칠석날 부녀자들이 뜰에 과일을 차려 놓고 바느질 솜씨가 좋아지길 바라며 빌던 풍습에서 유래했다는 말이 있다〔是夕, 人家婦女結綵縷, 穿七孔針, 或以金銀鍮石爲針, 陳几筵酒脯瓜菓於庭中, 以乞巧, 有蟢子網於瓜上, 則以爲符應.〕. 《荊楚歲時記》

백헌 상공이 차운하다[317]

軒相次

푸른 하늘 이 날 참 좋은 때인데	青霄此日卽佳期
더디 왔다가 속히 가니 기쁘고 또 슬프네	去速來遲喜且悲
수놓는 소녀는 좋은 솜씨를 빌고	少女穿針乞得巧
뱃속 빈 노부면서도 쓸데없이 햇살 쬐며[318]	老夫空腹曬還癡
삼경 밤이슬에 견우성은 젖고	三更玉露黃姑渚
한바탕 가을바람이 푸른 가지에 부는데	一陣商飆碧樹枝
까막까치 예전에 없다가 지금 갑자기 나타나니	烏鵲昔無今忽有
삐쭉빼쭉한 돌다리처럼 오작교가 이루어지겠지	橋成想見石參差

317 백헌 상공이 차운하다 : 이경석의 이 시는 《백헌집(白軒集)》 권8에 〈용주의 '백마성에 온 이후로 까막까치를 보지 못했는데 칠석날 저녁에 처음으로 보다'에 화운하다〔和龍洲自來白馬 不見烏鵲 七日夕始見之〕〉라는 제목으로 실려 있다.

318 뱃속……쬐며 : 원문의 복쇄(腹曬)는 햇볕에 배를 쬐는 것을 말한다. 《세설신어(世說新語)》 〈배조(排調)〉에 진(晉)나라 때 학륭(郝隆)이 칠석에 이웃의 부자들이 비단 옷을 볕에 쬐는 것을 보자 햇볕에 배를 내놓고 누웠는데 누가 그 까닭을 묻자 '나는 내 뱃속에 들어 있는 서책들을 볕에 쬐고 있다'라고 한 말이 있다〔郝隆七月七日出日中仰臥, 人問其故, 答曰我曬復中書耳.〕. 《世說新語 卷下之下, 排調》

상공이 주신 시에 차운하다
次相公惠韻

한유와 맹교 구름과 용처럼 늘 함께했으니	韓孟雲龍在處從
혜자 장자의 물고기 분별[319] 할 필요 무엇 있겠나	惠莊魚我辨何慵
은상에 한 잎 날리자[320] 낮잠에서 갑자기 깨고	午眠忽罷銀床葉
바닷가 산에 올라 본 가을 풍경에 생각도 같았지만	秋望思同海上峯
세상 따라 옷 말리려고 해도[321] 쇠코잠방이 다 헤졌고	隨俗曝衣犢鼻弊

319 혜자……분별 : 원문의 혜장어(惠莊魚)는 장자(莊子)와 혜자(惠子)가 물고기의 즐거움에 대해 이야기를 나눈 것을 말한다. 《장자(莊子)》 〈추수(秋水)〉에서 장생(莊生)이 물가에서 물고기가 조용히 노는 것을 보고 '이는 물고기의 즐거움이다' 하니, 혜자(惠子)가 '그대가 물고기가 아닌데 어찌 물고기의 즐거움을 아는가' 하자, 장생은 '그대가 내가 아닌데 어찌 내가 물고기의 즐거움을 알 수 없음을 아는가'라고 하였다는 말이 있다〔莊子與惠子遊於濠梁之上. 莊子曰儵魚出游從容, 是魚之樂也. 惠子曰子非魚,安知魚之樂 莊子曰子非我, 安知我不知魚之樂, 惠子曰我非子, 固不知子矣. 子固非魚也, 子之不知魚之樂, 全矣.〕. 《莊子, 秋水》

320 은상에……날리자 : 원문의 은상(銀床)은 은장식이 있는 침상을 말하는데, 여기에서는 침상을 미화한 표현으로 가을이 되어 침상 곁으로 나뭇잎이 한 잎 두 잎 떨어지는 모습을 말한 것이다. 이백(李白)의 시 〈증별사인제대경지강남(贈別舍人弟臺卿之江南)〉에 "오동잎이 금정에 떨어지니, 잎 하나 은상에 날리는구나〔梧桐落金井, 一葉飛銀床.〕."라는 구절이 있다. 《李太白文集 卷9, 贈別舍人弟臺卿之江南》

321 세상……해도 : 원문의 독비(犢鼻)는 쇠코잠방이를 말하는데, 여기에서는 갖고 있는 옷이 다 헤져서 말릴 필요가 없다는 말이다. 《태평어람(太平御覽)》 〈죽림칠현론(竹林七賢論)〉에 진(晉)나라 때 완함(阮咸)은 길 남쪽에 살면서 매우 가난하였으나 길 북쪽에 사는 다른 완씨(阮氏)들은 다 부자였다. 어느 해 칠석날 북쪽의 완씨들이 모두 화려한 비단옷을 꺼내서 햇볕에 포쇄(曝曬)하자, 완함은 대포(大布)로 지은 쇠코잠방이를 정원 안 높은 간대 끝에 걸어 놓고 '아직 풍속을 면하지 못해서 함께 할 뿐이네'라

지루한 나그네 생활 생각도 못한 구감을 만났지만[322]	倦遊無意狗監逢
기쁜 마음 하나 없어 좋은 절기에도 근심하며	佳辰悄悄無歡緒
강 달이 세 번 둥글어지도록 집안에서 절구질하네[323]	江月三圓塞戶舂

고 한 말이 있다〔諸阮俱世儒學, 善居室, 內足于財, 惟籍一巷, 尙道業, 好酒而貧. 舊俗七月七日法當曝衣, 諸阮庭中爛然, 莫非綈錦. 咸時總角, 乃竪長竿, 標大布犢鼻褌于庭中, 曰未能免俗, 聊復共爾.〕. 《太平御覽 卷31, 竹林七賢論》

322 구감을 만났지만 : 원문의 구감(狗監)은 한(漢)나라 내관(內官) 벼슬을 말하는데, 여기에서는 지금 구감을 만났지만 자신을 추천할 수 없으므로 아무 의미가 없다는 말이다. 《사기(史記)》 〈사마상여전(司馬相如傳)〉에 사마상여(司馬相如)가 지은 〈자허부(子虛賦)〉를 읽고 황제가 찬탄하자, 구감으로 있던 촉(蜀) 땅 사람 양득의(楊得意)가 자기 고향 사람이라며 추천했다는 말이 나온다〔蜀人楊得意爲狗監, 侍上. 上讀子虛賦而善之, 曰朕獨不得與此人同時哉. 得意曰臣邑人, 司馬相如自言爲此賦. 上驚.〕. 《史記 卷117, 司馬相如傳》

323 강 달이……절구질하네 : 가을이 다가도록 아무것도 하지 못하고 있는 자신의 처지를 말한 것으로 여기에서는 구감을 만났지만 할 수 있는 것이 아무것도 없어 집안에서 시간만 보낸다는 말이다.

원운[324]

元韻

왕래 다 끊어져 사립문 고요하고	柴荊寂寂絶過從
짧은 머리[325]에 어느새 온갖 일 다 게을러졌는데	短髮居然萬事慵
가을 7월에 한 잎 막 날리자	一葉初飛秋七月
깎아지른 온 봉우리는 애간장 거듭 끊으니	寸腸重斷劍千峯
인간세상 백마성 외로운 신하는 멀리 있지만	人間白馬孤臣遠
하늘 위 견우는 직녀와 만나겠지	天上牽牛織女逢
눈물 다 말라선지 신령한 비도 뿌리지 않는데	淚盡不敎靈雨灑
구름 바라보다[326] 부질없이 해질 무렵 되었네	望雲空到夕陽舂

324 원운(元韻) : 이경석의 이 시는《백헌집(白軒集)》권8에〈칠석에 그냥 읊어 용주에게 보여주다. 이날 저녁 비가 오지 않았다〔七夕漫吟示龍洲 是夕不雨〕〉라는 제목으로 실려 있다.

325 짧은 머리 : 원문의 단발(短髮)은 관습적인 표현으로 머리가 다 빠졌다는 말이다. 두보(杜甫)의 시〈구일남전최씨장(九日藍田崔氏莊)〉에 "짧은 머리털에 모자 날려 부끄러운데, 옆 사람 시켜 관 바로잡는 것 우습네〔羞將短髮還吹帽, 笑倩旁人爲正冠.〕."라는 구절이 있다.《杜詩詳註 卷6, 九日藍田崔氏莊》

326 구름 바라보다 : 원문의 망운(望雲)은 구름을 우러러 본다는 말로 고향이나 부모님을 그리워하거나 자유를 희구하는 말이다.《구당서(舊唐書)》〈적인걸(狄仁傑)〉에 "적인걸(狄仁傑)이 병주(并州)에 부임했을 때 태항산(太行山)에 올라 남쪽으로 흰 구름이 외로이 날리는 것을 보고 주변에 나의 부모님이 계시는 곳이 저 구름 아래이다〔仁傑赴并州, 登太行山, 南望見白雲孤飛, 謂左右曰, 吾親所居, 在此雲下.〕."라고 한 말이 있다.《舊唐書 卷89, 狄仁傑》각주 180번 참조.

앞 시의 운을 다시 쓰다

再用前韻

바다 떠다니려해도 따를 것이 없으니　　浮海吾無由也從
귀양살이 물러나 게으른 모습 사람들이 비웃겠지　　投荒人笑退之慵
구름 비껴있어 오랫동안 소식 막혔으니[327]　　雲橫久隔平安信

327 구름……막혔으니 : 유배지의 산세가 험해 고향에서 소식을 전하기 어렵다는 말이다. 한유(韓愈)의 시 〈좌천지람관시질손상(左遷至藍關示姪孫湘)〉에 "구름은 진령에 비꼈는데 집은 어디에 있는가, 눈이 남관을 둘러싸니 말이 가지 못하네〔雲橫秦嶺家何在, 雪擁藍關馬不前.〕."라는 구절이 있다. 《태평광기(太平廣記)》에 한유(韓愈)가 좌천되어 조주(潮州)로 가다가 남관(藍關)에 이르러 큰 눈을 만나 추위와 굶주림으로 죽음에 처했을 때 조카 한상자(韓湘子)가 나타나 구해주었다. 한유는 조카와 이별하면서 시를 지어 주었는데 그 시에 "구름은 진령에 비꼈는데 집은 어디에 있는가, 눈이 남관을 둘러싸니 말이 가지 못하네. 네가 멀리서 온 뜻을 알고 있으니, 장강 가에서 나의 유골을 거두어 주게"라고 하였다. 한상자가 홀연히 사라진 후 이듬해 봄 집에서 온 편지에 파란색 꽃잎을 띤 모란이 피었고, 그 꽃잎에 조그마한 금색 글씨로 '운횡진령가하처, 설옹람관마부전(雲橫秦嶺家何處, 雪擁藍關馬不前)' 열 네 글자가 새겨져 있었다고 하였다. 한유는 지난해 한상자가 모란을 심었던 것을 생각하면서 그가 신선이었음을 깨달았다는 말이 있다〔吏部上表直諫, 忤旨, 出爲潮州刺史. 至商山, 泥滑雪深, 頗懷鬱鬱. 忽見是甥迎馬首而立. 拜起勞問, 挾鐙接轡, 意甚慇懃. 至翌日雪霽, 送至鄧州, 乃白吏部曰, 某師在此, 不得遠去, 將入玄扈倚帝峰矣. 吏部驚異其言, 問其師, 卽洪崖先生也. 東園公方使柔金水玉, 作九華丹, 火候精微, 難於暫舍. 吏部加敬曰, 神仙可致乎, 至道可求乎. 曰得之在心, 失之亦心. 校功銓善, 黜陟之嚴, 仿王禁也. 某他日復當起居, 請從此逝. 吏部爲五十六字詩以別之曰, 一封朝奏九重天, 夕貶潮陽路八千. 本爲聖朝除弊事, 豈將衰朽惜殘年. 雲橫秦嶺家何在, 雪擁藍關馬不前. 知汝遠來應有意, 好收吾骨瘴江邊. 與詩訖, 揮涕而別, 行入林谷, 其速如飛. 明年春, 牡丹花開, 數朵花色, 一如其說. 但每一葉花中, 有楷書十四字曰, 雲橫秦嶺家何處, 雪擁藍關馬不前. 書勢精能, 人工所不及. 非神仙得道, 立見先知. 何以及於此也. 或云, 其後吏部復見之, 亦得其月華度世之道. 而迹未顯爾.〕. 《昌

이 몸 홀로 어떻게 산꼭대기에 오르겠나 　身獨那能散上峯

옥관 움직여[328] 가을은 망아지가 틈을 지나듯[329] 　琯動秋厭駒隙疾

하늘 내린 좋은 절기 나그네 생활 중에 만났으니 　天旋令節客中逢

부모님 생각할 날조차 부족해[330] 창자 끊어지니 　思親愛日腸雖割

높은 곳에 올라 절구질하는 형벌[331]도 두렵지 않네 　不懼登高似朝舂

黎先生集 卷10, 左遷至藍關示姪孫湘》,《太平廣記 卷54》

328 옥관 움직여 : 원문의 관동(琯動)은 율려(律呂)를 나타내는 관율(琯律)의 움직임을 말하는데, 여기에서는 계절의 변화를 말한다.《후한서(後漢書)》에 갈대 속의 얇은 막을 태워 재로 만든 뒤 그것을 각각 율려(律呂)에 해당되는 여섯 개의 옥관(玉琯) 내단(內端)에다 넣어 두면 그 절후에 맞춰 재가 날아간다는 말이 나온다〔室中以木爲案, 每律各一, 內庳外高, 從其方位, 加律其上, 以葭莩灰抑其內端, 案歷而候之. 氣至者, 灰去其爲. 氣所動者, 其灰散.〕.《後漢書 卷91》

329 망아지가 틈을 지나듯 : 원문의 구극(駒隙)은 망아지가 틈을 지나간다는 말로, 세월이 빨리 흐름을 비유하는 말이다.《장자(莊子)》〈지북유(知北遊)〉에 "사람이 천지간에 살아가는 것은 마치 흰 망아지가 틈을 지나가는 것과 같다〔人生天地之間, 若白駒過隙.〕."라는 말이 있다.《莊子, 知北遊》

330 부모님……부족해 : 원문의 사친애일(思親愛日)은 부모님을 생각하여 날을 아낀다는 말로, 부모님을 모실 수 있는 날이 부족하다는 말이다. 애일(愛日)은《법언(法言)》〈효지(孝至)〉에 "부모님을 섬기는 데 있어 스스로 부족함을 알았던 이는 오직 순(舜) 임금뿐이구나, 오래하고자 해도 할 수 없는 것은 어버이 섬기는 일이니, 효자는 날을 아낀다〔事父母自知不足者, 其舜乎. 不可得而久者, 事親之謂也, 孝子愛日.〕."라고 한 데서 온 말이다.《法言, 孝至》

331 절구질하는 형벌 : 원문의 조용(朝舂)은 진(秦)・한(漢) 시대 형벌의 일종인 단용(旦舂)을 말한다. 원문에 조용(朝舂)으로 되어 있는 것은 태조 이성계(李成桂)가 즉위 후 이름을 '단(旦)'으로 고쳤으므로 단자를 휘하여 같은 뜻을 지닌 '조(朝)'를 사용했기 때문이다.《설략(說畧)》에 성단(城旦)은 남자들에게 낮에는 국경을 지키게 하고 밤에는 장성(長城)을 쌓게 하는 형벌이고, 용(舂)은 죄를 지은 부인들에게 군역을 지우는 대신 방아를 찧어 무리를 먹이게 하는 형벌이라는 말이 나온다〔漢法旦者, 男子旦起行治城. 舂者, 婦人舂作米也.〕.《說畧 卷17》

주신 시의 운을 거듭하여 받들어 답하다 졸렬한 솜씨로 억지로 흉내 내니 한번 웃고 마시게

奉酬疊步投惠 强拙效顰 只堪捧腹

어린 종 좋은 시 가져와서는	小童來輒珠玉從
한낮 창 아래서 게으른 외로운 나그네를 불러 깨우니	喚起午窓孤客慵
맑은 생각은 되려 가을 뜻을 돕고	淸思還能助秋意
무더운 구름도 기이한 산봉우리에서 힘을 잃지만	火雲休更誇奇峰
가련하구나 유배 와서 오히려 무엇을 얻었던가	憐余陟圯尙何得
그대와 당에 오르는[332] 그 시절을 만났으니	與子升堂行且逢
국화꽃 피는 계절 함께 돌아간다면	黃花時節若周返
말 달려 번거롭게 백 리 길[333] 갈 필요없네	躍馬未須煩宿舂

332 당에 오르는 : 원문의 승당(升堂)은 당에 오른다는 말로, 벗과 친하게 사귀면 당에 올라 친구의 어머니에게 절하고 뵙는다는 '승당배모(承堂拜母)'에서 온 말이다. 《후한서(後漢書)》〈독행열전(獨行列傳)〉에 한(漢)나라 때 산양(山陽) 사람 범식(范式)과 여남(汝南) 사람 장소는 어릴 때 태학에서 공부하며 친구가 되었다. 두 사람이 이별할 때 범식이 장소에게 '2년 뒤 돌아올 때 그대의 집에 들러 모친께 절을 하겠다'라고 하였다. 그로부터 2년째가 되는 날에 장소가 범식을 기다리자 그의 모친이 '2년이나 헤어져있는데, 어찌 그가 올 수 있겠느냐'라고 하였다. 이에 장소가 '범식은 신의가 있는 선비이니, 약속을 어기지 않을 것입니다'라고 하였는데, 그 말이 채 끝나기도 전에 범식이 도착하여 당에 올라 모친에게 절을 하고 즐겁게 술을 마시고 떠났다는 말이 나온다〔範式字巨卿, 山陽金鄕人也, 一名氾. 少遊太學, 爲諸生, 與汝南張劭爲友. 劭字元伯. 二人竝告歸鄕裏. 式謂元伯曰後二年當還, 將過拜尊親, 見孺子焉. 乃共克期日. 後期方至, 元伯具以白母, 請設饌以候之, 母曰二年之別, 千裏結言, 爾何相信之審邪. 對曰巨卿信士, 必不乖違. 母曰若然, 當爲爾. 至其日巨卿果到, 升堂拜飮, 盡歡而別.〕. 《後漢書 卷81, 獨行列傳 範式》

333 백 리 길 : 원문의 숙용(宿舂)은 하룻밤에 100리를 갈 때 필요한 양식을 찧는다는 말인데, 여기에서는 두 사람이 사는 곳의 거리가 멀지 않다는 말이다. 《장자(莊子)》

밤비로 시를 써서 상공께 드리고 가르침을 구하다
夜雨 錄呈相公求教

변방 찬 빗소리 밤새도록 울리니	塞門涼雨響通宵
7월 장맛비에 하늘이 구멍난 것 같네	七月炎雨輟漢霄
젖은 진흙에 부질없이 애쓰는 모습 떠돌이 제비 같고	泥濕謾勞如客燕
회오리바람에 때로 보이는 것 새 잡으려는 수리며	風回時見搏禽鵰
노안이라 침침한 눈[334]은 등불을 싫어하고	昏花老眼嫌燈火
한가한 사람이라 술 담그려[335] 표주박을 살펴보는데	種秫閑人檢木瓢
아득히 떠올려보니 고향 뜰 계수나무도 늙었으려나	遙想故園叢桂老
꿈속의 넋 먼저 가서는 불러주지 않네	夢魂先去不須招

〈소요유(逍遙遊)〉에 "가까운 교외에 가는 자는 세 끼 밥만 가지고 갔다가 돌아와도 배가 여전히 부르고, 100리를 가는 자는 전날 밤에 양식을 찧어서 준비해야 하고, 1,000리를 가는 자는 석 달 동안 양식을 모아야 한다〔適莽蒼者, 三飡而反, 腹猶果然, 適百里者, 宿舂糧, 適千里者, 三月聚糧.〕."라는 말이 있다. 《莊子, 逍遙遊》

334 침침한 눈 : 원문의 혼화(昏花)는 '유혼화명(柳昏花暝)'에서 온 말이다. 유혼화명은 저물녘 어스름한 무렵 몽롱하게 보이는 버들과 꽃이 더욱 운치가 있음을 형용한 말인데, 전의(轉義)하여 나이 들어 노안이 오면 사물이 침침하게 보이는 것을 말한다. 당(唐)나라 한유(韓愈)의 〈여최상서(與崔群書)〉에 "눈에 보이는 것이 침침하니 평상시보다 사람들이 얼굴빛이 구분되지 않네〔目視昏花, 尋常間便不分人顏色.〕."라는 말이 있다. 《昌黎先生文集 卷17》

335 술 담그려 : 원문의 종출(種秫)은 차조씨를 뿌려 가꾼다는 말로 차조로 술 담그는 것을 말한다. 《진서(晉書)》 〈은일전(隱逸傳)〉에 "도연명이 팽택 현령으로 있을 때 공전마다 차조를 심게 하고 '지금 내가 술에 취해야 만족한다'라고 하였다〔以爲彭澤令, 在縣, 公田悉令種秫穀, 曰令吾常醉於酒足矣.〕."라고 한 데서 온 말이다. 《晉書 卷94, 隱逸傳 陶潛》

백헌 상공이 차운하다.

軒相次

지난밤 율시에 화답하였는데 '안'자를 고쳐 가르침을 구했다
昨夕和奉長律 改鴈求教

가을 들려는지 지난밤까지 한바탕 비가 내리더니	一雨將秋到昨宵
바다와 산 쓸쓸한 채 높은 하늘 갰는데	海山蕭瑟霽層霄
변방 성을 울리는 바람은 말이 우는 듯 들려오고	邊城風吼聞鳴馬
북쪽 사막[336] 수심 낀 구름은 수리 쏘던 때 떠올리며	朔漠雲愁想射鵰
귀밑머리 성글어져 오랜 계책도 부질없으니	雙鬢半疏空宿計
만종의 녹[337] 무엇하랴 광주리 밥과 물[338]이면 그만인데	萬鍾何有亦簞瓢

336 북쪽 사막 : 원문의 삭막(朔漠)은 북방의 사막 지대를 말한다. 삭(朔)은 북쪽지역을 뜻하는데, 두보(杜甫)의 시 〈영회고적(詠懷古迹)〉 5수 중 제3수에 "궁궐을 한 번 떠나니 북쪽 사막 이어지고, 푸른 무덤 홀로 남아 황혼을 향하네〔一去紫臺連朔漠, 獨留靑塚向黃昏.〕."라는 구절이 있다. 《杜詩詳註 卷17, 詠懷古迹》

337 만종의 녹 : 원문의 종(鍾)은 춘추시대 제나라에서 사용하던 4가지 용량 단위 중 가장 큰 단위로, 만종(萬鐘)은 매우 많은 녹봉을 말한다. 《춘추좌씨전(春秋左氏傳)》에 "제(齊)나라의 옛날 4가지 용량 단위는 두(豆)・구(區)・부(釜)・종(鍾)이다. 4승이 두(豆)가 되고, 두가 네 번 더하면 부가 되고 부가 열 개면 종이 된다. 부는 6두 4승이고, 종은 6곡 4두이다〔齊舊四量, 豆・區・釜・鍾, 四升爲豆, 各自其四, 以登於釜. 釜十則鍾. 釜, 六斗四升, 鍾, 六斛四斗.〕."라는 말이 있다. 《春秋左氏傳, 昭公 3年》 각주 171번 참조.

338 광주리 밥과 물 : 원문의 단표(簞瓢)는 밥을 담는 대나무 그릇과 물을 담는 표주박을 가리키는 것으로 가난한 사람의 보잘것없는 음식을 말한다. 《논어(論語)》〈옹야(雍也)〉에 "공자께서 말씀하시길 '어질도다 안회여, 한 그릇의 밥과 표주박 한 바가지의 물로 누추한 시골에서 사는 것을 사람들은 그 어려움을 견디지 못하는데, 그 즐거움이

예전부터 따뜻하고 배부른 것 내 뜻 아니었으니 從來溫飽非吾志
오랜 시간 학의 원망[339] 부른 것이 한스러울 뿐이라네 只恨多年鶴怨招

변치 않으니, 어질도다 안회여'라고 하였다〔子曰, 賢哉, 回也. 一簞食, 一瓢飮, 在陋巷, 人不堪其憂, 回也, 不改其樂 賢哉, 回也.〕."라는 말이 있다.《論語, 雍也》

339 학의 원망 : 원문의 학원(鶴怨)은 '명고원학(鳴皐怨鶴)'의 준말로 학이 은자가 떠나간 것을 원망하며 은자가 돌아오기를 기다리는 것을 말한다. 남조시대 제(齊)나라 공치규(孔稚珪)의 〈북산이문(北山移文)〉에 "향기로운 장막이 텅 비자 밤에 학이 원망하며 울고, 산사람이 떠나자 새벽에 원숭이 놀라 우네〔蕙帳空兮夜鶴怨, 山人去兮曉猿驚.〕." 라는 말이 있다.《會稽志 卷20, 北山移文》

모진 바람이 분 후 비가 내리다

惡風後有雨

지난밤 모진 바람 불더니 오늘 아침 비 내리는데　惡風昨夜今朝雨
하늘의 뜻 언제 일찍이 쌓인 일을 버려둔 적 있는가　天意何嘗積事遺
다 죽은 기장 싹은 낟알 꺾여 엎어지겠지만　半死黍苗黐折實
꽃도 못 핀 벼 이삭엔 기름이 돌 것이니　未花禾粒欲流脂
조심스러운 북궐 군왕의 성스러움을　小心北闕君王聖
천 리 서쪽 관문의 여자와 애들도 알겠지[340]　千里西關婦孺知
상제께서 맥 땅[341]에 높이 계신다 말하지 말라　莫謂高居上帝貊
덕음[342]의 응답은 시초나 거북점[343]에 짝이 되니　德音之應敵蓍龜

340 여자와 애들도 알겠지 : 원문의 부유지(婦孺知)는 여자와 아이들 모두가 안다는 말로 가뭄 끝에 비가 내려 벼에 윤기가 도는 것이 임금님의 은택임을 여자와 아이들을 비롯한 백성 모두가 안다는 말이다.

341 맥 땅 : 원문의 맥(貊)은 원래 고구려 지역을 지칭하는데 고구려가 맥족(貊族)이라 불리던 이들이 세운 나라여서 맥구려(貊句麗)라고 불리기도 하였다. 여기에서는 조선을 의미한다. 《삼국지(三國志)》에 구려(句麗)는 대수(大水)에 살면서 나라를 세웠고, 서안평 북쪽에 있는 소수(小水)는 남으로 흘러 바다로 드는데 구려별종(句麗別種)이 소수에 나라를 세웠으므로 소수맥(小水貊)이라고 불렀다. 좋은 활이 났으니 이를 맥궁이라고 불렀다는 말이 나온다〔句麗作國, 依大水而居, 西安平縣北有小水, 南流入海, 句麗別種依小水作國, 因名之爲小水貊, 出好弓, 所謂貊弓是也.〕. 《三國志 卷30, 烏丸鮮卑東夷傳 高句麗》

342 덕음(德音) : 원래의 뜻은 제왕의 조서(詔書)를 가리키는 말로, 옛날에 제왕이 한 번 호령을 내려 시행할 때마다 천하 사람들이 우러러 바라보며 덕택을 입기를 기대하였으므로 조지(詔旨)를 덕음(德音)이라고 한다. 여기에서는 하늘에 있는 상제가 이 땅에 비를 내려준 것을 말한다. 당(唐)나라 백거이(白居易)의 시 〈두릉수(杜陵叟)〉에

7월 16일 시의 운을 다시 써서 짓다

再用七月旣望韻

이날 소식[344]은 적벽에서 놀았는데　此日蘇仙赤壁遊

이날 나는 의주에 갇혀 있네　吾今此日塞灣囚

문장과 사업은 어질고 어리석음이 다르지만　文章事業賢愚異

오랑캐와 중국의 하늘과 땅에 세월은 똑같이 흐르고　夷夏乾坤歲月流

하구와 무창[345]은 거리를 줄이기 어려운 땅이지만　夏口武昌難縮地

용연과 압록강[346]엔 또 다같이 새 가을 들어　龍淵鴨水亦新秋

"백마지 위의 은혜로운 말씀, 경기 지역은 금년 세금 면해주셨네〔白麻紙上書德音, 京畿盡放今年稅.〕."라는 구절이 있다. 《白氏長慶集 卷4, 杜陵叟》

343 시초나 거북점 : 원문의 시구(蓍龜)는 거북점〔龜卜〕과 풀점〔蓍筮〕을 말하는데, 고대에는 국가에 중대사가 있을 때 거북과 시초로 점을 쳐서 결정하였다. 《중용장구(中庸章句)》에 "국가가 흥하려 할 때는 반드시 상서로운 조짐이 있고, 국가가 망하려 할 때는 반드시 요사스러운 조짐이 있으니 시초점과 거북점에 보이고, 점을 치는 사람의 온 몸에 나타난다〔國家將興, 必有禎祥, 國家將亡, 必有妖孽. 見乎蓍龜, 動乎四體.〕."라는 말이 있다. 《中庸章句 24章》

344 소식〔蘇仙〕 : 원문의 소선(蘇仙)은 소식(蘇軾 1037~1101년)으로 자는 자첨(子瞻), 호는 동파(東坡)이다. 당송팔대가의 한 명으로 시문서화(詩文書畫)에 모두 능했다. 소식은 7월 보름 다음날에 적벽 아래 배를 띄우고 〈적벽부(赤壁賦)〉를 지었는데, 여기에서는 소식이 〈적벽부〉를 짓던 날의 상황을 말한다.

345 하구와 무창 : 원문의 하구(夏口)는 중국 호북성(湖北城) 무한시(武漢市) 한구(漢口)에 있는 곳으로 한수(漢水)가 장강(長江)으로 흘러드는 입구이다. 원문의 무창(武昌)은 호북성의 성도(省都)였던 곳인데, 소식(蘇軾)의 〈적벽부(赤壁賦)〉에 "서쪽으로 하구를 바라보고 동쪽으로 무창을 바라보니, 산천이 서로 엉켜 울창하구나〔西望夏口, 東望武昌, 山川上繆, 鬱乎蒼蒼.〕."라는 구절이 있다. 《東坡全集 卷33, 赤壁賦》

맑은 바람과 밝은 달은 옛처럼 기니	淸風明月長如舊
어찌 깨어 있으려고 술잔 들지 않겠는가	其奈醒槖擧酒休

346 용연과 압록강 : 원문의 용연압수(龍淵鴨水)는 구룡연과 압록강을 말하는 것으로 저자 자신이 있는 곳을 말한다.

또 짓다

又

젊어서는 늘 신선 되어 떠돌 생각했었는데[347]	少壯常期汗漫遊
지금 와선 남관 쓴 초나라 죄수 되었네[348]	南冠今作楚儀囚
길도 다한 의주 가론 긴 강이 나누어지고	途窮灣上長江劃
우러러본 별들은 큰 불처럼 흐르며	仰視星文大火流
소식이 배 띄운 일 후세를 울리고	蘇子泛舟鳴後世
빈시[349]의 달을 떠올리며 이 가을을 맞지만	豳詩記月見今秋

347 신선……생각했었는데 : 원문의 한만유(汗漫遊)는 광활한 세계에서 한가히 노니는 신선의 유람을 말한다. 《회남자(淮南子)》〈도응훈(道應訓)〉에 노오(盧敖)가 북해(北海)에서 노닐다 약사(若士)를 만나 함께 노닐자고 청했는데, 약사는 '내가 구해(九垓) 밖에서 한만과 만나기로 약속했으니, 내가 오래 머무를 수 없다'라고 말하고 구름 속으로 사라졌다는 말이 나온다〔盧敖游乎北海, 經乎太陰, 入乎玄闕, 至於蒙穀之上. 見一士焉, 深目而玄鬢, 淚注而鳶肩, 豐上而殺下……盧敖與之語曰唯敖爲背群離黨, 窮觀於六合之外者, 非敖而已乎. 敖幼而好遊, 至長不渝.……若士者, 齤然而笑曰吾與汗漫期於九垓之外, 吾不可以久駐. 若士擧臂而竦身, 遂入雲中.〕. 《淮南子 卷12, 道應訓》

348 남관……되었네 : 원문의 남관(南冠)은 초나라 사람들이 쓰는 모자로 고향을 그리워하는 것을 비유한 말이다. 《춘추좌씨전(春秋左氏傳)》에 "진후(晉侯)가 군영을 순시하던 중 종의(鍾儀)를 보고 유사에게 '남관(南冠)을 쓰고 구속된 저자는 누구냐'라고 묻자, 유사는 '정(鄭)나라 사람들이 바친 초수(楚囚)입니다'라고 하였다〔晉侯觀于軍府, 見鍾儀, 問之曰南冠而縶者誰也. 有司對曰鄭人所獻楚囚也.〕."라는 말이 있다. 《春秋左氏傳, 成公 9年》 각주 41번 참조.

349 빈시(豳詩) : 《시경(詩經)》〈빈풍(豳風)〉의 〈칠월(七月)〉 시를 말한다. 《주례(周禮)》〈춘관(春官)〉에 "중춘이 되면 낮에 토고를 치고 피리로 빈시를 연주하여 더위를 맞는다〔中春晝擊土鼓, 吹豳詩以逆暑.〕."라는 말이 있다. 《周禮, 春官 宗白》

풍류 경계는 내 일이 아니니　　風流獻戒非吾事
간절한 충성만은 멈추지 않으리　　唯有丹衷死不休

백헌 상공이 차운하다[350]
軒相次

단정히 앉아서도 정신의 노닒[351]을 만들 수 있으니　　端居且可做神遊
내 몸이 흰 머리의 죄인 되었음을 깨닫지 못했네　　未覺身爲白首囚
만고의 푸른 하늘엔 밝은 달이 떠있고　　萬古青天明月在
천추의 적벽에는 큰 강이 흐르니　　千秋赤壁大江流
일 없이 세 말의 술을 기울일 뿐　　但令無事傾三斗
신선 되어 십주[352]로 갈 필요 없네　　不用登仙向十洲

350 백헌 상공이 차운하다 : 이경석의 이 시는 《백헌집(白軒集)》 권8에 〈7월 16일 시에 차운하다. 시가 왔을 때 소식이 적벽에서 놀았던 일을 흠모하는 마음이 있었다〔次七月旣望韻 來詩有羨慕蘇仙赤壁遊之意〕〉라는 제목으로 실려 있다.

351 정신의 노닒 : 원문의 신유(神遊)는 몸은 가지 않고 정신만 가서 노니는 것을 말한다. 《열자(列子)》 〈황제(黃帝)〉에 황제가 몸과 마음을 가지런히 하고 석 달 동안 정사에 관여하지 않고 낮잠을 자다가 화서국으로 놀러 갔다. 화서국(華胥國)은 엄주 서쪽 태주 북쪽에 있었는데 너무 멀어서 몇천만 리인지 알 수 없었고, 배와 수레, 도보로 이를 수 있는 곳이 아니어서 정신만이 노닐 수 있다는 말이 나온다〔齋心服形, 三月不親政事. 晝寢而夢, 遊於華胥氏之國. 華胥氏之國在弇州之西, 台州之北, 不知斯齊國幾千萬里, 蓋非舟車足力之所及, 神游而已.〕. 《列子 卷2, 黃帝》

352 십주(十洲) : 신선들이 사는 바다 한가운데의 열 개의 산으로 선경(仙境)을 말하는데, 조주(祖洲) · 영주(瀛洲) · 현주(玄洲) · 염주(炎洲) · 장주(長洲) · 원주(元洲) · 유주(流洲) · 생주(生洲) · 봉린주(鳳麟洲) · 취굴주(聚窟洲)를 십주라고 말한다. 당(唐)나

내년에는 어느 곳에 있을까	若到明年定何處
속세 너머 어느 곳이든 정해지겠지	須從物外定何處[353]

또 짓다[354]

又

적벽은 소식의 놀이를 이루어 주었으나	赤壁能成蘇子遊
청산은 되려 유종원을 가두어 두었으니[355]	青山還遣柳州囚
한때의 근심과 즐거움의 자취 비록 다르지만	一時憂樂迹雖異

라 노조린(盧照鄰)의 시 〈증이영도사(贈李榮道士)〉에 "십주의 그림자 바람에 흔들리고, 구강의 물결 햇빛에 어른거리네〔風搖十洲影, 日亂九江文.〕."라는 구절이 있다. 《唐詩品彙 卷1, 贈李榮道士》

353 정하처(定何處) : 이경석의 문집 《백헌집(白軒集)》 권8의 〈7월 16일 시에 차운하다. 시가 왔을 때 소식이 적벽부에서 놀았던 일을 흠모하는 마음이 있었다〔次七月旣望韻來詩有羨慕蘇仙赤壁遊之意〕〉에는 '공한휴(共閑休)'로 되어있다. '공한휴'로 보면 이 구절은 "속세 너머 어느 곳이든 편안하겠지"로 번역된다.

354 또 짓다 : 이경석의 이 시는 《백헌집(白軒集)》 권8에 〈용주의 '16일에 적벽에서 노닌 것을 떠올리며 압운을 고쳐 짓다'에 다시 화운하다〔再和龍洲旣望憶赤壁遊改押韻〕〉라는 제목으로 실려 있다.

355 청산은……두었으니 : 원문의 유주수(柳州囚)은 당(唐)나라 유종원(柳宗元)이 영주(永州)에 유배 가서 쓴 〈수산부(囚山賦)〉에서 유래한 것으로 유종원이 유배 간 영주의 산이 사방으로 둘러쳐져서 새장처럼 유종원을 꼼짝 못하게 만들었다는 말이다. 유종원의 〈수산부(囚山賦)〉에 "나는 무소도 아닌데 우리에 갇혔음이여, 나는 돼지도 아닌데 우리에 갇혔네……성군이 날마다 다스리니 현신이 날마다 나아가는데, 누가 나의 산에게 나를 드넓은 곳에 가두게 하는가〔匪兕吾爲柙兮, 匪豕吾爲牢.……聖日以理兮, 賢日以進, 誰使吾山之囚吾兮滔滔.〕."라는 구절이 있다. 《柳河東集 卷2, 囚山賦》 각주 272번 참조.

천고의 강하에는 이름 함께 흐르네 千古江河名共流
우계[356] 같은 사람이 나그네 된 날이고 人似愚溪爲客日
엄무[357] 같은 달빛 아래 배 띄우는 가을이지만 月如閹茂泛舟秋
문장으로 세상을 놀라게 하는 일 내 어찌 할 수 있나 文章驚[358]世吾何取
안개 낀 호숫가에 일찍이 물러나 쉬기를 바랄 뿐이네 只願煙湖早退休

-낡은 정자가 교하의 삼호가에 있으니 들집이다. 병자 · 정묘년 난리에 화재로 소실되었으나 그 마음이 일찍이 여기에 있지 않은 적이 없었다. 그러므로 여기에서 이야기 한 것이다.
古亭在交河三湖上, 卽樂墅也. 爲丙丁亂所火, 而志未嘗不在於斯, 故及之

356 우계(愚溪) : 중국의 관수(灌水) 북쪽에 흐르는 시냇물로, 유종원의 〈우계시서(愚溪詩序)〉에서 염씨가 살았으므로 그 성을 따 염계라고 했고, 혹은 물들일 수 있었으므로 염계라고 불렀다. 어리석은 내가 죄를 짓고 와 이 계곡을 좋아하게 되어 2, 3리 들어가 집을 지었다. 옛날에 우공이 계곡에 살았으나 지금 내가 집을 짓고 이름을 정하지 못하고 있는데 이곳 사람들도 계곡의 이름을 가지고 서로 다투니 이름을 바꾸지 않을 수 없으므로 '우계'라고 이름을 고쳤다는 말이 나온다〔冉氏嘗居也. 故姓是溪, 爲冉溪, 或曰, 可以染也, 名之以其能. 故謂之染溪. 余以愚觸罪, 謫瀟水上, 愛是溪, 入二三里, 得其尤絶者, 家焉. 古有愚公谷, 今予家是溪而名莫能定, 土之居者, 猶齗齗然, 不可以不更也. 故更之爲愚溪.〕. 《柳河東集注 卷24, 愚溪詩序》

357 엄무(閹茂) : 12지신 중 술(戌)의 다른 이름인데, 여기에서는 소식이 적벽에서 노닐며 〈적벽부(赤壁賦)〉를 썼던 1082년 임술년 그때와 같은 날이라는 말이다. 《회남자(淮南子)》 〈천문훈(天文訓)〉에 "태음은 '술'에 있는데 해의 이름은 '엄무'라고 한다〔太陰在戌, 歲名曰閹茂.〕."라는 말이 나온다. 《淮南子 卷3, 天文訓》

358 경(驚) : 이경석의 문집 《백헌집(白軒集)》 권8의 〈용주의 '16일에 적벽에서 노닌 것을 떠올리며 압운을 고쳐 짓다'는 시에 다시 화운하다〔再和龍洲旣望憶赤壁遊改押韻〕〉에는 '명(鳴)'으로 되어있다. '명'으로 보면 이 구절은 "문장으로 세상을 울리게 하는 일 내 어찌 할 수 있나"로 번역된다.

허암 정희량[359]과 매계 조위[360]가 이곳에 유배 왔었다고 하여 느꺼워 읊다.

鄭虛庵曹梅溪謫居此州云 感而有吟

일찍이 허암과 매계의 시를 읽었는데 曾讀虛庵梅老詩
이곳에 유배 온 것도 같은 때이네 謫來於此亦同時
하늘은 정녕 우리들의 일에 관심이 없지만 天寧無意吾儕事
땅은 진실로 압록강의 기이함을 감추기 어려우니 地固難藏鴨水奇
탁금강의 여룡[361]은 물결 위에 누웠고 濯錦驪龍波上偃

359 정희량〔鄭虛庵〕: 원문의 정허암(鄭虛庵)은 정희량(鄭希良, 1469～1502)으로 본관은 해주(海州), 자는 순부(淳夫), 호는 허암(虛庵)이다. 무오사화 때 사초(史草) 문제로 윤필상(尹弼商) 등에 의해 신용개·김전 등과 함께 탄핵을 받았는데, 난언(亂言)을 알고도 고하지 않았다는 죄목으로 장(杖) 100대, 유(流) 3,000리의 처벌을 받고 의주에 유배되었다. 저서로《허암집(虛庵集)》이 있다.《虛庵先生續集 卷2, 有明朝鮮國待敎虛菴鄭先生行狀》

360 조위〔曹梅溪〕: 원문의 조매계(曹梅溪)는 조위(曺偉, 1454～1503)로 본관은 창녕(昌寧), 자는 태허(太虛), 호는 매계(梅溪)이다. 1498년(연산군 4)에 성절사(聖節使)로 명나라에 다녀오던 중, 무오사화가 일어나 김종직(金宗直)의 시고(詩稿)를 수찬하였다는 죄로 의주에 유배되었다. 박식하고 문장이 화려하여 당대의 문사로 이름이 높았다. 저서로《매계선생문집(梅溪先生文集)》이 있다.《梅溪先生文集 卷5, 先生行錄》

361 탁금강의 여룡 : 원문의 탁금(濯錦)은 중국 성도(成都)에 있는 금강(錦江)을 말하고, 여룡(驪龍)은 여의주를 물고 있는 용을 말하는데, 여기에서는 훌륭한 시문을 지어내는 시인을 말한다. 두보(杜甫)의 시〈대력 삼년춘 백제성 방선출구당협 구거기부 장적강릉표박 유시범사십운(大歷三年春 白帝城 放船出瞿塘峽 久居夔府 將適江陵漂泊 有詩凡四十韻)〉에 "갈매기는 비단 끌어와 날리고, 여룡은 탁금강을 감도네〔鷗鳥牽絲颺, 驪龍濯錦紆.〕."라는 구절이 있다.《杜詩詳註 卷21, 大歷三年春 白帝城 放船出瞿塘峽 久居夔

먼 하늘 요동의 학[362] 바라보니 즐거운데 盤霄遼鶴望中嬉
나누어 준 물색[363]이 많은 것 잘 알지만 分留物色知多少
재주 다한 쇠한 늙은이는 두 귀밑머리만 세는구나 才盡衰翁兩鬢絲

府 將適江陵漂泊 有詩凡四十韻》

362 요동의 학 : 원문의 요학(遼鶴)은 요동(遼東)의 학(鶴)이라는 말로 고향으로 돌아가고 싶은 마음을 비유한 말이다. 《수신후기(搜神後記)》에 요동 사람 정령위(丁令威)가 영허산(靈虛山)에서 신선술을 익혀 뒤에 학이 되어 요동으로 돌아왔다가 성문 화표주에 앉았다가 돌아갔다는 말이 있다〔丁令威本遼東人, 學道於靈虛山, 後化鶴歸遼, 集城門華表柱. 時有少年, 擧弓欲射之. 鶴乃飛, 徘徊空中而言曰, 有鳥有鳥丁令威, 去家千年今始歸. 城郭如故人民非, 何不學仙離塚壘. 遂高上沖天.〕. 《搜神後記 卷1》

363 나누어 준 물색 : 원문의 분유물색(分留物色)은 시로 읊을 소재를 말한다. 두보(杜甫)의 시 〈악록산도림이사행(嶽麓山道林二寺行)〉에 "송공이 쫓겨난 뒤 벽에다 시 지어 붙였는데, 물색을 남겨놓아 늙은 나를 기다렸네〔宋公放逐曾題壁, 物色分留待老夫.〕." 라는 구절이 있다. 《杜詩詳註 卷22, 嶽麓山道林二寺行》

백헌 상공이 차운하다[364]

軒相次

골짝 어귀의 높은 바람이 자건[365]의 시 같은 것은[366]	谷口高風子建詩
변새에서 함께 쫓겨난 신하 되어서인데	塞天俱作逐臣時
옛 사람 이미 가버렸으니 누구에게 물을까마는	昔人已去憑誰問
우리도 함께 왔으니 또한 신기한 일이라네	我輩同來亦一奇
아름다운 시구는 긴 피리소리에 들 것을 알았지만	佳句早知長笛擅
미친 듯 읊는 것 감히 적선의 놀이에 비하겠나	狂吟敢比謫仙嬉
때로 산꼭대기 올라보면 마음 오히려 굳세지니	時登絶頂心猶壯
졸졸 흐르는 압록강도 실처럼 가늘다네	鴨水潺湲細若絲

364 백헌 상공이 차운하다 : 이경석의 이 시는《백헌집(白軒集)》권8에〈용주의 '매계와 허암이 함께 의주에 유배 왔던 것을 술회하며'에 차운하다〔次龍洲懷梅溪虛菴同謫義州韻〕〉라는 제목으로 실려 있다.

365 자건(子建) : 조식(曹植, 192~232)으로 자는 자건(子建), 시호는 진사왕(陳思王)이다. 조조의 셋째 아들로 어린 시절부터 시에 뛰어난 재능을 보였다. 형 조비(曹丕)가 왕위에 오른 후 조식의 문재(文才)를 시기해 매년 새로운 봉지(封地)에 옮겨 살도록 하고 엄격히 감시하여 불우한 나날을 보냈다. 공융(孔融)·진림(陳琳) 등 건안칠자(建安七子)들과 사귀었고, 오언시를 완성시켜 문학사에 큰 영향을 끼쳤다.《三國志 卷19, 陳思王曹植》

366 골짝……것은 : 원문의 자건시(子建詩)는 조식(曹植)의 시〈공후인(箜篌引)〉을 말한다. 여기에서는 살아서 부귀영화를 누려도 죽으면 아무 소용이 없다는 것을 의미한다.〈공후인(箜篌引)〉에 "살아서는 화려한 집에 살더니, 죽어서는 산 언덕으로 돌아가네. 선인들 중 누가 죽지 않았는가, 내 명을 아는데 무엇을 근심하리〔生存華屋處, 零落歸山丘. 先民誰不死, 知命復何憂.〕."라는 구절이 있다.《曹子建集 卷6, 箜篌引》

상공이 제비를 읊은 시에 차운하다
次相公詠燕

봄가을로 너희들 오가는 것 누가 주관 하였나	誰管春秋爾去來
짝지어 주렴 장막 즐겨 배회하니	雙雙簾幕好徘徊
앞다투어 모이 쪼는 참새는 먼 꽃을 파고들고	後先啅雀穿花遠
오르내리는 고운 꾀꼬리는 휘도는 물을 지나지만	上下嬌鶯過水回
마을 의지해 무더위가 와도 상관하지 않으니	依社非關炎火及
진흙 떨어져도 입정한 스님의 미움을 받겠나	落泥焉有定僧猜
둥지를 떠나도 되오는 제비들[367]이	辭巢亦返烏衣國
오히려 타향 나그네의 귀밑머리를 재촉하네	猶勝他鄉客鬢催

367 제비들〔烏衣國〕: 원문의 오의국(烏衣國)은 제비 나라를 말한다. 《기찬연해(記纂淵海)》에 "당나라 금릉(金陵) 사람 왕사(王謝)가 바다를 항해하다 풍랑을 만나 어떤 섬에 표류하였는데 섬사람들이 모두 검은 옷을 입고 있었는데 궁실로 데려가서 대전에 앉아 있는 왕을 보니 말하기를 '오의국(烏衣國)'이라고 하고, 딸을 아내로 삼아주었다. 왕사가 고향을 그리워하자 왕이 명하여 구름을 모아 집을 만드니 왕사가 그 안에서 잠깐 눈을 감았을 뿐인데 이미 집에 도착하였고, 다만 한 쌍의 제비가 들보 위에서 자신을 내려다보는 것을 보고 그곳이 제비 나라였다는 것을 알았다〔唐王謝居金陵, 航海遇風抵一洲, 見翁嫗皆皂服. 引至宮室, 見王坐大殿曰, 烏衣國也. 命以女妻之. 謝思歸, 王命取飛雲軒令, 謝入其中閉目少息, 已至其家. 但見梁上雙燕呢喃下視謝, 乃悟所至乃燕子國也〕."라는 말이 있다. 《記纂淵海 卷97》

원운[368]

元韻

4월의 황량한 성에서 너희들 오는 것 보니	四月荒城見爾來
짧은 처마 긴 해에 짝지어 배회하여	短簷遲日共徘徊
들보를 적셔도 진흙 물고 드는 것을 내버려두고	霑梁一任銜泥入
발을 걷어 비 맞고 되 오는 모습 늘 안타까워했으니	卷箔常憐帶雨回
새끼 새의 시끄러운 울음 때로 분간 안 되지만	語雜雅[369]兒時未辨
외로운 나그네의 기댄 모습 절로 싫지 않구나	影依孤客自無猜
가을바람 쓸쓸하여 가을 다 지려는데	商飆蕭瑟秋將晩
먼저 되가야 한다고 늙은 나를 재촉하네	歸去應先老我催

368 원운(元韻) : 이경석의 이 시는 《백헌집(白軒集)》 권8에 〈제비〔燕〕〉라는 제목으로 실려 있다.

369 아(雅) : 이경석의 문집 《백헌집(白軒集)》 권8의 〈제비〔燕〕〉에는 '치(稚)'로 되어있다.

비를 괴로워한 시에 차운하다
次苦雨韻

상양이 와서 춤추는 것[370] 기다리지도 않고	不待商羊作舞來
우사 필수[371]가 기세를 다투어 돌아와	雨師星畢勢爭回
하늘 바가지[372] 기우려 새니 은하수 근심스럽고	天瓢傾漏愁雲漢
온갖 물 멋대로 내달려 땅의 우레 우렁차니	衆水橫奔殷地雷
오래전 가뭄 씻으려 들판에서 기도했던 책임이고[373]	湯旱久聞禱野責

370 상양이……것 : 원문의 상양(商羊)은 큰 비가 올 무렵이면 한쪽 다리를 구부리고 춤을 춘다는 전설상의 새를 말한다. 한(漢)나라 왕충(王充)의 《논형(論衡)》〈변동(變動)〉에 "상양은 비가 오는 것을 아는 새이다. 비가 오려고 하면 한쪽 다리를 굽히고 일어나서 춤을 춘다〔商羊者, 知雨之物也. 天且雨, 屈其一足起舞矣〕."라는 말이 있다. 《論衡 卷15, 變動》

371 우사 필수 : 원문의 우사성필(雨師星畢)은 28수(宿) 가운데 하나로 8개의 별로 이루어졌으며 비를 관장하는 필수(畢宿)를 말한다. 《수신기(搜神記)》에 "풍백우사는 별이다. 풍백은 기성이고, 우사는 필성이다〔風伯雨師星也, 風伯者, 箕星也. 雨師者, 畢星也.〕."라는 말이 있다. 《搜神記 卷4》

372 하늘 바가지 : 원문의 천표(天瓢)는 천신(天神)이 비를 내릴 때 사용한다는 바가지를 말한다. 송(宋)나라 소식(蘇軾)의 시 〈이십육일오경기행지반계천미명(二十六日五更起行至磻溪天未明)〉에 "꿈속에 천둥 벼락 수레를 타고, 말 위에서 하늘 바가지 기울여 쏟네〔安得夢隨霹靂駕, 馬上傾倒天瓢翻.〕."라는 구절이 있다. 《東坡全集 卷1, 二十六日五更起行至磻溪天未明》

373 오래전……책임이고 : 원문의 탕한(湯旱)은 은(殷)나라 탕(湯)임금 때 7년 동안 있었던 큰 가뭄을 말한다. 《수신기(搜神記)》에 7년 동안 큰 가뭄이 들어 하천이 말라서 탕왕이 상림에 들어 스스로 제물이 되겠다며 상제께 기도를 올리자 하늘이 감동해 큰 비가 내려 사해를 다스렸다는 말이 나온다〔湯旣克夏, 大旱七年, 洛川竭. 湯乃以身禱於桑林, 翦其爪·髮, 自以爲犧牲, 祈福於上帝. 於是大雨卽至, 洽於四海.〕. 《搜神記 卷8》

마침 만났던 요임금 때 스스로 경계한 재앙 같네[374] 堯年適値警予災
지극한 다스림의 향기[375]는 하늘을 따르는 것[376]이니 馨香至治元欽若
징맛비 내린 날 잃아 세며 개일 날을 꼽아보네 坐算淫霖指日開

374 요임금……같네 : 원문의 요년(堯年)은 요임금이 다스리던 태평성대를 말하는데, 지금 내리는 비가 마치 요임금 때 내리던 큰 비 같다는 말이다. 《서경(書經)》〈요전(堯典)〉에 요임금 말년에 이르러 큰 홍수가 있어 백성들이 땅을 경작하고 못하여 큰 고통 속에 있었다. 이에 곤(鯀)으로 하여금 치수를 하도록 하였으나 9년 동안 업적을 이루지 못했다는 말이 있다〔帝曰咨四岳, 湯湯洪水方割, 蕩蕩懷山襄陵, 浩浩滔天. 下民其咨, 有能俾乂. 僉曰於鯀哉. 帝曰吁咈哉, 方命圮族. 岳曰异哉. 試可乃已. 帝曰往欽哉. 九載, 績用弗成.〕. 《書經, 堯典》

375 지극한 다스림의 향기 : 원문의 형향지치(馨香至治)는 《서경(書經)》〈군진(君陳)〉에 "지극한 다스림은 아름다운 향기가 널리 퍼지는 것과 같아서 신명을 감동시키게 마련이다. 그러니 기장과 같은 제물이 향기로운 것이 아니요, 밝은 덕이 바로 향기로운 것이라고 하겠다〔至治馨香, 感于神明, 黍稷非馨, 明德惟馨.〕."라고 한 데서 온 말이다. 《書經, 君陳》

376 하늘을 따르는 것 : 원문의 흠약(欽若)은 하늘을 공경히 따르는 것을 말한다. 《서경(書經)》〈요전(堯典)〉에 희씨와 화씨에게 명하여, 하늘을 공경히 따라서 일월성신을 역서(曆書)로 만들고 관상(觀象)하게 하여, 농부들에게 농사철의 시기를 신중하게 알려 주도록 하였다는 말이 있다〔乃命羲和, 欽若昊天, 曆象日月星辰, 敬授人時.〕. 《書經, 堯典》

원운
元韻

사방의 먹구름[377] 큰비 되어 내리니	四望同雲大雨來
하수 한수 같은 기세라 되돌리기 어려워	勢如河漢倒難回
아침까지 안개 기운 온 숲을 덮고	連朝霧氣千林醉
밤새 시내 소리 온 골짜기를 울리니	一夜溪聲萬壑雷
지난날에는 쇠도 녹일 듯해 함께 탄식했었지만	向日共嗟金欲爍
지금은 물이 재앙 될까 되려 걱정하네	卽今還恐水爲災
알듯하네 북궐에서 백성들의 절박함을 괴로워하여	遙知北闕勤民切
용안[378]에 가득한 근심이 오래도록 풀리지 않을 것을	玉色含憂久未開

377 먹구름〔同雲〕 : 원문의 동운(同雲)은 눈이 내리기 전 온 하늘에 가득히 낀 먹구름을 말한다. 《시경(詩經)》 〈신남산(信南山)〉에 "하늘에 온통 먹구름이 끼니 함박눈이 펄펄 내리네〔上天同雲, 雨雪雰雰.〕."라는 구절이 있다. 《詩經, 小雅 信南山》

378 용안〔玉色〕 : 원문의 옥색(玉色)은 임금님의 용안을 말한다. 《남사(南史)》 〈해남제국(海南諸國)〉에 "진나라 의희 연간 초에 처음으로 사신을 보내 왕의 상을 바쳤는데 키가 4척 2촌이고, 얼굴빛이 깨끗하고 윤기가 났으며 몸이 남달랐다〔晉義熙初, 始遣使獻玉像, 像高四尺二寸, 玉色潔潤, 形制殊特.〕."라는 말이 있다. 《南史 卷78, 夷貊 上 海南諸國》

상공께서 주신 시에 차운하다

次相公贈韻

비 내린 울타리 젖어서 흐릿하고	雨餘籬落濕濛濛
병든 나그네 가을 회포는 밤 되어 길기만 한데	病客秋懷永夜中
악부의 천리마 구유에 누웠다는 노래[379] 절로 읊으니	樂府自吟驥伏櫪
풍성에 보검 묻혔던 것[380] 누가 알겠나	酆城誰識劍埋雄
인간 세상에서 모습은 해마다 변하지만	形容人世年年變

379 천리마……노래 : 원문의 기복력(驥伏櫪)은 천리마가 말구유에 엎드렸다는 것으로 큰 뜻을 펴지 못한 채 은거하며 때를 기다리고 있는 것을 비유한 말이다. 조조(曹操)의 시 〈보출하문행(步出夏門行)〉에 "늙은 천리마 구유에 누웠어도 뜻은 천 리 밖에 있고, 열사 비록 늙었어도 장한 마음은 변함이 없다네〔老驥伏櫪, 志在千里 烈士暮年, 壯心不已.〕."라는 구절이 있다. 《樂府詩集 卷54, 步出夏門行》

380 풍성에……것 : 원문의 풍성(酆城)과 검매(劍埋)는 풍성에 묻혀있던 두 보검(寶劍) 용천검(龍泉劍)과 태아검(太阿劍)을 말한다. 《진서(晉書)》 〈장화열전(張華列傳)〉에 진(晉)나라 때 오(吳)땅에 자주빛 기운이 하늘의 두성(斗星)과 우성(牛星) 사이로 뻗치는 것을 보고 장화(張華)가 뇌환(雷煥)을 불러 무슨 일인지 묻자 뇌환이 풍성(豊城) 땅에 보검(寶劍)이 있는 징조라 하였다. 장화는 뇌환을 풍성 현령으로 보내 보검을 찾아오도록 하였다. 뇌환은 풍성에 이르러 돌감옥을 파고 용천(龍泉)과 태아(太阿) 두 검을 찾아서 장화에게 바쳤다는 말이 나온다〔吳之未滅也, 斗牛之間常有紫氣, 道術者皆以吳方强盛, 未可圖也, 惟華以爲不然. 及吳平之後, 紫氣愈明. 華聞豫章人雷煥妙達緯象,乃要煥宿, 屛人曰可共尋天文, 知將來吉凶. 因登樓仰觀, 煥曰僕察之久矣, 惟斗牛之間頗有異氣. 華曰是何祥也. 煥曰寶劍之精, 上徹於天耳. 華曰君言得之. 吾少時有相者言, 吾年出六十, 位登三事, 當得寶劍佩之. 斯言豈效與. 因問曰在何郡, 煥曰在豫章豐城. 華曰欲屈君爲宰, 密共尋之, 可乎. 煥許之. 華大喜, 卽補煥爲豐城令, 煥到縣, 掘獄屋基, 入地四丈餘, 得一石函, 光氣非常, 中有雙劍, 竝刻題, 一曰龍泉, 一曰太阿.〕. 《晉書 卷36, 張華列傳》

하늘 끝 풍속은 가는 곳마다 같네 風俗天涯處處同
흘러가는 빠른 시간에 고향은 멀기만 하니 急節謝流鄕國遠
서쪽으로 온 말머리 어느 때 동으로 돌릴까 西來馬首幾時東

원운[381]

元韻

빗속에서
雨中

산 이내 바다 안개에 대낮에도 침침한 山嵐海霧晝濛濛
희미한 시골 마을 어지러운 빗속에 있는데 村聚依微亂水中
오랜 비는 촉 땅 하늘에서 내리는 비[382]인가 싶고 久雨還疑蜀天漏
긴 바람은 초왕의 웅풍[383]과 뒤섞였으며 長風又雜[384]楚王雄

381 원운(元韻) : 이경석의 이 시는《백헌집(白軒集)》 권8에 〈비〔雨〕〉라는 제목으로 실려 있다.

382 촉 땅……비 : 원문의 촉천루(蜀天漏)는 예로부터 촉 땅에 비가 많이 왔기 때문에 나온 말로, 하늘에 구멍이 뚫린 듯 쏟아지는 비를 말한다. 두보(杜甫)의 시 〈중간왕명부(重簡王明付)〉에 "강 구름은 어느 밤에나 다하고, 촉 땅 하늘의 비는 어느 때나 개일까〔江雲何夜盡 蜀雨幾時乾.〕."라는 구절이 있다. 《杜詩詳註 卷10, 重簡王明付》

383 초왕의 웅풍 : 원문의 초왕웅(楚王雄)은 송옥(宋玉)의 〈풍부(風賦)〉에 나오는 '대왕지웅풍야(大王之雄風也)'에서 온 말로 초왕이 백성의 어려움을 모르는 것을 비꼰 말이다. 여기에서는 비와 함께 불어오는 서늘한 바람을 말한다. 송옥(宋玉)의 〈풍부(風賦)〉에 초왕(楚王)이 대(臺)에 올라서 놀다가 서늘한 바람이 불어오니, 초왕이 '아, 바람이 시원하다' 하니, 송옥이 말하기를, '이것은 대왕의 수바람〔雄風〕이요, 서

변방 성의 계절은 벌레 소리로 알고　邊城節序蟲聲識

초가집 깃들어 사니 제비와 같은 처지네　草屋棲遲燕子同

이끼 낀 길 손님 온다고 쓸어본 적 없으니　苔逕不曾緣客掃

두 늙은이 양수의 이쪽저쪽[385]에 막혀있는 처지네　兩翁相阻瀼西東

민(庶民)의 암바람〔雌風〕은 시원하지 못합니다'라고 한 말이 나온다〔楚襄王游于蘭臺之宮，宋玉景差侍，有風颯然而至，王迺披襟而當之曰，快哉此風，寡人所與庶人共者邪，宋玉對曰此獨大王之風耳，庶人安得而共之．王曰夫風者，天地之氣，溥暢而至，不擇貴賤高下而加焉，今子獨以爲寡人之風，豈有說乎．宋玉對曰臣聞于師，枳句來巢，空穴來風．其所託者然，則風氣殊焉．王曰夫風始安生哉，宋玉對曰夫風生于地，起于青蘋之末．侵淫谿谷，盛怒于土囊之口．緣泰山之阿，舞于松柏之下．飄忽淜滂，激颺熛怒．耾耾雷聲，迴穴錯迕．蹷石伐木，梢殺林莽．至其將衰也，被麗披離，衝孔動楗，眴煥粲爛，離散轉移．故其清涼雄，風則飄舉升降．乘凌高城，入于深宮．邸華葉而振氣，徘徊于桂椒之間，翱翔于激水之上，將擊芙蓉之精．獵蕙草，離秦衡．槩新夷，被荑楊．迴穴衝陵，蕭條衆芳．然後倘佯中庭，北上玉堂．躋于羅帷，經于洞房．迺得爲大王之風也．故其風中人狀，直憯悽惏慄，清涼增欷．清清泠泠，愈病析酲．發明耳目，寧體便人．此所謂大王之雄風也．王曰善哉論事，夫庶人之風，豈可聞乎，宋玉對曰夫庶人之風，塕然起于窮巷之間，堀堁揚塵．勃鬱煩冤，衝孔襲門．動沙堁，吹死灰．駭溷濁，揚腐餘．邪薄入甕，至於室廬．故其風中人狀，直憞溷鬱邑，毆溫致溼．中心慘怛，生病造熱．中脣爲胗，得目爲蔑．啗齰嗽獲，死生不卒．此所謂庶人之雌風也．〕．《文選　卷13，風賦》

384 잡(雜) : 이경석의 문집 《백헌집(白軒集)》 권8의 〈비〔雨〕〉에는 '학(學)'으로 되어있다. '학'으로 보면 이 구절은 "긴 바람은 초왕의 웅풍을 배웠으며"로 번역된다.

385 양수의 이쪽저쪽 : 원문의 양서동(瀼西東)은 '양동양서(瀼東瀼西)'의 준말로 '양'은 중국의 사천성(四川省) 봉절현의 산골짜기에서 흐르는 냇물이다. 두보(杜甫)는 기주(夔州)에서 살 때에 양수의 동쪽과 서쪽으로 여러 차례 이사하며 살았는데, 그의 시 〈기주가(夔州歌)〉에 "양동과 양서에는 일만 호의 집이 있고, 강북과 강남에는 봄이나 겨울이나 꽃이 피네〔瀼東瀼西一萬家，江北江南春冬花．〕."라는 구절이 있다. 《杜詩詳註 卷15，夔州歌》 각주 58번 참조.

또 상공께서 주신 시에 차운하다

又次相公贈韻

유배 온 뒤 정화[386]가 세월 따라 흘러가	謫裏菁華歲月移
할 일 없이 들어앉아 옷만 걸치고 있으니	端居無事慣衣披
헛된 명성은 평생의 계책을 그르쳐 버렸고	虛名一誤平生計
소박함도 태고의 시간을 되돌리기 어려운데	素朴難回太古時
문정공[387]은 강호에서 임금님 근심하고 그리워했으며	文正江湖憂戀闕
방옹[388]은 유배되어 늙어서도 시를 읊었지	放翁流客老吟詩
해 저무는 외로운 성 긴 강은 흘러가는데	孤城日暮長江去
술잔 쥐고 마주보니 슬프지 않겠는가	把酒相看有不悲

386 정화(菁華) : 정수가 될 만한 가장 뛰어난 부분을 말하는데, 여기에서는 인간이 가지고 있는 호흡이나 진액을 말한다. 《고시기(古詩記)》〈제내재가(帝乃載歌)〉에 "정화가 이미 고갈되었으니, 바지를 벗고 물을 건너가리〔菁華已竭, 褰裳去之.〕."라는 구절이 있다. 《古詩記 卷1, 帝乃載歌》

387 문정공〔文正〕 : 원문의 문정(文正)은 범중엄(范仲淹, 989~1052)으로 자는 희문(希文), 시호는 문정(文正)이다. 송(宋)나라 인종(仁宗)때의 간관(諫官)이자 문학가이다. 곽황후(郭皇后)의 폐립(廢立) 문제를 놓고 찬성파인 재상 여이간(呂夷簡)과 대립했다가 요주로 좌천되기도 하였다. 어렵게 자란 탓에 출세한 후에도 늘 검소한 생활을 했으며 백성만을 생각했다고 한다. 《宋史 卷314, 范仲淹列傳》

388 방옹(放翁) : 원문의 방옹(放翁)은 육유(陸游, 1125~1210)로 자는 무관(務觀), 호는 방옹(放翁)이다. 남송(南宋) 때의 저명한 시인으로 강경한 북벌론자여서 조정의 결정이 화의와 북벌을 반복할 때마다 관직의 부침을 심하게 겪었다. 저서에 《검남시고(劍南詩稿)》 등이 있다. 《宋史 卷395, 陸游列傳》 각주 68번 참조.

원운
元韻

비 내린 뒤
雨後

비 내린 뒤 시골길 다 변해버렸고	雨後村蹊盡變移
바람맞은 나무도 잎 다 떨어졌으며	受風林木亦離披
산은 머리 감고 관을 턴 형상 같고	山如新沐彈冠狀
시내는 천리마가 산을 넘던 그때 같으니[389]	溪似長驅歷塊時
갈매기 먼 꿈[390]의 수고를 몇 번이나 기억할까	幾憶鷺鷗勞遠夢
귀뚜라미 시나 읊조리라고 하는데	還將蟋蟀費吟詩
훌쩍 지나가는 세월이 나그네 같으니	光陰荏苒猶爲客
변새 가을 회포 절로 슬프구나	塞上秋懷也自悲

389 천리마가……같으니 : 원문의 역괴(歷塊)는 먼 길을 순식간에 흙덩이를 뛰어넘듯 달린다는 말로 천리마 같은 뛰어난 능력을 지닌 것을 의미한다. 한(漢)나라 왕포(王褒)의 〈성주득현신송(聖主得賢臣頌)〉에 "도읍을 지나고 국경을 넘는데도 빠르기가 마치 흙덩이를 지나는 것 같다〔過都越國, 蹶如歷塊.〕."라는 말이 있다. 《文選 卷47, 聖主得賢臣頌》 각주 203번 참조.

390 갈매기 먼 꿈 : 원문의 노구(鷺鷗)는 '구로지맹(鷗鷺之盟)'을 말하는 것이다. 흰 갈매기를 친구 삼아 함께 놀겠다는 맹세로, 자연에 은거하겠다는 결심을 말한다. 송(宋)나라 육유(陸游)의 시 〈숙흥(夙興)〉에 "학의 원망은 누구를 의지해 풀리나. 갈매기와의 맹서 이미 식었을까 염려되네〔鶴怨憑誰解, 鷗盟恐已寒.〕."라는 구절이 있다. 《劍南詩稾 卷52, 夙興》

7월 그믐날에

七月晦日

7월도 정녕 30일 되었으니	七月正當三十日
흐르는 세월에 두 귀밑머리 다 세었음을 알겠네	流光偏覺鬢毛侵
부모님[391]의 소식은 남릉에서 더디고	庭闈消息南陵晚
조정[392]의 위의는 북두에서 깊으니	閶闔威儀北斗深
관새의 나무는 개인 줄 알아 새벽빛을 열었는데	關樹知晴開曉色
골짝 구름은 무슨 생각으로 깊은 그늘을 맺었나	嶺雲何意結層陰
되갈 길 아득하고 가을 하늘 차가운데	歸程杳杳秋天冷
처음으로 우번의 처지[393] 되니 땅이 마음에서 머네	始作虞翻地遠心

391 부모님〔庭闈〕: 원문의 정위(庭闈)는 부모님이 거처하는 방으로 부모님을 말한다. 당(唐)나라 두보(杜甫)의 시 〈송한십사강동성근(送韓十四江東省覲)〉에 "나는 이미 집도 없어져 동생들을 찾고 있는데, 그대는 지금 어디에서 부모님을 찾는가〔我已無家尋弟妹, 君今何處訪庭闈.〕."라는 구절이 있다.《杜詩詳註 卷10, 送韓十四江東省覲》

392 조정〔閶闔〕: 원문의 창합(閶闔)은 전설상의 천문(天門) 또는 궁궐문이나 도성문을 가리키는데, 여기에서는 조정(朝庭)을 말한다. 당(唐)나라 요합(姚合)의 시 〈기우사이정언(寄右史李定言)〉에 "물시계 다해 도성문 열리려하니, 향불 오르고 면류관 쓰시고 앉으시네〔閶闔欲開金漏盡, 冕旒初坐御香高.〕."라는 구절이 있다.《御定全唐詩 卷497, 寄右史李定言》

393 우번의 처지 : 원문의 우번(虞翻)은 삼국시대 오(吳)나라 사람으로 자는 중상(仲翔)이다. 그는 곧은 성품으로 인해 직간(直諫)을 하다가, 손권(孫權)에게 미움을 받아 여러 지방으로 옮겨 다니다 마지막에 교주(交州)로 쫓겨났는데 그곳에서 수백 명의 문도(門徒)를 거느리고 강학(講學)에 전념하였다. 여기에서는 저자가 우번처럼 유배된 처지를 말한다.《三國志 卷57, 吳書 虞翻傳》

백헌 상공이 차운하다
軒相次

장안에서 이별한 뒤 이제 몇 달 되었는가	一別長安今幾月
늙은이 얼굴에 병 기운이 스며드네	老翁顏狀病還侵
관새 구름 막막하고 변방 바람 차가우며	關雲漠漠邊風冷
진령 아득하고 위수는 깊은데[394]	秦嶺迢迢渭水深
그대는 어머니 계셔 소식을 전하지만	君有慈親傳信字
나는 아버지 무덤을 떠올리며 가을 그늘에 갇히네	我思先壟鎖秋陰
하늘 끝에서 마주하여 회포를 이야기하니	天涯相對論懷地
임금님 그리워하고 때를 근심하는 이 마음 똑같구나	戀主憂時共此心

394 진령……깊은데 : 원문의 진령(秦嶺)은 중국 장안(長安)에 있는 종남산(終南山)을 가리키고, 위수(渭水)는 서안(西安)에 있는 강을 말한다. 진령과 위수는 모두 도읍지에 있기 때문에 여기에서는 한양을 말한다. 《사기(史記)》〈제태공세가(齊太公世家)〉에 강태공이 위수 가에서 낚시질을 하며 세월을 보내다 주 문왕을 만나 재상이 되었다는 말이 나온다〔呂尚盖嘗窮困, 年老矣, 以魚釣奸周西伯. 西伯將出獵, 卜之, 曰所獲非龍非彲非虎非羆, 所獲霸王之輔. 於是周西伯獵, 果遇太公於渭之陽, 與語大說, 曰自吾先君太公曰當有聖人適周, 周以興. 子眞是邪. 吾太公望子久. 矣故號之曰太公望, 載與俱歸, 立爲師.〕. 《史記 卷32, 齊太公世家》

상공의 시에 차운하다

次相公韻

질푸른 가을 맑고 겹겹산은 둘렀는데　秋晴蒼翠疊層巒
구불구불 고갯길 일곱 굽이를 지나보니　嶺路紆回過七盤
평소 그 자취는 지금 세상 선비 같지만　平素迹同今世士
험난한 하늘은 달인의 통찰력[395]을 시험하니　險艱天試達人觀
숲 깊어 안개 속 표범[396]이 몸 숨기기 늦지 않았고　林深豹霧隱非晩
정자 눌러 모래톱 갈매기와의 맹세도 식지 않았네[397]　亭壓鷗沙盟未寒

395 달인의 통찰력 : 원문의 달인(達人)은 활달하고 호방한 사람을 말하며, 달인관(達人觀)은 달인이 세상을 꿰뚫어보는 힘을 말한다. 한(漢)나라 가의(賈誼)의 〈복조부(鵩鳥賦)〉에 "작은 지혜는 스스로 사사로이 여겨서 상대방을 천하게 보고 나를 귀하게 여기나, 통달한 사람은 크게 보니 불가한 것이 없다네〔小智自私兮, 賤彼貴我. 達人大觀兮, 物無不可.〕."라는 구절이 있다. 《文選 卷13, 鵩鳥賦》

396 안개 속 표범 : 원문의 표은(豹隱)은 남산현표(南山玄豹)에서 나온 말로, 표범이 눈이나 비가 내릴 때 제 몸을 더럽힐까 염려하여 밖에 나오지 않는다는 말이다. 《고열녀전(古列女傳)》〈도답자처(陶答子妻)〉에 남산의 검은 표범이 자신의 털 무늬를 아름답게 보존하기 위해서, 무우(霧雨)가 계속된 7일 동안 먹을 것이 없어도 가만히 머물러 있기만 하고, 산 아래로 내려가 먹을 것을 구하려 하지 않았다는 말이 있다〔妾聞南山有玄豹, 霧雨七日而不下食何也, 欲以澤, 其毛而成文章也, 故藏而遠害.〕. 《古列女傳 卷2, 陶答子妻》 각주 241번 참조.

397 갈매기와의……않았네 : 원문의 구맹(鷗盟)은 갈매기와 벗하여 친구가 된다는 것으로 은퇴하여 한적한 삶을 살겠다는 것을 비유한 말이다. 송(宋)나라 육유(陸游)의 시 〈숙흥(夙興)〉에 "학의 원망은 누구를 의지해 풀리나, 갈매기와의 맹서 이미 식었을까 염려되네〔鶴怨憑誰解, 鷗盟恐已寒.〕."라는 구절이 있다. 《劍南詩稿 卷52, 夙興》 각주 390번 참조.

이번 가는 길에는 사찰[398]이 지척에 없을 것이니　　此去星龕無咫尺
스님에게 소식 전해 마음의 안정을 구하네　　寄聲禪伯要心安

원운
元韻

지는 해 속 가마 타고 바위산에 오르니　　藍輿落日上岀巒
험준한 돌길이 몇 백 굽이 둘러있어　　石逕崎嶇幾百盤
시서를 말아 쥐니 옛 시렁인 듯하고　　催捲詩書尋舊架
호수 바다 즐겨 찾으니 새로운 경치 같은데　　笑臨湖海似新觀
밤 골짝에는 바람 일어 온 숲이 울려대고　　風生夜壑千林嘯
가을 창에는 구름 자서 베갯머리 싸늘하네　　雲宿秋窓一枕寒
서울 그리는 마음만은 그치지 않으니　　惟有望京心未已
어지러운 산 그 어느 곳이 장안인가　　亂山何處是長安

398 사찰〔星龕〕: 원문의 성감(星龕)은 늘어선 별처럼 흩어져 있는 절 혹은 불탑을 말하는데, 여기에서는 사찰을 말한다. 당(唐)나라 송지문(宋之問)의 시 〈용문응제(龍門應制)〉에 "안탑은 푸른 물결 가에 아득한데, 사찰은 산등성이에서 빛나네〔鴈塔遙遙綠波上, 星龕奕奕翠微邊.〕."라는 구절이 있다. 《宋之問集 卷上, 龍門應制》

8월 15일에 달을 읊어 상공에게 써서 드리다

仲秋之望 詠月 錄呈相公案下

가을 8월하고도 보름밤	八月秋期十五夜
월궁에서 천 리에 달[399]을 빌려주어	月宮千里借銀蟾
위아래로 흐르는 빛에 천지가 열리고	流光上下開天地
은하수도 가려서 둥근 거울을 연 듯하니	掩映星河豁鏡奩
깊은 숲길에서는 귀신[400]도 도망치기 어렵겠고	魍魎難逃深樹路
먼 물결 잔잔한 속 어룡은 서늘하겠네	魚龍銜冷遠波恬
그 누가 술 가지고 높은 산에 오르나	何人有酒登高望
우리들 부질없이 흰 눈 같은 소금[401]만 읊고 있으니	我輩空吟白雪鹽

399 달〔銀蟾〕: 원문의 은섬(銀蟾)은 달을 말한다. 달에 토끼와 두꺼비가 산다는 전설이 있으므로 옥토(玉兎)와 은섬으로 달을 불렀다. 당(唐)나라 백거이(白居易)의 시 〈중추월(中秋月)〉에 "그들을 몇 번이나 비춰 사람들 애간장을 끊었던가, 옥토끼와 은두꺼비 멀리 있어 알지 못하겠네〔照他幾許人腸斷, 玉兎銀蟾遠不知.〕."라는 구절이 있다. 《白氏長慶集 卷16, 中秋月》

400 귀신〔魍魎〕: 원문의 망량(魍魎)은 도깨비나 귀신을 말한다. 송(宋)나라 매요신(梅堯臣)의 시 〈야음(夜陰)〉에 " 땅을 싫어하는 귀신 드무니, 회한이 번우에서 그치네〔地嫌稀魍魎, 海恨止番禺.〕."라는 구절이 있다. 《宛陵集 卷31, 夜陰》

401 흰 눈……소금 : 원문의 백설염(白雪鹽)은 소금밖에 없는 보잘것없는 안주를 말한다. 이태백의 시 〈제동계공유거(題東溪公幽居)〉에 "손님이 오면 단지 붙잡고 한바탕 취할 줄만 아니, 소반에는 오직 수정 같은 소금만 있을 뿐이네〔客到但知留一醉, 盤中祇有水精鹽.〕."라는 구절이 있다. 《李太白文集 卷22, 題東溪公幽居》

백헌 상공이 차운하다

軒相次

맑은 가을 보름엔 좋은 경치도 많고 清秋十五多清景
높디높은 달집에서는 고운 달빛[402]을 걸었으니 玉宇峥嵘掛玉蟾
한나라 변방 성 위에 뜨니 밤도 들지 않고 漢塞臨城還不夜
진나라 누각에서 간담을 비춰[403] 거울을 연 듯 빛나며 秦樓照膽逈開奩
층층 숲 겹진 벽엔 작디작은 이슬 맺고 層林疊壁纖毫露
푸른 바다 은빛 강은 한 빛으로 고요하네 碧海銀河一色恬
아이는 희게 변한 시내길 보고 놀라니 童子驚看溪路白
이상하겠지 눈 쌓인 듯 소금 쌓인 듯한 것이 却疑堆雪復堆鹽

402 고운 달빛 : 원문의 옥섬(玉蟾)은 달을 미화하여 말한 것이다. 당(唐)나라 저재(褚載)의 시 〈월시(月詩)〉에 "두성이 흩어져 안개노을 거두니, 고운 달빛 바다 동쪽 어귀에서 빛나네〔星斗離披煙靄收, 玉蟾蜍耀海東頭.〕."라는 구절이 있다. 《御定全唐詩 卷694, 月詩》

403 간담을 비춰 : 원문의 조담(照膽)은 사람의 간담을 훤히 비춘다는 말인데, 여기에서는 달빛이 매우 밝은 것을 말한다. 《서경잡기(西京雜記)》에 진시황(秦始皇)은 신비로운 거울(神鏡)을 가지고 있었는데, 거울로 사람을 비추면 그림자가 거꾸로 보이고, 가슴을 비추면 오장이 훤히 보였다. 병이 있는 사람은 환부가 나타나 병이 있는 곳을 알 수 있었다는 말이 나온다〔有方鏡, 廣四尺, 高五尺九寸, 表裏有明, 人直來照之, 影則倒見. 以手捫心而來, 則見腸胃五臟, 歷然無硋. 人有疾病在內, 則掩心而照之, 則知病之所在.〕. 《西京雜記 卷3》

상공이 주신 시에 차운하다

次相公惠韻

썩은 선비 무이산[404]을 분별하지 못해	腐儒無分武夷山
세상 살며 자기관[405]을 되새겨 보지만	閱世翻思紫氣關
먼 길 행장에 작은 주머니 가련하고	遠路行藏憐小褚
고향 오두막도 세 칸뿐이라네	故園矮屋只三間
북쪽 변방[406] 몸을 두니 모래바람 날마다 불고	側身楡塞風沙日
어머니[407]께 되가는 꿈만 눈에 어른거리네	歸夢萱堂彩眼斑

404 무이산(武夷山) : 중국 복건성에 있는 산으로 주자(朱子)가 무이정사(武夷亭舍)를 세우고 은거하여 학문을 닦던 곳을 말한다. 명(明)나라 남인(藍仁)의 시 〈숙전가망무이산(宿田家望武夷山)〉에 "무이산 경치 세상에 없는 듯하니, 첩첩이 겹진 봉우리 모두 그림같네〔武夷山水天下無, 層巒疊嶂皆畫圖.〕."라는 구절이 있다. 《藍山集 卷1, 宿田家望武夷山》

405 자기관(紫氣關) : 함곡관 위로 뻗친 자색 기운을 말한다. 《사기(史記)》〈노장신휘열전(老莊申韓列傳)〉의 주에 "노자가 서쪽으로 떠날 때에 관령 윤희가 바라보니 자기(紫氣)가 관문 위에 떠 있었다〔老子西遊, 關令尹喜望見, 其有紫氣浮關.〕."라고 한 데서 온 말이다. 《史記 卷63, 老莊申韓列傳》 각주 141번 참고

406 북쪽 변방 : 원문의 유새(楡塞)는 유관(楡關) 즉 산해관(山海關)의 별칭으로, 북쪽 변방의 요새를 말한다.

407 어머니〔萱堂〕 : 원문의 훤당(萱堂)은 어머니를 높여 부르는 말이다. 훤(萱)은 원추리 꽃으로 근심을 잊게 해준다고 하여 '망우초(忘憂草)'라고도 부른다. 옛날에 부인들은 주로 북당(北堂)에 거주했는데 그 뜰에 원추리를 심었기 때문에 어머니를 훤당이라고 하였다. 이익(李瀷)의 시 〈차김담양수친연운(次金潭陽壽親宴韻)〉에 "어머니께 술잔 올릴 자리 마련하려, 강화 현감으로 나갔다 잠시 벼슬 그만두었네〔萱堂擎爵俄鋪席, 花縣隨輿暫罷官.〕."라는 구절이 있다. 《星湖全集 卷4, 次金潭陽壽親宴韻》

도 닦아 날개 돋길 아직 이루지 못했으니 修道未成生羽翰
천궁 어느 곳에서 신선의 반열[408]을 물을까 星宮何處問仙班

원운[409]

元韻

변방 외로운 성 백마산성에서 絶塞孤城白馬山
꿈속 혼만 옛 사립문 길이 맴도는데 夢魂長繞舊柴關
군민의 뜻[410] 벗어난 것엔 작은 정성도 안 두었지만 微誠不在君民外
진퇴하는 사이에 옛 계획 되려 어긋나니 夙計還違進退間

408 신선의 반열 : 원문의 선반(仙班)은 신선들이 늘어서 있는 반열을 말한다. 명(明)나라 서통(徐熥)의 시 〈초지무이(初至武夷)〉에 "아홉 구비 신선 반열 학 수레를 맞이하고, 반공중에는 하늘 음악 난생을 연주하네〔九曲仙班邀鶴馭, 半空天樂奏鸞笙.〕."라는 구절이 있다. 《幔亭集 卷8, 初至武夷》

409 원운(元韻) : 이경석의 이 시는 《백헌집(白軒集)》 권8에 〈궁벽진 변새의 비〔絶塞雨〕〉라는 제목으로 실려 있다.

410 군민의 뜻 : 원문의 군민(君民)은 요순(堯舜) 같은 임금과 요순 때의 백성처럼 태평시대를 만들어 보고자 하는 뜻을 말한다. 《맹자(孟子)》 〈만장(萬章) 상(上)〉에 "탕임금이 세 번이나 사람을 시켜서 초빙하게 하니, 이내 마음을 바꾸어서 '내가 밭두둑 사이에 있으면서 요순의 도를 즐기는 것만 같겠는가. 내가 어찌 이 임금님으로 하여금 요순과 같은 임금이 되도록 하는 것만 같겠으며, 내가 어찌 이 백성들로 하여금 요순 때의 백성이 되게 하는 것만 같겠는가. 내가 어찌 내 몸으로 직접 보는 것만 같겠는가'라고 하였다〔湯三使往聘之, 旣而幡然改曰, 與我處畎畝之中, 由是以樂堯舜之道, 吾豈若使是君爲堯舜之君哉. 吾豈若使是民爲堯舜之民哉. 吾豈若於吾身親見之哉.〕." 라는 말이 있다. 《孟子, 萬章 上》

8월 은하수에 뗏목도 띄우지 못하고[411]	八月銀河槎未泛
한 해의 가을빛에 흰머리만 늘어나네	一年秋色鬢添斑
서쪽으로 가는 길에 대지팡이만 나를 따르니	西來竹杖惟隨我
누가 알겠는가 예전에 재상의 반열에 올랐던 것을	誰識曾叨上相班

411 8월……못하고 : 원문의 팔월은하사(八月銀河槎)는 배를 타고 사신으로 가는 것을 말하는데, 여기에서는 유배에서 풀려 집으로 되돌아가는 것을 말한다. 《박물지(博物志)》에 은하수는 바다와 서로 통해 있다고 전하는데, 해변에 사는 어떤 사람이 해마다 8월이 되면 뗏목이 떠내려 오는 것을 보고 그 뗏목을 타고 은하에 당도하여 견우와 직녀를 보았다는 말이 나온다〔舊說云天河與海通近世, 有人居海濱者, 年年八月有浮槎去來, 不失期人有奇志立飛閣于槎上多齎糧乘槎, 而去十餘日中, 猶觀星月日辰自後芒芒忽忽, 亦不覺晝夜去十餘日奄至一處, 有城郭狀屋舍甚嚴遙望宮中多織婦, 見一丈夫牽牛.〕. 《博物志 卷10》

상공이 주신 시에 차운하다

次相公惠韻

기린원[412] 가득한 조정에 나아가니	漫持麟楦進王庭
경세제민의 처음 마음 어두운 곳으로 떨어졌고	經濟初心墮杳冥
화와 복이 반복됨을 아는 변방 노인[413] 드무니	倚伏秪知希北叟

412 기린원〔麟楦〕: 원문의 인훤(麟楦)은 기린훤(麒麟楦)과 같은 말로 겉만 그럴듯하고 속은 별 것이 아니라는 말이다. 《조야첨재(朝野僉載)》에 당(唐)나라 영천 현령 양형(楊炯)이 늘 조사(朝士)들을 기린훤이라 부르며 놀리자 어떤 이가 그 까닭을 묻었는데 '지금 가짜 기린을 놀리는 자들은 반드시 그 형상을 꾸며서 나귀에다 기린탈을 씌워서 다른 동물을 만들지만 그 탈을 벗겨 버리면 도로 나귀가 되어 버린다. 덕이 없으면서 높은 관직에 있는 것이 기린탈을 뒤집어 쓴 것과 무엇이 다르겠는가'라고 한 말이 나온다〔唐衢州盈川縣令楊炯, 詞學優長, 恃才簡倨, 不容於時, 每見朝官, 目爲麒麟楦許怨. 人問其故, 楊曰今假弄麒麟者, 必修飾其形, 覆之驢上, 完然異物. 及去其皮, 還是驢馬. 無德而衣朱紫者, 與驢覆麟皮何別矣.〕. 《朝野僉載 補輯》

413 화와……노인 : 원문의 의복(倚伏)은 화복(禍福)이 서로 인연하여 순환함을 말한 것으로, 《장자(莊子)》〈순화(順化)〉에 "화 속에 복이 의지해 있고, 복 안에 화가 숨어 있다〔禍兮福之所倚, 福兮禍之所伏.〕."라고 한 데서 온 말이다. 원문의 북수(北叟)는 옛날 변새(邊塞)에 살던 노인으로 '새옹지마(塞翁之馬)'를 말하는데, 《회남자(淮南子)》〈인간훈(人間訓)〉에 변새에 살던 노인이 자신이 키우던 말이 도망가자 이것이 오히려 복이 될 수도 있다고 하였고, 도망갔던 말이 준마를 데리고 오자 화가 될 수도 있다고 하였다. 노인은 준마를 타다가 다리가 부러지자 이것이 오히려 복이 될 수도 있다고 하였는데 얼마 후 전쟁이 나자 장정들이 모두 전쟁터에 나가야 했지만 노인은 부러진 다리 덕분에 전쟁터에 나가지 않아 목숨을 건질 수 있었다는 말이 나온다〔近塞上之人, 有善術者. 馬無故亡而入胡. 人皆弔之, 其父曰, 此何遽不爲福乎. 居數月, 其馬將胡駿馬而歸. 人皆賀之, 其父曰, 此何遽不能爲禍乎. 家富良馬, 其子好騎, 墮而折其髀. 人皆弔之, 其父曰, 此何遽不爲福乎. 居一年, 胡人大入塞, 丁壯者引弦而戰. 近塞之人, 死者十九, 此獨以跛之故, 父子相保.〕. 《莊子, 順化》, 《淮南子 卷18, 人間訓》

회오리바람 타고 어찌 감히 남명[414]으로 가겠나 扶搖何敢捲南溟

새장에 갇힌 학은 조정의 총애를 두려워하고 投籠鶴怕軒墀寵

고기 자른 사람[415]이 다 동방삭[416]은 아니어서 斫肉人非木帝星

삼위[417]로 내쫓겨 먼 변방으로 유배 왔으니[418] 竄逐三危禦魑魅

414 남명(南溟) : 남쪽의 큰 바다를 말한다. 《장자(莊子)》〈소요유(逍遙遊)〉에 "붕새가 남명(南溟)으로 날아갈 때 물결이 삼천 리나 출렁이며 회오리바람을 타고 구만 리를 날아올라 6개월을 날아간 뒤에야 쉰다〔鵬之徙於南冥也, 水擊三千里, 摶扶搖而上者九萬里, 去以六月息者也.〕."라는 말이 있다. 《莊子, 逍遙遊》

415 고기 자른 사람 : 동방삭(東方朔)이 아내에게 고기를 갖다 준 일에서 온 말이다. 《한서(漢書)》〈동방삭전(東方朔傳)〉에 한 무제가 복날(伏日)에 신하들에게 고기를 하사했는데 태관승(大官丞)이 늦게까지 오지 않자, 동방삭이 먼저 고기를 잘라 귀가하였다. 이튿날 무제가 이를 알고 동방삭을 불러서 기다리지 않은 것을 자책하라 하였는데 동방삭은 오히려 '삭아, 삭아, 하사를 받고 조서를 기다리지 않음은 어찌 그리 무례하며, 칼을 뽑아 고기를 벤 것은 어찌 그리 장하며, 베었으되 많이 베지 않은 것은 어찌 그리 청렴하며, 돌아가서 아내에게 준 것은 어찌 그리 어진고'라며 오히려 자찬(自讚)을 하자 무제는 웃으며 '너의 자책이 오히려 경계가 되는구나'라며 술과 고기를 하사하였다는 말이 나온다〔伏日, 詔賜從官肉. 大官丞日晏不來, 朔獨拔劍割肉, 謂其同官曰, 伏日當蚤歸, 請受賜. 卽懷肉去. 大官奏之. 朔入, 上曰, 昨賜肉, 不待詔, 以劍割肉而去之, 何也. 朔免冠謝. 上曰, 先生起自責也. 朔再拜曰, 朔來朔來, 受賜不待詔, 何無禮也. 拔劍割肉, 壹何壯也. 割之不多, 又何廉也. 歸遺細君, 又何仁也. 上笑曰, 使先生自責, 乃反自譽., 復賜酒一石, 肉百斤, 歸遺細君.〕. 《漢書 卷65, 東方朔傳》

416 동방삭〔木帝星〕 : 원문의 목제성(木帝星)은 동방삭을 말한다. 《태평어람(太平御覽)》에 "서왕모의 사자가 이르러 동방삭이 죽었다고 하여 임금이 사자에게 물으니 대답하기를 '동방삭은 목제의 정수여서 세성(歲星)이었는데 아래로 내려와 사람들 속에서 천하를 유람하였으니 폐하의 신하가 아닙니다'라고 답하였다〔西王母使者至, 東方朔死. 上問使者, 對曰朔是木帝精, 爲歲星, 下游人中以觀天下, 非陛下臣也.〕."라는 말이 있다. 《太平御覽 卷5》

417 삼위(三危) : 지명 또는 산명으로 유배지를 말한다. 《서경(書經)》〈순전(舜典)〉에

훗날의 역사[419]는 그의 공적을 전할까 　　　　異時編簡爲誰靑

"공공(共工)을 유주(幽洲)로 유배 보내고, 환두(驩兜)를 숭산(崇山)에 놓아주고, 삼묘(三苗)를 삼위(三危)로 내쫓고, 곤(鯀)을 우산(羽山)에 유폐하여 죄를 주니 천하가 복속하였다〔流共工于幽洲, 放驩兜于崇山, 竄三苗于三危, 殛鯀于羽山, 四罪而天下咸服.〕."라는 말이 있다.《書經, 舜典》

418 먼 변방으로……왔으니 : 원문의 어이매(禦魑魅)는 도깨비들의 재해를 막는다는 말로 멀리 유배 보낸다는 뜻이다.《춘추좌씨전(春秋左氏傳)》에 "순임금이 요임금의 신하가 되어서 네 문을 열어 손님을 맞이하고, 사흉의 무리인 혼돈(渾敦)·궁기(窮奇)·도올(檮杌)·도철(饕餮)을 유배 보내 사방 변두리로 내쳐서 도깨비들의 재해를 막게 하였다〔舜臣堯, 賓于四門, 流四凶族渾敦·窮奇·檮杌·饕餮, 投諸四裔, 以禦魑魅.〕."라고 한 데서 온 말이다. 한유(韓愈)의 시 〈초남식이원십팔협률(初南食貽元十八協律)〉에 "내가 남방으로 유배를 왔으니, 남방의 음식을 먹는 게 당연하지〔我來禦魑魅, 自宜味南烹.〕."라는 구절이 있다.《春秋左氏傳, 文公 18年》,《昌黎先生文集 卷6, 初南食貽元十八協律》

419 역사〔編簡〕: 원문의 편간(編簡)은 역사서를 말한다. 두보의 시 〈고무위장군만사(故武衛將軍挽詞)〉 3수 중 제1수에 "제후에 봉해지는 뜻 성글었으니, 역사서는 누굴 위해 푸르나〔封侯意疏濶, 編簡爲誰靑.〕."라는 구절이 있다.《杜詩詳註 卷2, 故武衛將軍挽詞》

또 차운하다
又次

변방 기러기 남쪽 가다 바다제비와 만나고	塞雁南飛海燕遇
산 달은 몇 번이나 등라 넝쿨 비췄던가	幾回山月映藤蘿
북쪽으로 바라본[420] 종남산[421]은 구름안개에 가려있고	終南北望雲煙隔
동으로 흐르는 온 골짝 물은 감개한 마음 넘치는데	萬壑東流感慨多
실 같은 짧은 머리 시름 속에 벗겨지고	短髮如絲愁裏禿
근심 달래는 짧은 시를 병든 중에 읊어보네	小詩排悶病中哦
노둔한 재주로 멍에 벗는 것이 나의 본분이었으니	駑才斥駕元吾分
큰 집 짓는[422] 다툼 없었어도 재상 머리 다 세었네	搆厦爭無國老皤

420 북쪽으로 바라본 : 원문의 북망(北望)은 북쪽을 바라본다는 말이다. 종남산은 원래 남쪽에 있지만 임금님은 항상 남면(南面)해서 앉으므로 임금님을 대하는 신하들은 항상 북쪽을 바라본다는 말로, 임금님에 대한 그리움을 표현한 것이다.

421 종남산〔終南〕 : 원문의 종남(終南)은 종남산(終南山)으로 중국의 장안(長安) 남쪽에 있는 산 이름인데, 조선 시대에 서울의 남산(南山)을 지칭하는 말로 자주 사용되었다. 두보(杜甫)의 시 〈봉증위좌승장(奉贈韋左丞丈)〉에 "아직도 종남산을 그리워하여, 고개 돌려 맑은 위수 바라보네〔尙憐終南山, 回首淸渭濱.〕."라는 구절이 있다. 《杜詩詳註 卷1, 奉贈韋左丞丈》 각주 21번 참조.

422 큰 집 짓는 : 원문의 구하(搆厦)는 큰 집을 짓는다는 말로, 나라를 위해 큰 공을 세우는 것을 말한다. 두보(杜甫)의 시 〈자경부봉선현영회(自京赴奉先縣詠懷)〉에 "지금 낭묘의 도구로 말하자면, 큰 집 짓는 데 어찌 재목이 없다 하겠는가〔當今廊廟具, 構廈豈云缺.〕."라는 구절이 있다. 《杜詩詳註 卷4, 自京赴奉先縣詠懷》

또 차운하다
又次

작은 성 모퉁이 가시 덩굴 오두막은	棘籬蝸屋小城隈
하늘과 땅 맞닿은 백마성 높고 찬 곳에 있어	白馬高寒天地來
서리 내린 뒤 저문 숲엔 바람 거세게 불고	霜后暮林風怒號
달빛 가 묵은 나무는 그림자조차 꺾여있으며	月邊枯樹影摧頹
한밤 설핏 꿈에서 깨어 등불을 돋우고	夜收殘夢然燈火
때때로 슬픈 시 읊으며 석대를 향하네	時發悲吟向石臺
술에 기대 희이[423]의 잠 자기를 바라며	瓦尊賴有希夷睡
시름겨운 장 하루 아홉 번 뒤틀림을 막아보려 하네	禁得愁腸日九回

423 희이(希夷) : 지극한 도로 텅 비고 고요한 현묘함을 가리키는 말인데, 여기에서는 아무런 생각이나 고민 없이 자는 깊은 잠이라는 말이다. 《도덕경(道德經)》에 "보아도 안 보이는 것을 이(夷)라 하고, 들어도 안 들리는 것을 희(希)라 한다〔視之不見名曰夷, 聽之不聞名曰希.〕."라는 말이 있다. 《道德經》

원운
元韻

회포를 읊다
述懷

탄식하지 말게나 황정경의 한 글자 잘못되었다고[424]	休嗟一字誤黃庭
이 몸 지금 오히려 하늘 가운데 있으니	身世今猶半紫冥
온 골짝 바람 소리 풀 나무에 불어오고	萬谷風聲驅草木
삼경의 달빛은 바다를 비추는데	三更月色送滄溟
행장차려 몇 번이나 서관 길을 밟았던가	行裝幾踏西關路
나그네 밤마다 오래도록 북극성을 우러러보네	客夜長瞻北極星
구름 안개 속의 아득히 높은 산이	漠漠高山雲霧裏
때때로 두 눈동자로 그대를 반긴다네	有時雙眼爲君青

424 황정경의……잘못되었다고 : 황정(黃庭)은 도교(道教)의 경전인《황정경(黃庭經)》을 가리키는데, 원문의 일자오황정(一字誤黃庭)은《황정경》의 글자를 한 자 잘못 읽었다는 말로, 유배객이 된 저자와 이경석의 처지를 말한다.《용성집선록(墉城集仙錄)》에《황정경》을 만 번 통독하면 신선이 된다는 말이 있다〔黃庭經, 扶桑大帝君宮中金書, 誦詠萬遍者, 得爲神仙, 但在勞心不倦耳.〕.《墉城集仙錄 卷9》

또 짓다
又

감회가 일어나다
感懷

지나는 사람 없어 사립문 굳게 닫고	柴荊深閉斷人過
쓸쓸한 산길에는 덩굴 풀만 자랐는데	山徑寥寥長薜蘿
햇빛은 구름빛 따라 되려 어둑해지고	日色却隨雲色暗
가을소리는 빗소리 띠고 또 커져가네	秋聲又帶雨聲多
하늘가에서 세월 흘러 선친의 기일을 맞이하니	天邊歲月逢先忌
나그네 생활에 시편도 예전보다 줄었네	客裏詩篇減舊哦
늘그막에 책 읽어선 무엇에 쓰려는가	臨老讀書將底用
도는 오히려 진전 없고 귀밑머리만 세는데	道猶無進鬢成皤

또 짓다
又

누런 띠풀과 흰 갈대꽃[425] 바다 서쪽 모퉁이에	黃茅白葦海西隈
지는 해 가을바람은 어디에서 왔는가	落日秋風何處來
먼 변방의 황량한 산은 점점 더 쓸쓸해지고	絶塞荒山轉簫瑟
묵은 성 쓰러진 성가퀴 반쯤 다 무너졌는데	古城殘堞半傾頹
위태로울 때에도 평생의 뜻 변치 않고	臨危不變平生志
병 많아도 오히려 백 척 누대에 올랐네	多病猶登百尺臺
서글픈 짙푸른 밤 길게 한 번 읊조리니	悵望碧宵舒一嘯
저녁 구름도 지나려다 다시 머뭇거리는구나	暮雲將過亦遲回

425 누런……갈대꽃 : 원문의 황모(黃茅)와 백위(白葦)는 누런 띠풀과 흰 갈대꽃으로, 변방의 황량한 풍경을 말한다. 송(宋)나라 소식(蘇軾)의 〈답장문잠현승서(答張文潛縣丞書)〉에 "오직 척박한 황무지에서 눈에 보이는 것은 온통 누런 띠풀과 흰 갈대뿐이네〔惟荒瘠斥鹵之地, 彌望皆黃茅白葦.〕."라는 말이 있다. 《東坡全集 卷7, 答張文潛縣丞書》

9일

九日

근심에 취해 9월[426]이 왔는지도 몰랐는데	醉愁不省三秋度
술을 얻고 그제야 9일이 왔음을 알았네	得酒方知九日來
고향에는 옛날 따던 국화가 남았을건데	舊摘寒花鄕國賸
변방 구름 사이로 이제 기러기 소리만 구슬프네	今聞旅鴈塞雲哀
푸른 강물 넘실대고 마름엔 바람 불며	碧江波湧蘋風起
백마산 높고 높아 해도 가려 되가네	白馬山高日御回
유배된 몸에 고질병[427]까지 겸했어도	圜土仍兼漳水疾
좋은 날 어찌하면 잠시라도 누대에 올라볼까	佳辰那得暫登臺

426 9월〔三秋〕: 원문의 삼추(三秋)는 가을 석 달 또는 음력 9월을 말한다. 《시경(詩經)》〈채갈(采葛)〉에 "하루라도 보지 않으면, 삼추처럼 지루하네〔一日不見, 如三秋兮.〕."라는 구절이 있다. 《詩經, 王風 采葛》

427 고질병〔漳水疾〕: 원문의 장수질(漳水疾)은 장수가에서 앓는 병으로 고질병을 말한다. 위(魏)나라 건안칠자 중 한 명인 유정(劉楨)이 병들어 장수가에 물러가 살았는데, 그의 시 〈증오관중랑장시(贈五官中郎將詩)〉에 "내가 깊은 병에 걸려, 맑은 장수 물가에 몸을 숨겼네〔余嬰沈痼疾, 竄身淸漳濱.〕."라는 구절이 있다. 《文選 卷23, 贈五官中郎將詩》

또 짓다
又

이날에도 하늘 끝과 내가 같은 처지이니	此日天涯吾亦同
술 대하면 무얼 하나 괴로워 기쁘지 않은데	何爲對酒苦無歡
지난날엔 수유꽃과 황봉주[428]를 함께 했었지만	茱萸往事黃封竝
이 가을엔 노래자 옷에 흰 이슬은 차기만 한데[429]	萊彩今秋白露寒
모자 날아간 참군[430]은 원래 짧은 머리였고	吹帽參軍元短髮
죄인 된 군자는 본래 남관[431]을 쓴다네	作囚君子本南冠

428 황봉주〔黃封〕: 원문의 황봉(黃封)은 황봉주(黃封酒)의 준말로, 관청에서 빚어 황색 비단이나 종이로 봉한 술을 말한다. 소식(蘇軾)의 시 〈기정오수(岐亭五首)〉에 "나를 위해 황봉주를 가져다가, 그대가 친히 관인을 떼어 주게나〔爲我取黃封, 親拆官泥赤.〕." 라는 구절이 있다. 《東坡全集 卷14, 岐亭五首》 각주 99번 참조.

429 노래자……한데 : 원문의 내채(萊彩)는 70세의 나이에도 색동옷을 입고 부모님을 즐겁게 해드렸다는 노래자(老萊子)를 말한다. 여기에서는 노래자처럼 색동옷을 입고 부모님께 효도하고 싶지만 봄에 유배를 와 흰 이슬이 내리는 가을이 되도록 돌아가지 못하고 있는 서글픈 처지를 의미한다.

430 모자 날아간 참군 : 원문의 취모(吹帽)는 모자가 바람에 날리는 것을 말한다. 《진서(晉書)》〈맹가전(孟嘉傳)〉에 진(晉)나라 맹가(孟嘉)가 환온(桓溫)의 참군(參軍)이 되었는데 중양절에 환온이 맹가를 비롯한 여러 부하들과 함께 용산에서 연회를 베풀었다. 때마침 불어온 바람에 맹가가 쓰고 있던 모자가 날려 땅에 떨어졌으나 이를 알지 못하고 즐겼다는 말이 나온다〔後爲征西桓溫參軍, 溫甚重之. 九月九日, 溫燕龍山, 僚佐畢集. 時佐吏竝著戎服, 有風至, 吹嘉帽墮落, 嘉不之覺.〕. 《晉書 卷98, 孟嘉傳》

431 남관(南冠) : 초나라 사람들이 쓰는 모자를 말하는데, 여기에서는 유배된 저자의 처지를 말한다. 《춘추좌씨전(春秋左氏傳)》에 초나라 사람 종의(鍾儀)가 진(晉)나라에 포로로 갇혀 있으면서도 고국을 그리워하여 항상 초나라 관을 쓰고 있었다는 말이

좋은 계절 헛되이 읊조려 책임도 갚기 어렵지만	虛吟嘉節難酬債
국화라 한들 한 마디 붉은 마음보다 낫겠는가	黃菊何如一寸丹

나온다〔晉侯觀于軍府, 見鍾 問之曰南冠而縶者, 誰也. 有司對曰鄭人所獻楚囚也. 使稅之, 召而弔之. 再拜稽首, 問其族. 對曰泠人也. 公曰能樂乎. 對曰先父之職官也. 敢有二事, 使與之琴, 操南音. 公曰君王何如. 對曰非小人之所得知也. 固問之. 對曰其爲大子也. 師保奉之. 以朝于嬰齊. 而夕于側也. 不知其他. 公語范文子. 文子曰, 楚囚. 君子也. 言稱先職. 不背本也. 樂操土風. 不忘舊也.〕. 《春秋左氏傳, 成公 9年》 각주 41번 참조.

또 짓다
又

오륜은 한 밤에 열 번이나 조카의 병을 살폈다는데[432]	五倫十起阿咸痾
이 절기에 나 찾는 이 없는 것은 어째서인가	難索吾如今節何
장대한 뜻 품었으나 함께 쫓겨난 신하 되었고	同作逐臣懷壯志
상강 물결에 뿌리려 했으나 눈물도 흘리지 못했으니[433]	未曾流淚洒湘波
국화는 비록 술잔의 흥취를 전하지 못하지만	菊花雖負傳杯興
단풍잎 어찌 취해 읊조림에 방해가 되겠는가	楓葉何妨倚醉哦
갑자기 한양[434]의 역사가 이르러	忽得秦中驛使至

432 오륜은……살폈다는데 : 원문의 오륜십기(五倫十起)는 《후한서(後漢書)》〈제오륜열전(第五倫列傳)〉에 제오륜(第五倫)이 조카가 병을 앓자 밤중에 열 번이나 일어나서 살펴보았다는 말이 있고〔吾兄子常病, 一夜十往.〕, 원문의 아함(阿咸)은 남의 조카를 이르는 말인데, 위(魏)나라 완적(阮籍)의 조카 완함(阮咸)이 재주로 이름나 있었으므로 조카를 아함이라 부르게 되었다. 《後漢書 卷41, 第五倫列傳》, 《晉書 卷49, 阮咸列傳》

433 상강……못했으니 : 순임금이 창오산에서 돌아가시자 이 소식을 듣고 피눈물을 흘리며 슬퍼하다가 소상강에 몸을 던진 두 왕비 아황(娥皇)과 여영(女英)의 일을 말하는데, 여기에서는 임금님을 그리는 신하의 심정을 의미한다. 《박물지(博物志)》〈사보(史補)〉에 "순임금이 붕어하자 순임금의 두 비가 울면서 대나무에 눈물을 떨구니 대나무가 온통 얼룩졌다〔舜崩, 二妃啼以涕揮竹, 竹盡斑.〕."라는 말이 있다. 《博物志 卷8, 史補》 각주 138번 참조.

434 한양〔秦中〕 : 원문의 진중(秦中)은 춘추전국 시대 진(秦)나라의 영토였던 섬서(陝西) 중부의 평원으로 관중(關中) 일대를 말하는데, 여기에서는 조선의 수도였던 한양을 말한다. 당(唐)나라 백거이(白居易)의 시 〈진중음(秦中吟)〉 10수 중 제9수에 "진중의 한 해가 저무니, 큰 눈이 황주에 가득하네〔秦中歲雲暮, 大雪滿皇州.〕."라는 구절이 있다. 《白氏長慶集 卷2, 秦中吟》

어머니[435] 소식에 가슴 가득 따뜻해지네　　　　萱堂消息暖膌多

435 어머니〔萱堂〕: 원문의 훤당(萱堂)은 어머니를 높여 부르는 말이다. 훤(萱)은 원추리 꽃으로 근심을 잊게 해준다고 하여 '망우초(忘憂草)'라고도 부른다. 옛날에 부인들은 주로 북당(北堂)에 거주했는데 그 뜰에 원추리를 심었기 때문에 어머니를 훤당이라고 하였다. 이익(李瀷)의 시 〈차김담양수친연운(次金潭陽壽親宴韻)〉에 "어머니께 술잔 올릴 자리 마련하려, 강화 현감으로 나갔다 잠시 벼슬 그만두었네〔萱堂擎爵俄鋪席, 花縣隨輿暫罷官.〕."라는 구절이 있다. 《星湖全集 卷4, 次金潭陽壽親宴韻》 각주 407번 참조.

또 짓다

又

중양절에 이끌린 힘 다 빠진 두 늙은이 重陽牽率兩衰翁
산 달빛 속에 웃고 떠들며 호기롭게 술 마시니[436] 浮白笑談山月中
반쯤 취한 얼굴엔 붉은 단풍 빛 스미고 半醉面侵紅樹色
강가라 옷에는 흰 마름 바람 불어오네 臨江衣受白蘋風
한 세상 풍경 누릴 시간[437] 많지 않은데 無多烏兎百年景
두 귀밑머리 무성하니 서리 같은 털 심은 듯 有種霜毛雙鬢叢
사람 일 자세히 따져보면 어찌 마시지 않겠는가 人事細推胡不飮
동쪽 울타리에서 통달한 사람으론 도연명이 있다네[438] 東籬達者有陶公

436 호기롭게 술 마시니 : 원문의 부백(浮白)은 잔에 술을 가득 채워서 호기롭게 술을 마시는 것을 말한다. 《설원(說苑)》〈선설(善說)〉에 "위(魏)나라 문후(文候)가 대부들과 술을 마시면서 공승불인(公乘不仁)으로 하여금 상정(觴政)이 되게 하고 '술을 마시되 잔을 다 비우지 않는 자는 벌로 큰 술잔으로 더 마셔야 한다'라고 하였다〔魏文侯與大夫飮酒, 使公乘不仁爲觴政, 曰飮不釂者, 浮以大白.〕."라는 말이 있다. 《說苑, 善說》

437 누릴 시간 : 원문의 오토(烏兎)는 해와 달을 말하는데, 해에는 까마귀가 살고, 달에는 토끼가 산다는 전설에서 유래한 말이다. 여기에서는 세월이나 시간을 말한다. 원(元)나라 야율주(耶律鑄)의 시 〈경액호령득승구회하전장(經扼狐嶺得勝口會河戰場)〉에 "세월이 날고 달려 바빠지니, 가난한 집 딸의 베틀질 급해지네〔烏兎縱飛走, 急於寒女梭.〕."라는 구절이 있다. 《雙溪醉隱集 卷3, 經扼狐嶺得勝口會河戰場》

438 동쪽……있다네 : 원문의 도공(陶公)은 도연명을 말한다. 도연명은 술과 국화를 유달리 좋아해 이와 관련된 시를 많이 지었다. 도연명은 벼슬을 버리고 자연으로 돌아가 세속적 욕망을 초월한 달관을 추구하는 삶을 지향하였는데, 그의 시 〈음주(飮酒)〉 25수에는 이러한 그의 의식이 잘 나타나 있다. 제5수에 "동쪽 울타리 아래에서 국화를 따다가, 아득히 남산을 보네〔采菊東籬下, 悠然見南山.〕."라는 구절이 있다. 《陶淵明集

백헌 상공이 차운하다
軒相次

외로운 성에 해지고 누런 구름[439] 차가운데	孤城落日黃雲冷
만 리 가을 소리를 흰 기러기가 불러오네	萬里秋聲白鴈來
바다를 떠가려는 공자의 뜻을 품었고[440]	浮海却懷尼父志
상수에 빠졌던 굴원의 슬픔을 배우려했지[441]	沈湘肯學楚臣哀
끝없는 세상일은 번영과 쇠락이 변하고	悠悠世事榮枯變
끊임없이 틀에 들어[442] 절기는 돌아오네	袞袞入機節序回
그 누가 단청 들고 나를 그릴 수 있을까	誰把丹青能畫我
반쯤 취해 높은 누대에 앉아 달을 맞이하네	半酣邀月坐高臺

卷3, 飮酒》

439 누런 구름 : 원문의 황운(黃雲)은 누런 풀이나 먼지 위에 있는 변새의 구름을 말하는데, 여기에서는 백마성 위의 하늘에 있는 구름을 말한다.

440 바다를……품었고 : 원문의 부해(浮海)는 《논어(論語)》〈공야장(公冶長)〉에 "나의 도가 행해지지 않았으니, 뗏목을 타고 바다로 나아갈까나〔道不行, 乘桴浮于海〕."라는 말에서 유래한 것인데, 이 말은 공자가 도가 행해지지 않는 세상을 두고 탄식한 말이다. 여기에서는 자신의 정치적 이상이 받아들여지지 않는 세상에 대한 좌절과 안타까움을 담고 있다. 《論語, 公冶長》

441 상수에……배우려했지 : 원문의 침상(沈湘)은 초나라 신하인 굴원이 스스로 상수(湘水)에 빠져 죽은 것을 말한다. 《사기(史記)》〈굴원가생열전(屈原賈生列傳)〉에 굴원은 초나라 회왕의 신임이 무너뒀으나 간신들의 참소로 인해 쫓겨나자 방황하다가 상수에 빠져 죽었다는 말이 있다. 《史記 卷84, 屈原賈生列傳》

442 틀에 들어 : 원문의 입기(入機)는 베를 짜는 것을 말하는데, 여기에서는 씨줄날줄이 엮이듯 어긋남이 없이 정교하게 사계절이 운행되는 하늘의 법칙을 말한다.

또 차운하다[443]

又次

나그네 되어 다시 가을빛 저무는 걸 보니　爲客又看秋色暮
그대 없었다면 어찌 잠시나마 기쁠 수 있었겠는가　微君那得暫時歡
잔을 쥐고 또 새 달빛 비치는 걸 즐기고　携杯且愛新蟾映
모자 날아가니 다시 짧은 머리 차가워지네[444]　吹帽還從短髮寒
좋은 계절 생각도 못한 지금의 흥겨움을 만드니　佳節偶成今跌宕
시골 사람들 누가 옛 벼슬[445]을 알겠는가　野人誰識舊衣冠
돌아갈 때 웃으며 아이 향해 묻기를　臨歸笑向兒童問
취한 얼굴과 서리 맞은 단풍 무엇이 더 붉으냐고　醉面霜楓孰更丹

443 또 차운하다 : 이경석의 이 시는《백헌집(白軒集)》 권8에 〈중양절 그 자리에서 용주의 시에 차운하다〔九日席上次龍洲〕〉라는 제목으로 실려 있다.

444 짧은 머리 차가워지네 : 원문의 단발(短髮)은 관습적인 표현으로 머리숱이 줄어들거나 다 빠진 상태를 뜻하는데, 여기에서는 유배 생활 동안 늙어 머리가 다 빠졌고, 계절은 점점 추워진다는 것을 말한다.

445 옛 벼슬 : 원문의 구의관(舊衣冠)은 옛날에 입었던 의관으로, 예전에 했던 벼슬을 말한다. 유배 오기 전까지 저자는 대사간・대제학・이조판서 등을 역임하였고, 백헌은 대사헌・이조판서・영의정 등을 역임하였다.

또 차운하다
又次

해질녘 짧은 지팡이에 병든 몸 억지로 기대고	短笻斜日强扶痾
흰머리로 위험에 몸 맡기니 그 마음 어떻겠나	白首憑危意若何
관새의 나무 서늘한 그늘 먼 골짜기에서 일어나고	關樹涼陰生遠壑
변방 하늘 가을 뜻은 푸른 물결에 가득하니	塞天秋思滿滄波
바위 가 작은 국화를 바람 맞아 꺾어보고	巖邊細菊臨風折
자리에서 새 시는 달을 보고 읊조리네	席上新詩對月哦
천 척의 높은 누대에서 함께 두건 젖혀 쓰고	千尺高臺同岸幘
용산에서 모자 떨군 일[446]에 누가 나은지 견주네	龍山落帽較誰多

446 용산에서……일 : 원문의 용산낙모(龍山落帽)는 용산에서 모자가 바람에 날려 떨어졌던 맹가의 일을 말하는데, 《진서(晉書)》 〈맹가전(孟嘉傳)〉에 진(晉)나라 맹가(孟嘉)가 환온(桓溫)의 참군(參軍)이 되었는데 중양절에 환온이 맹가를 비롯한 여러 부하들과 함께 용산에서 연회를 베풀었다. 때마침 불어온 바람에 맹가가 쓰고 있던 모자가 날려 땅에 떨어졌으나 이를 알지 못하고 즐겼다는 말이 나온다〔後爲征西桓溫參軍, 溫甚重之. 九月九日, 溫燕龍山, 僚佐畢集. 時佐吏竝著戎服, 有風至, 吹嘉帽墮落, 嘉不之覺.〕. 《晉書 卷98, 孟嘉傳》 각주 430번 참조.

또 차운하다[447]

又次

백마산 꼭대기의 흰머리 늙은이라	白馬山頭白髮翁
9월 가을 풍경도 온갖 근심 속에 있어	九秋光景百憂中
중양절 안 되어도 높은 곳에 오르고	登高不待重陽節
변새 바람 때문에 늘 모자 날리지만	吹帽常因絶塞風
술잔 속에 어찌 댓잎 빛깔이 없을 것이며	尊裏那無竹葉色
울타리 가에서 국화 떨기를 못 볼까마는	籬邊未見菊花叢
외로운 성이라 일조차 되려 기묘한 경치이니	孤城此事還奇勝
상서와 상공[448]이 마주한다네	相對尙書與上公

447 또 차운하다 : 이경석의 이 시는 《백헌집(白軒集)》 권8에 〈중양절에 배해체로 우연히 짓고 용주에게 보여주다〔九日偶成俳諧體 示龍洲〕〉라는 제목으로 실려 있다.

448 상서와 상공 : 상서(尙書)와 상공(相公)은 모두 벼슬을 가리키는 것으로 여기에서는 저자와 이경석을 말한다. 상서는 판서(判書)를, 상공은 재상(宰相)을 말하는데, 저자는 유배 오기 전까지 이조·형조판서를 역임하였고, 백헌은 좌의정과 영의정을 역임하였다.

국화 꽃 피는 가을 달밤에 시를 읊어 써서 상공에게 드리다. 이때 상공의 조카 수찬이 병에서 일어나 조정으로 달려갔기 때문에 두 번째 시에서 언급하였다.

菊秋月夜有吟 錄呈相公 時相公阿咸修撰 病起趍朝 第二律及之

겹진 바위 흰 국화 작은 누대엔 단풍드니	重嵒白菊小臺楓
서리 뒤의 가을 풍경 이 늙은이에게 넉넉한데	霜後秋容飼此翁
여기에 다시 먼 하늘에 환한 달이 떠오르고	復有長空來皓月
때때로 현빈[449]이 맑은 바람을 두드리는 소리 들리니	時聞玄牝鼓淸風
나그네 시름 홀연히 가득 찬 술잔에 사라지고	羈愁頓向盈尊失
시구는 도리어 좋은 경치 따라 공교로워지네	詩句還從美景工
병 많은 사마상여[450]도 오늘은 일어나니	多病馬卿今日起
하늘이 만물에 대해서 빈궁과 영달이 있네	天於萬物有窮通

449 현빈(玄牝) : 만물이 생생(生生)하는 현묘(玄妙)한 도(道)를 말한다. 현(玄)은 신화(神化)의 자연(自然)을 말하고, 빈(牝)은 암컷으로 만물의 생생(生生)을 말한다. 《노자(老子)》〈곡신불사장(谷神不死章)〉에 "곡신은 죽지 않으니 이를 현빈이라 하고, 현빈의 문을 바로 천지의 근원이라 한다〔谷神不死, 是謂玄牝, 玄牝之門, 是謂天地根.〕."라는 말이 있다. 《老子, 谷神不死章》

450 병 많은 사마상여 : 원문의 다병마경(多病馬卿)은 평소 소갈증을 앓아 병이 많았던 사마상여를 가리키는데 여기에서는 이경석의 조카 수찬 이정영(李正英)을 말한다. 정두경(鄭斗卿)의 시 〈증별수부(贈別秀夫)〉에 "이로부터 사마상여 병들어 나가지 않았으니, 장안의 큰길이 본래 평평하였다네〔自是相如病不出, 長安大道本來平.〕."라는 구절이 있다. 《東溟集 卷3, 贈別秀夫》

또 짓다

又

왕씨 집안 조카들 중 가장 현명한 왕희지처럼[451]	王家諸姪右軍賢
명을 받고 서쪽 와서 대자리에 앉았는데	銜命西臨座主筵
천 리 먼 곳이라 아침저녁 얼음물 마셨으니[452]	昕夕飮氷千里遠
잠시 잠깐 괜찮을 뿐이지 풍질이 어찌 나았으랴	風邪何恙暫時痊
영주[453] 가는 길에는 가을빛 아득하고	迢迢秋色瀛洲路

451 왕씨……왕희지처럼 : 왕희지의 집안은 동진(東晉)의 명문가로 백부(伯父) 왕도(王導)는 동진을 건국하는데 공이 컸던 인물이다. 그에게는 여러 명의 조카가 있었는데 왕희지도 그 중 한 명이었다. 《진서(晉書)》〈왕희지열전(王羲之列傳)〉에 당시 태부(太傅)의 직에 있던 치감(郗鑒)이라는 권세가가 혼사를 청하자 왕도의 조카들은 모두 잘 보이기 위해 공부하거나 토론하는 모습을 보이려 했으나 왕희지는 침상에 배를 드러내고 누워 필체 연습에 열중하였다. 치감은 배를 드러내놓고 자신의 일에 몰두하는 왕희지를 사위로 택했다는 말이 있다〔時太尉郗鑒使門生求女婿于導, 導令就東廂遍觀子弟. 門生歸, 謂鑒曰, 王氏諸少竝佳, 然聞信至, 咸自矜持. 惟一人在東床坦腹食, 獨若不聞. 鑒曰, 正此佳婿邪. 訪之, 乃羲之也, 遂以女妻之.〕.《晉書 卷80, 王羲之列傳》.

452 얼음물 마셨으니 : 원문의 음빙(飮氷)은 얼음물을 마신다는 말로 사신의 노고를 의미하는데, 여기에서는 낯선 곳에 와서 평소에 마시지 않던 물을 마시고 병이 났다는 말이다.

453 영주(瀛洲) : 원문의 영주(瀛洲)는 신선이 사는 곳을 말하는데,《양유정집(楊維貞集)》〈소영주기(小瀛洲記)〉에 영주는 신선들이 사는 십주 중 하나인데, 진왕이 영주관을 열어 천하의 학사들을 모아 예우하니 세상 사람들이 이를 흠모하여 '신선이 사는 영주에 올랐다'라고 하였다는 말이 있다〔神仙之說八方有巨海, 巨海之中有仙洲十, 瀛洲其一也. 漢武帝嘗延東方朔曲室, 問十洲所在及方物之名. 謂瀛洲在東大海中, 地方四千里, 上生神芝・玉石, 山高千丈, 出泉如酒名玉醴泉, 飮之令人長生. 洲上皆仙家, 其山川風俗似吳中, 然其所也可聞不可到也. 故秦王開館, 選天下學士其中, 地位高而人物勝天下, 比

환한 해 가로는 하늘 향기 아련할 것이니	冉冉天香白日邊
조정 반열[454] 떠나온 일 묻는 이 있겠지만	此去鵷班如有問
호수와 바다의 늙은 신선에게도 말해주지 말게	勿言湖海老神仙

之登瀛洲云.〕.《楊維貞集 卷14, 小瀛洲記》이와 함께 당(唐)나라 태종(太宗)이 영주관(瀛洲館)을 만든 뒤 조정을 의미하는 말로도 사용되었다. 이후 영주는 조정을 의미하는 단어로도 사용되었는데, 여기에서는 신선 세계와 조정의 중의적 표현으로 사용되었다.《신당서(新唐書)》〈저량열전(褚亮列傳)〉에 당태종이 궁성 서쪽에 문학관을 짓고 천하의 뛰어난 학자 18명을 발탁하여 예우하였는데 세상에서는 이를 18학사라고 하였고, 이들을 흠모하여 신선들이 사는 영주에 올랐다고 하였다는 말이 있다〔初, 武德四年, 太宗爲天策上將軍, 寇亂稍平, 乃鄉儒, 宮城西作文學館, 收聘賢才, 於是下教, 以大行台司勳郎中杜如晦・室考功郎中房玄齡及于志寧・軍諮祭酒蘇世長・天策府記室薛收・文學褚亮姚思廉・太學博士陸德明孔穎達・主簿李玄道・策倉曹參軍事李守素・王府記室參軍事虞世南・參軍事蔡允恭顏相時・著作郎攝記室許敬宗薛元敬・太學助教蓋文達・軍諮典簽蘇勖, 竝以本官爲學士. 七年, 收卒, 復召東虞州錄事參軍劉孝孫補之. 凡分三番遞宿於閤下, 悉給珍膳. 每暇日, 訪以政事, 討論墳籍, 榷略前載, 無常禮之間. 命閻立本圖像, 使亮爲之贊, 題名字爵裏, 號十八學士, 藏之書府, 以章禮賢之重. 方是時, 在選中者, 天下所慕問, 謂之登瀛洲.〕.《新唐書 卷102, 褚亮列傳》

454 조정 반열 : 원문의 원반(鵷班)은 조정 백관들의 행렬을 가리키는 말이다. 원(鵷)은 봉황새의 일종인 원추새인데 질서 있게 날아다녔으므로 공경(公卿)의 반열을 원반이라고 한다. 이승소(李承召)의 시 〈반산(盤山)〉에 "만 리 고향도 꿈속에서 자주 가는데, 언제나 대궐의 조정 반열에 들어가나〔萬里故鄉頻蝶夢, 九門何日入鵷班.〕."라는 구절이 있다.《三灘集 卷8, 盤山》

백헌 상공이 차운하다
軒相次

노란 국화 피지 않고 단풍만 있어도	縱無黃菊有丹楓
철 따른 물건이 어찌 일찍이 이 늙은이 저버렸겠나	節物何曾負此翁
산을 보는 도연명[455]의 흥을 떠올리고	正憶見山陶令興
모자 날리는 맹가의 바람[456]을 따르려 하지만	肯追吹帽孟嘉風
병든 얼굴은 시 읊어 마른 것이 아니고	病容非爲吟詩瘦
지는 나무도 솟는 눈물에 공교로워짐을 싫어하네	落木生憎迸淚工
내 마음을 늘 스스로 편안히 할 뿐이니	但使吾心常自泰
세상 가는 곳마다 또 다 통하는 것이지	世間隨處也皆通

455 도연명〔陶令〕 : 원문의 도령(陶令)은 도연명(陶淵明)을 가리킨다. 그가 팽택령(彭澤令)을 지냈으므로 도령이라고 부른다.

456 모자……바람 : 원문의 취모맹가풍(吹帽孟嘉風)은 맹가(孟嘉)의 모자가 바람에 날렸다는 말로 《진서(晉書)》〈맹가전(孟嘉傳)〉에 진(晉)나라 맹가(孟嘉)가 환온(桓溫)의 참군(參軍)이 되었는데 중양절에 환온이 맹가를 비롯한 여러 부하들과 함께 용산에서 연회를 베풀었다. 때마침 불어온 바람에 맹가가 쓰고 있던 모자가 날려 땅에 떨어졌으나 이를 알지 못하고 즐겼다는 말이 나온다〔後爲征西桓溫參軍, 溫甚重之. 九月九日, 溫燕龍山, 僚佐畢集. 時佐吏並著戎服, 有風至, 吹嘉帽墮落, 嘉不之覺.〕. 《晉書 卷98, 孟嘉傳》 각주 430번 참조.

또 차운하다

又次

우리 집안 그래도 중용[457]같은 어진 조카 있으니	吾家尙有仲容賢
천상에서 당연히 임금님 옆에서 모실 것인데[458]	天上歸應侍法筵
이별의 서러움 가을 들어 정녕 괴로운 것이 한스럽고	只恨別懷秋政苦
행색은 병 낫자마자 더 근심스러우니	更憂行色病新痊
벼슬길은 전부 종남산 아래로 들어가고[459]	靑雲路入終南下
자기관[460]은 발해 가에 있어서지	紫氣關臨渤海邊
지는 해 속 가을바람 맞으며 서글프게 바라보는 것은	落日西風悵望處
이 마음 신선 되기를 부러워해서가 아니라네	此心非爲羨登仙

457 중용(仲容) : 완함(阮咸, ?~?)으로 자가 중용이다. 위(魏)나라 완적(阮籍)의 조카로, 완함은 숙부 완적과 함께 죽림칠현(竹林七賢)에 들었다. 두보(杜甫)의 시 〈시질좌(示姪佐)〉에 "사종의 여러 아들과 조카 가운데, 중용이 훌륭한 줄 일찍 알았네〔嗣宗諸子姪, 早覺仲容賢.〕"라는 구절이 있다. 《杜詩詳註 卷8, 示姪佐》

458 임금님……것인데 : 원문의 시법연(侍法筵)은 임금님을 옆에서 모신다는 말이다. 법연(法筵)은 임금님이 예식을 갖추고 신하를 접견하던 자리를 말한다.

459 벼슬길은……들어가고 : 원문의 종남(終南)은 중국 장안(長安)에 있는 종남산(終南山)을 말하는데, 조선의 서울인 한양에 있는 남산을 종남산에 비유하여 말하였다. 여기에서 벼슬길이 모두 종남산 아래로 들어간다는 것은 벼슬길은 모두 서울로 향한다는 말이다.

460 자기관(紫氣關) : 함곡관(函谷關) 위로 뻗친 자색 기운을 말하는데, 여기에서는 은거하기 위해 물러나는 곳으로, 이경석이 유배되어 있는 곳을 말한다. 《사기(史記)》 〈노장신휘열전(老莊申韓列傳)〉의 주에 "노자가 서쪽으로 떠날 때에 관령 윤희가 바라보니 자기(紫氣)가 관문 위에 떠 있었는데, 노자가 과연 푸른 소를 타고 지나갔다〔老子西遊, 關令尹喜望見, 其有紫氣浮關, 而老子果乘靑牛而過.〕"라고 한 데서 온 말이다. 《史記 卷63, 老莊申韓列傳》 각주 141번 참조.

임금님이 능에 행차하셨다는 말을 듣고 북받쳐 오르는 것이 있어서
聞陵幸有感

임금님 효심에 부모님 그리워[461]	聖主孝心霜露感
가을 다 되어 왕릉[462]에 납시었다네	喬山行幸趁秋時
백성들 길을 닦지 않으니[463] 모두 기쁜 빛을 띠고	民無除道皆欣色
물렀거라 소리[464] 없어도 행렬은 엄숙하네	班減鳴騶亦肅儀

461 임금님……그리워 : 원문의 상로감(霜露感)은 돌아가신 부모를 그리는 마음을 말한다. 《예기(禮記)》〈제의(祭義)〉에 "가을에 서리와 이슬이 내려 군자가 그것을 밟아 보면 반드시 슬픈 마음이 생기니, 이는 날이 추워져서 그런 것이 아니다. 또 봄에 비와 이슬이 내려 땅이 축축해져 군자가 그것을 밟아 보면 반드시 섬뜩하게 두려운 마음이 생겨 마치 죽은 부모를 만날 것 같은 생각이 들게 된다〔霜露旣降, 君子履之, 必有悽愴之心, 非其寒之謂也. 春雨露旣濡, 君子履之, 必有怵惕之心, 如將見之.〕."라는 말이 있다. 《禮記, 祭義》

462 왕릉〔喬山〕 : 원문의 교산(喬山)은 옛날 황제(黃帝)를 장사 지냈던 산 이름인데, 전의(轉義)하여 왕릉(王陵)을 가리키는 말로 쓰였다. 《열선전(列仙傳)》〈황제(皇帝)〉에 "황제가 돌아가시자 교산에 장례를 치뤘는데, 산이 무너진 뒤 관이 비고 시신이 사라졌으며 칼만 남아있었다〔帝至於卒, 還葬橋山, 山崩, 柩空無屍, 唯劍舄在焉.〕."라는 말이 있다. 《列仙傳, 皇帝》 각주 224번 참조.

463 백성들……않으니 : 원문의 제도(除道)는 대궐문을 열거나 길을 닦는 것을 말하는데, 여기에서는 임금님이 능행을 나가면서 백성들을 동원해 길을 닦는 부역을 시키지 않았으므로 백성들이 기뻐했다는 말이다.

464 물렀거라 소리 : 원문의 명추(鳴騶)는 귀인(貴人)의 수레 앞에서 잡인의 통행을 소리쳐서 금하는 말로 벽제(辟除)를 말한다. 당(唐)나라 고적(高適)의 시 〈동평려유봉증설태수이십사운(東平旅游奉贈薛太守二十四韻)〉에 "올리는 부채에 노랫소리 따르고, 물렀거라 소리 깃발이 쫓네〔歌謠隨舉扇, 旌旆逐鳴騶.〕."라는 구절이 있다. 《御定全唐詩

뇌우도 현혹 못하니 순임금 같은 덕이 우뚝하고	雷雨不迷元舜德
고운 담장 두른 곳 요임금 얼굴[465]이 보였다 하네	美墻隨處見堯眉
성대한 의장은 온통 꿈 같으니	煌煌羽衛渾如夢
남쪽 하늘을 바라보며 그저 서러울 뿐이네	戴目南天祗自悲

卷240, 東平旅游奉贈薛太守二十四韻》

465 요임금 얼굴 : 원문의 요미(堯眉)는 요임금의 눈썹이라는 말인데, 여기에서는 임금님의 용안(龍顔)을 말한다.

백헌 상공이 차운하다[466]

軒相次

그동안 능행 멈춘 것 어렵고 위태로움 때문이니	向來停幸爲艱危
이날 모여 곡하는 것[467] 때가 이미 다 지났네	此日哀臨已過期
흰 이슬이 서리 되니[468] 그리는 마음 더하고	白露爲霜增永慕
백성들 삶을 편안히 하느라 평소의 의례도 줄였으니	蒼生按堵減常儀
향기는 기장이 아니라 밝은 덕에 달려있는 것이고[469]	馨非黍稷惟明德

466 백헌 상공이 차운하다 : 이경석의 이 시는《백헌집(白軒集)》권8에〈용주가 지금 임금님께서 이달 22일에 장릉에 능행을 가시면서 백성들의 피해를 크게 줄여서 길도 닦지도 않고 부역도 시키지 않았다는 말을 듣고 감격하여 지은 시에 받들어 수창하다〔奉酬龍洲聞自上今月卄二日 幸長陵 而大省民弊 不除道不官供 感賦之韻〕〉라는 제목으로 실려 있다.

467 곡하는 것 : 원문의 애림(哀臨)은 곡림(哭臨)과 같은 말로, 제왕(帝王)의 상(喪)에 신하들이 한 곳에 모여 곡읍(哭泣)하는 것을 말한다. 당(唐)나라 백거이(白居易)의 시〈야곡이이도(夜哭李夷道)〉에 "집안사람 모여 곡을 마치니, 밤 되어 수당문이 잠기네〔家人哀臨畢, 夜鎖壽堂門.〕."라는 구절이 있다.《白氏長慶集 卷13, 夜哭李夷道》

468 흰 이슬이……되니 : 원문의 백로위상(白露爲霜)은 흰 이슬이 서리가 된다는 말로, 만나고 싶은 사람을 만나지 못하는 안타까움을 말한다.《시경(詩經)》〈겸가(蒹葭)〉에 "긴 갈대 짙푸른데, 흰 이슬 서리가 되었네〔蒹葭蒼蒼, 白露爲霜.〕."라는 구절이 있다.《詩經, 秦風 蒹葭》

469 향기는……것이고 : 원문의 향비서직(馨非黍稷)은 서직비향(黍稷非馨)과 같은 말로 기장과 같은 제물에서 향기가 나는 것이 아니라 밝은 덕 때문에 제물에서 향기가 난다는 말이다.《서경(書經)》〈군진(君陳)〉에 "지극한 정치를 하면 향기로워서 신명에게도 감응이 되는 법이니, 서직과 같은 곡식의 제물이 향기로운 것이 아니라 밝은 덕의 제물만이 향기로운 것이다〔至治馨香, 感于神明. 黍稷非馨, 明德惟馨.〕."라는 말이 있다.《書經, 君陳》

뜻은 공경과 부지런함을 이어서 백성을 살피는 것[470]	志繼憂勤亦察眉
서해가 지금 와서는 북해[471]와 같으니	西海卽今同北海
늙은 신하 동쪽 보고는 슬픔을 이기지 못하네	老臣東望不勝悲

470 백성을 살피는 것 : 원문의 찰미(察眉)는 백성을 잘 살핀다는 말이다. 《열자(列子)》〈설부(說符)〉에 "춘추시대 진(晉)나라가 도적 때문에 괴로워하였는데 극옹(郄雍)이라는 사람이 도적의 얼굴을 보고 그 눈썹 사이를 살피면 그 마음까지 알았다고 한다〔晉國苦盜. 有郄雍者, 能視盜之貌, 察其眉睫之間而得其情.〕."라고 한 데서 온 말이다. 《列子 卷8, 說符》

471 서해가……북해 : 원문의 서해(西海)는 저자와 이경석이 현재 유배되어 있는 의주를 말하고, 북해(北海)는 흉노에게 잡힌 소무(蘇武)가 유폐되었던 곳을 말한다. 《한서(漢書)》〈소무열전(蘇武列傳)〉에서 소무가 흉노(匈奴)로 사신 갔을 때 흉노 선우(單于)가 강제로 신하로 삼으려고 하였으나 소무가 끝까지 굴복하지 않자 북해(北海)에 유폐하였다는 말이 있다〔匈奴徙武北海上無人處, 使牧羝, 武旣至海上, 廩食不至, 掘野鼠, 取草實而食之, 仗漢節牧羊.〕. 《漢書 卷54, 蘇武列傳》

오언장시
五言長詩

백마산에서 비를 기뻐하고 난 뒤에 쓴 시

白馬山喜雨詩

사람들은 백마산이 나쁘다고 하지만	人言白馬惡
나는 백마산이 신령하다 하네	我言白馬靈
하늘이 비 내리려 할 때에	天將欲雨時
백마산에는 반드시 우레가 이니	白馬必雷霆
늙은이 나에게 말하기를	故老向余說
돌그릇에 물이 고였을 것이라 하네	石盂水濴渟
용마[472]가 때로 나와 노니	龍馬時出戲
산꼭대기에서 용마의 건장함[473]을 살펴보네	山冢驗駉駉
올해 가뭄은 너무도 심해서	今年旱太甚
천 리에 누런 먼지가 가득했으니	千里黃塵暝
관서의 수십 고을에서	關西數十州
울부짖는 만물들 편치 않았는데	嗷嗷物不寧
지난밤 이 산의	昨夜此山中
초목에 모두 용 비린내[474] 나니	草木皆龍腥

472 용마(龍馬) : 백마성(白馬城)에 있는 용마(龍馬)로 백마산(白馬山)에는 백용마(白龍馬)가 노닐었다는 말이 있다〔白馬山, 在州南三十里, 諺傳白龍馬山遊故名.〕. 《新增東國輿地勝覽 卷53, 義州牧》

473 용마의 건장함 : 원문의 경경(駉駉)은 말의 건장함을 말한다. 《시경(詩經)》〈경(駉)〉에 "크고 살진 수말이, 먼 들판에서 자라니 어떤 말인지 들어 볼까. 율마가 있고 황마가 있고, 여마가 있고 황마가 있어, 성대하게 수레 끄네〔駉駉牡馬, 在坰之野, 薄言駉者. 有驈有皇, 有驪有黃, 以車彭彭.〕."라는 구절이 있다. 《詩經, 駉》

골짝 어귀에 먹구름 모여 谷口簇黑雲
어둑한 바다를 하늘 반쯤 말아 올렸지 天半捲滄溟
쏟아지는 비[475]는 이틀 동안 이어지고 滂沲連兩日
넘실거리는[476] 못은 필성[477]과 어우러지니 彪池兼畢星
바싹 마른 기운 모두 소생시켜 枯乾氣盡蘇
벼의 빛깔이 푸르게 반짝이네 禾稼色弄青
크구나 만물을 적시는 공이여 大哉潤物功
우사는 누구의 명을 받아 雨師誰使令
저 구룡연을 돌아보고 瞻彼九龍淵

474 용 비린내 : 원문의 용성(龍腥)은 용 비린내를 말하는데, 여기에서는 비가 내릴 징조를 의미한다. 《주역(周易)》〈건괘(乾卦)〉에 '나는 용(龍)이 하늘에 있으니, 대인(大人)을 만나봄이 이롭다'라고 한 것은 무슨 말인가. 공자(孔子)가 말하길, '같은 소리는 서로 응하고 같은 기운은 서로 구하니, 물은 습한 데로 흐르고 불은 건조한 데로 나아가며, 구름은 용을 따르고 바람은 범을 따른다'라고 한 말이 있다〔九五曰, 飛龍在天, 利見大人, 何謂也. 子曰, 同聲相應, 同氣相求, 水流濕, 火就燥, 雲從龍, 風從虎.〕. 《周易, 乾卦》

475 쏟아지는 비 : 원문의 방타(滂沲)는 쏟아지는 비를 말한다. 《시경(詩經)》〈삼삼지석(漸漸之石)〉에 "달이 필성(畢星)에 걸려 있으니, 비가 주룩주룩 내릴 것이네〔月離于畢, 俾滂沱矣.〕."라는 구절이 있다. 《詩經, 漸漸之石》

476 넘실거리는〔彪池〕 : 원문의 표지(彪池)는 넘실거린다는 말이다. 《시경(詩經)》〈백화(白華)〉에 "표강의 물은 북으로 흘러, 저 논밭을 적시고, 아프고 서러움을 읊조리니, 덕이 큰 저 사람 생각나네〔滮池北流, 浸彼稻田. 嘯歌傷懷, 念彼碩人.〕."라고 하며 표(滮)를 물이 흐르는 모양이라고 하였다. 《詩經, 白華》

477 필성(畢星) : 28수(宿) 가운데 하나로 8개의 별로 이루어졌으며 비를 관장하는 별로, 우사(雨師)라고 하기도 한다. 《시경(詩經)》〈삼삼지석(漸漸之石)〉에 "달이 필성에 걸려 있으니, 비가 주룩주룩 내리겠구나〔月離于畢, 俾滂沱矣.〕."라는 구절이 있다. 《詩經, 漸漸之石》 각주 371번 참조.

홀로 서직의 소리를 멋대로 하는가	獨專黍稷響
백마산에 신령이 있는 듯하나	白馬如有神
어두운 가운데서도 화내지 않지만	能不恚冥冥
이곳에서 대적했던 것[478] 어찌 작겠는가	何況小懸瓠
이전 병자 정묘년에	昔歲當丙丁
세상 사람들 모두 물고기 처지가 되었고	蒼生盡爲魚
늘어선 성은 꺾여진 대와 같았지만	列城如摧筳
의리만은 믿는 것이 있었으니	惟義有所恃
돌성이 깎아지른 병풍 같은 산을 두르고 있었지	石壘擁峻屛
지금 백성들은 늙고 약하지만	至今民老弱
음식 장만해 산정에서 제사를 올리네	飮食祭山亭
살아서 또 군자를 보니	生又見君子
우리 고을이 본받을 전범을 얻었구나	吾州得典刑

478 대적했던 것 : 원문의 현호(懸瓠)는 현호성(懸瓠城)으로 여기에서는 병자·정묘년에 백마성에서 청나라와 대치했었던 일을 말한다. 《영조실록(英祖實錄)》에 "신이 전에 만상(灣上)에 있을 적에 부노(父老)들에게 물으니, 모두 백마산성(白馬山城)을 가리키면서 말하기를, '병자년·정축년의 호란(胡亂) 때의 것이 보존된 곳으로, 위급하면 반드시 달려가서 들어간다'라고 하는데, 신이 본 바로는 역시 지킬 만한 곳이 아닙니다〔臣向在灣上問諸父老, 皆指白焉馬山城, 以爲丙丁所保處, 凡有緩急, 必將走入, 而以臣所見, 亦非可守之所矣.〕."라는 말이 있다. 《당서(唐書)》에 당(唐)나라 헌종(憲宗) 때 이소(李愬)가 눈 오는 밤에 현호성을 공격하여 오원제(吳元濟)에게 승리를 취했다는 말이 있다〔曰入蔡州, 取吳元濟, 士失色, 監軍使者泣曰, 果落祐計. 然業從愬, 人人不敢自爲計, 愬道分輕兵斷橋, 以絶洄曲道. 又以兵絶朗山道, 行七十里, 夜半至懸瓠城, 雪甚, 城旁皆鵝鶩池, 愬令擊之, 以亂軍聲.〕. 《英祖實錄 卷111, 英祖 44년 7월 19일 甲辰 3번째 기사》, 《唐書 卷154》

풍속을 따라 풍토를 잘 알고 循俗能風土
보습을 가지고 복령[479]을 캐니 持鑱斲茯笭
그 옛날 멋대로 다니던 승냥이 범이 豺虎舊縱橫
지금 와선 멀리 자취를 감추었고 如今遠逃形
그 옛날 캄캄하게 깔렸던 독한 안개도 毒霧舊昏墊
지금 와서는 창밖으로 환히 개네 如今霽窓欞
이웃 노인 나를 업신여기지 말고 隣翁莫謾我
내 이야기를 그대는 들으시오 我說爾其聆
내 본래 도기가 부족해 我本乏道氣
병든 학처럼 날개가 꺾였으며 如鶴病摧翎
호랑이 잡는 것은 미명[480]에게 부끄럽고 拘虎愧彌明

479 복령(茯笭) : 약재(藥材)의 한 종류로 땅 속 소나무의 묵은 뿌리 있는 곳에서 자생(自生)하여 덩어리진 버섯의 일종이다. 석굉연(釋宏演)의 시 〈유자청궁(遊紫淸宮)〉에 "밤에도 우물에서 광채가 나니 단약이 남아 있고, 봄 이슬이 소나무를 적셔 복령이 생기네〔夜光出井留丹藥, 春露浥松生茯苓.〕."라는 구절이 있다. 《東文選 卷17, 遊紫淸宮》

480 미명(彌明) : 중국 당(唐)나라 때 형산도사(衡山道士)인 헌원미명(軒轅彌明)을 말한다. 미명(彌明)은 유사복(劉師服), 후희(侯喜)와 함께 차 달이는 돌솥을 두고 교대로 〈석정연구시(石鼎聯句詩)〉를 지었다. 한유(韓愈)의 《한창려집(韓昌黎集)》〈석정연구시서(石鼎聯句詩序)〉에 헌원미명이 평소 친분이 있던 진사(進士) 유사복(劉師服)을 방문하였는데 당시 막 시로 명성이 나기 시작한 교서랑(校書郎) 후희(侯喜)가 밤중에 역시 유사복의 집으로 왔다. 후희는 헌원미명의 용모가 매우 추한 것을 보고 무시한 채 유사복과 시를 담론하고 있었다. 헌원미명이 갑자기 화로에 있는 석정(石鼎)을 가리키며 후희에게 그대가 시를 잘 짓는다니 나와 이것을 제목으로 연구(聯句)를 지어 보자고 했다는 말이 있다〔元和七年十二月四日, 衡山道士軒轅彌明自衡下來, 舊與劉師服進士衡湘中相識, 將過太白, 知師服在京, 夜抵其居宿. 有校書郎侯喜, 新有能詩聲, 夜與劉說詩. 彌明在其側, 貌極醜, 白鬚黑面, 長頸而高結, 喉中又作楚語, 喜視之若無人.

또 유경[481]도 읽지 않았지만 且不讀幽經
어느새 이 복 든 땅에 오고 보니 居然來福地
마음이 깨어남을 깨달았네 如覺心魂醒
남몰래 옛사람을 비웃었지만 竊笑古之人
쫓겨나 옥에 갇힌 듯하니 遷逐如入圄
우계[482]는 고운 시내를 욕되게 하고 愚溪辱佳水
황공탄[483]에서 맑고 찬 물을 원망하였네 惶恐怨淸冷

彌明忽軒衣張眉, 指爐中石鼎, 謂喜曰, 子云能詩, 能與我賦此乎.〕.《韓昌黎集 補遺, 石鼎聯句詩序》

481 유경(幽經) : 신선이 되는 경서(經書)로《상학경(相鶴經)》이라고도 한다. 〈무학부(舞鶴賦)〉에 "유경을 흩어서 사물을 징험하니, 태화(胎化)를 한 위대한 선금(仙禽)이었도다〔散幽經以驗物, 偉胎化之仙禽.〕."라는 구절이 있는데, 그 주에 "《상학경》이란 것은 부구공(浮丘公)이 저술하고 왕자진(王子晉)에게 전수하였다. 최문자(崔文子)라는 사람이 왕자 진에게 신선의 법을 배우다가 그 글을 얻어 숭고산(崇高山) 석실(石室)에다 간직해 두었는데, 회남(淮南)의 팔공(八公)이 약초를 캐다가 그 글을 얻어 세상에 전해졌다〔相鶴經者, 出自浮丘公, 公以經受王子晉. 崔文子者, 學仙于子晉, 得其文藏, 于嵩高山石室, 及淮南八公, 採藥得之, 遂傳于世.〕."라는 말이 있다.《文選, 舞鶴賦》

482 우계(愚溪) : 중국 호남성(湖南省) 영주시(永州市) 서남쪽에 있는 냇물인데, 당나라 유종원(柳宗元)의 별칭으로 쓰인다. 그가 영주(永州)로 좌천되었을 때 그곳에 염계(冉溪)라는 시내가 있었는데, 그 이름을 우계(愚溪)로 고쳤다는 말이 있다〔愚溪之上, 買小丘爲愚丘, 自愚丘東北行六十步, 得泉焉, 又買居之, 爲愚泉. 愚泉凡六穴, 皆出山下平地, 蓋上出也. 合流屈曲而南, 爲愚溝. 遂負土累石塞其隘, 爲愚池, 愚池之東, 爲愚堂, 其南爲愚亭, 池之中爲愚島. 嘉木異石錯置, 皆山水之奇者, 以余故咸以愚辱焉.〕.《古文眞寶後集 卷5, 愚溪詩序》 각주 356번 참조.

483 황공탄〔惶恐〕 : 중국 공강(贛江)에 있는 18개 여울 중의 하나로, 지금의 중국 강서성(江西省) 만안현(萬安縣)에 있다. 송(宋)나라 소식(蘇軾)의 시 〈팔월칠일초입공과황공탄(八月七日初入贛過惶恐灘)〉에 "산 보면 길 생각나 꿈에 먼 길 가보지만, 황공

유종원과 소식이 통달한 선비는 아니었지만 柳蘇非達士
글 지을 때는 말이 숫돌에서 나온 듯했지 徒騁詞發硎
나는 이와 달라서 我則異於是
나아가고 물러남은 하늘의 뜻에 익숙하고 行藏老天聽
외물에는 거스르는 것 없어 於物無所忤
날리는 기왓장 텅 빈 배[484] 같은데 飄瓦與虛舲
또 다행히 상공을 따라 又幸從相公
궁구하고 배움을 최원의 잠명[485]같이 삼았으니 硏講崔瑗銘
흐트러진 마음[486]이 갑자기 확 트여 蓬心頓開豁

이란 강 이름에 내쳐진 신하 눈물짓네〔山憶喜歡勞遠夢, 知名惶恐泣孤臣.〕."라는 구절이 있고, 문천상(文天祥)의 시 〈과영정양(過零丁洋)〉에 "황공탄에서 패한 것을 황공하게 말하고, 영정양 배 안에서 처량한 신세 한탄하네〔惶恐灘頭說惶恐, 零丁洋裏嘆零丁.〕."라는 구절이 있다. 《東坡全集 卷22, 八月七日初入贛 過惶恐灘》, 《文山集 卷19, 過零丁洋》

484 날리는……배 : 외물의 이해에 얽히지 않은 상황을 말한다. 《장자(莊子)》 〈달생(達生)〉에 "두 척의 배가 나란히 하수(河水)를 건널 때 빈 배가 와서 배에 부딪히면 비록 속 좁은 사람이라 하더라도 노여워하지 않는다〔方舟而濟於河, 有虛船來觸舟, 雖有惼心之人, 不怒.〕."라고 한 것과 "비록 남을 해치려는 마음을 가진 자라도 바람에 날려 떨어진 기왓장을 원망하지는 않는다〔雖有忮心者, 不怨飄瓦.〕."라고 한 말이 있다. 《莊子, 山木 達生》

485 최원의 잠명 : 후한(後漢) 사람 최원의 좌우명을 말하는데, 여기에서는 궁구하고 배우는 것을 자신의 좌우명으로 삼았다는 말이다. 최원의 좌우명에 이르기를, "남의 단점은 지적하지 말고, 나의 장점은 애기하지 말라. 남에게 베푼 것은 부디 기억하지 말 것이요, 남에게 받은 것은 아무쪼록 잊지 말 것이다〔無道人之短, 無說己之長. 施人愼勿念, 受施愼勿忘.〕."라는 말이 있다. 《太平御覽 卷5》

486 흐트러진 마음 : 원문의 봉심(蓬心)은 쑥대가 우거져 앞이 보이지 않는 것처럼 답답

좋은 곡식에 풀벌레[487] 사라진 듯하네	嘉谷去螣螟
영욕을 하나하나 꼽아보니	榮辱視一指
크고 작은 일들 모두 술병을 따르네	大小從罍甁
어느 곳이라고 나의 분수에 맞지 않겠는가	何地非吾分
흐르는 물에 뜬 지푸라기 하나일 뿐인데	流水一浮萍

하게 꽉 막힌 마음을 말하는데, 지식이 천박하여 사리에 통달하지 못하는 것을 스스로 겸손하게 표현한 말이다. 《장자(莊子)》에서 장주(莊周)가 친구인 혜시(惠施)와 문답을 나누다가 "그대는 아직도 쑥대가 우거진 것과 같은 마음을 지니고 있다〔夫子猶有蓬之心也夫.〕."라고 한 데서 온 말이다. 《莊子, 逍遙遊》

487 풀벌레〔螣螟〕: 원문의 특(螣)과 명(螟)은 벼메뚜기와 마디충을 말하는 것으로 농사를 해치는 벌레를 말한다. 《시경(詩經)》 〈대전(大田)〉에 "벼를 해치는 멸구를 제거하고, 또 싹을 해치는 벌레를 제거하여, 우리 논의 벼 싹을 해치지 말게 하라〔去其螟螣, 及其蟊賊, 無害我田穉.〕."라는 구절이 있다. 《詩經, 小雅 大田》

백헌 상공이 차운하다

軒相次韻

내 본성 거칠고 어리석은 것	我本性樸愚
신령한 거북에게 물을 필요 없으니	不曾問龜靈
이전 조정에서 간하는 직책[488]에 참여해	先朝忝諫職
몇 번이나 바람과 천둥의 노여움을 겪었나	幾度當風霆
용후[489]의 직책으로 뛰어난 임금님을 곁에서 모시고	龍喉側俊人
봉소[490]에서 맑은 웅덩이를 엿보려고 해서	鳳沼窺泓渟
속세에서는 우기[491]를 사양했었고	俗能讓虞夔

488 간하는 직책 : 원문의 간직(諫職)은 간하는 벼슬로 간관(諫官)을 말하는데, 이경석이 대사간(大司諫), 대사헌(大司憲) 등의 벼슬을 거쳤음을 말한다.

489 용후(龍喉) : 용(龍)은 임금님을 뜻하는 말로 용후(龍喉)는 임금님을 보좌하는 후설지신(喉舌之臣), 즉 대언(代言)이 되었다는 말이다. 대언(代言)은 왕명(王命)을 하달(下達)하는 벼슬이다.

490 봉소(鳳沼) : 위진 남북조(魏晉南北朝) 시대에 금원(禁苑)에 파 놓았던 연못인 봉황지(鳳凰池)를 말한다. 최립(崔岦)이 권필(權韠)에게 준 시 〈기권대아(寄權大雅)〉에, "듣기로 지존께서 원고를 구해서 가져오라 하셨는데, 봉황지에 직접 드는 것보다 훨씬 낫네〔見說至尊徵稿入, 全勝身到鳳凰池.〕."라는 구절이 있다. 이곳 가까이에 임금을 측근에서 보좌하여 중요한 기무(機務)를 관장하는 중서성(中書省)이 있었으므로 중서성을 뜻하는 말로도 사용되었다. 《진서(晉書)》〈수욱전(荀勖傳)〉에 순욱이 오래 중서성에 있으면서 기밀을 전담하다가 상서령(尙書令)에 임명되므로 매우 섭섭하던 차에, 사람들이 축하하자 "나의 봉황지를 빼앗겼는데 제군들은 어찌하여 축하하는가〔奪我鳳凰池, 諸君賀我邪.〕."라고 한 말이 있다. 《簡易集 卷8, 寄權大雅》, 《晉書 卷39, 荀勖傳》

491 우기(虞夔) : 우(虞)는 순(舜)임금의 나라 이름이고, 기(夔)는 순임금 때 전악(典樂)이 되어 왕실과 경대부(卿大夫)의 적자(嫡子)를 교육했던 신하를 말한다. 여기에서는 조정의 중책을 사양했다는 말이다. 《書經, 舜典》

송을 지을 때는 노경[492]을 따르고자 했으니	頌宜追魯駉
어찌하여 나라가 어려움에 처해	云何國步艱
연진[493]에 어두컴컴하다고 하며	煙塵中晦暝
순식간에 주옥을 바치러 달려가[494]	俄看珠玉走
닭과 개도 그 자리에서 평안함을 잃었다고 하는가	坐失鷄犬寧
어찌 다시 지나간 일을 말하겠나	忍復說往事
산천은 지금까지도 비릿한데	川原至今腥
또 헤아릴 수 없는 근심 있으니	又有不測虞
거센 물결[495] 동해 바다에서 울리는구나	鯨波吼東溟
빈틈없이 꼼꼼히[496] 감히 대비하지 않겠느냐는	綢繆敢闕備

492 노경(魯駉) : 노경(魯駉)은 《시경(詩經)》을 말한다. 공자가 《시경(詩經)》의 노경(魯駉)을 인용하여 "시경에 나오는 삼백여 편의 시를 한마디로 요약하면, 사무사라고 할 수 있다〔詩三百, 一言以蔽之曰, 思無邪.〕."라는 말이 있다. 《論語, 爲政篇》

493 연진(煙塵) : 봉화(烽火) 연기와 전장에 이는 먼지를 말하는데, 여기에서는 병자·정묘호란과 전란 뒤의 어지러움을 말한다.

494 주옥을 바치러 달려가 : 조선(朝鮮)이 청(淸)나라에 조공을 바치는 것을 비유한 말이다. 주(周)나라 태왕(太王)이 빈(邠) 땅에 살 때 적인(狄人)들이 침범하자, 피폐(皮幣)·주옥(珠玉)·견마(犬馬)로 섬겼다. 《맹자(孟子)》 〈양혜왕(梁惠王) 하(下)〉에 "옛날에 태왕께서 빈 땅에 사실 적에 적인이 침략해 왔는데, 짐승의 가죽과 비단을 바쳐 그들을 섬겨도 화를 면치 못하고, 개와 말을 바쳐 그들을 섬겨도 화를 면치 못하고, 주옥(珠玉)을 바쳐 그들을 섬겨도 화를 면하지 못하였다〔孟子對曰, 昔者, 大王, 居邠, 狄人, 侵之, 事之以皮幣, 不得免焉, 事之以犬馬, 不得免焉, 事之以珠玉, 不得免焉.〕."라고 한 말이 있다. 《孟子, 梁惠王 下》

495 거센 물결 : 원문의 경파(鯨波)는 큰 파도를 말하는데, 여기에서는 외적의 침입을 말한다. 두보(杜甫)의 시〈주출강릉남포봉기정소윤심(舟出江陵南浦奉寄鄭少尹審)〉에 "바다에는 경파가 움직이고, 형양에는 기러기 그림자 가는구나〔溟漲鯨波動, 衡陽雁影徂.〕."라는 구절이 있다. 《杜詩詳註 卷22, 舟出江陵南浦奉寄鄭少尹審》

496 빈틈없이 꼼꼼히 : 원문의 주무(綢繆)는 빈틈없이 꼼꼼하게 빠뜨리지 않고 대비하는

올리는 말씀 임금님 사신[497]을 번거롭게 하지만	奏請煩使星
부끄럽구나 나의 졸렬한 계책이	愧吾拙籌■[498]

것을 뜻하는데, 여기에서는 외적의 침략에 대비하는 것을 말한다. 주무음우지비(綢繆陰雨之備)는 환란을 당하지 않도록 미리 조처하여 예방하는 것을 말한다. 《시경(詩經)》〈치효(鴟鴞)〉에 "하늘에서 장맛비가 아직 내리지 않을 때, 저 뽕나무 뿌리를 거두어 모아다가 출입구를 단단히 얽어서 매어 놓는다면, 지금 이 아래에 있는 사람들이 혹시라도 감히 나를 업신여길 수 있겠는가〔迨天之未陰雨, 徹彼桑土, 綢繆牖戶, 今此下民, 或敢侮予.〕."라는 구절이 있다. 《詩經, 豳風 鴟鴞》

497 임금님 사신 : 원문의 사성(使星)은 임금이 지방에 파견한 사신(使臣)을 말한다. 《후한서(後漢書)》〈방술열전(方術列傳)〉에 후한(後漢) 화제(和帝)가 즉위하여 각 주현(州縣)에 미복(微服) 차림의 사자(使者)를 파견해서 풍요(風謠)를 채집하게 하였는데, 두 명의 사자가 익주(益州)에 당도하여 이합(李郃)의 후사(候舍)에 투숙하였다. 그날 밤에 이합이 두 사자에게 별을 가리키면서, "두 사성이 익주의 분야로 향하였다〔有二使星向益州分野.〕."라고 한 데서 온 말이다. 《後漢書 卷82 上, 方術列傳 李郃》

498 ■ : 원문에서 탈락된 글자이다.

龍洲遺稿

龍洲先生集

洲南漫錄五言絶句

鳳山途中

孽作非由我機深敢問天高堂有老母回首淚潸然

和白軒相公示韵

的々三江月蒼々萬古天壯遊吾不淺騁望醉吟邉

元韵

江海三更月関山萬里天孤臣憂國淚獨洒塞雲邉

又和軒相前韵

丈夫時屈厄莫謂不開天夢裡曾遊地分明此海邊

元韵

敢恨非吾土平生不怨天江山却有主風月自無邊

又

試見臨無地須知別有天息關絕頂上身在落霞邊

相公送一絶強病走和

天地又秋風江清明鏡裏多病廢言詩嗒然南郭几

又

蟋蟀守吟邉田園来夢裏夏葛換秋衣無心縛鳥几

元韵

朝起望前山半映青霞裏應知新句成政當君隱

几

又

秋生白馬山日落滄江裏獨坐悄無眠烔霞侵淨

几

七言絶句

渡晴川江

晴川楊柳綠如烟正是風光三月天二十年来人事

異星槎何處問張騫

次軒相韻

形羸足弱罷俳佪朝着蒸牀午夢回忽得淸詩光照

眼却疑滄海夜珠来

又

東君歸路故俳佪蹔借梨花顔面回紉佩秋蘭何足

羨爭如收入好詩来

又

相公甥趙秀才来此故云

隴西甥舘見奇才志在從師萬卷開堪咲韓公稱李

漢何曾一日揭陽来

元韵

時從隟地暫俳佪密〻高籬窄〻回一樹梨花中

五葉分明如待逐臣来

又

愧殺賢郎逐不才青眸別後爲誰開天涯此日銷

魂處却悔来時與共来

又

詞宗一語獎賢才黯〻離愁爲暫開持向坦郎誇

盛事此行千里不虛来　右別甥韵

又

清宵獨與月徘徊戀結終南首幾回不恨韶華歸

已盡陽春尚逐句中来

次潛谷金相公贈韵

江繞平丘萬折東明公受命丙闕中偷生苟活吾堪

責癡腹詩書到底空

元韵

直道雄文震海東如何玉貌在圜中明朝回首三

江外白馬城高半碧空

又

白馬何時馬首東羅非縲絏在之中人間惟事誠

難測正合唯書咄〻空

和白軒相公示韵

吊影非関逐客悲攀弓忽憶削瓜期丹心九死終難

折月照啼鵑古樹枝

又

今宵忽作塡胸悲内記　先王晏駕期夢裡高山如

在眼卷埜松栢長新枝

元韵

天邊一倍小臣悲咼水蒼茫已迫期去歲此時瞻

紫禁五雲飛繞萬年枝

右感念　長陵期祥之近追惟上年之事不勝悲
痛

軒相復用前韵寄来四絕又和

不染何曾有墨悲操音今復遇鍾期山城一畝能容
我猶勝鷦鷯栖一枝

又

公詩不用楚騷悲慣識荣枯自有期毋築沙堤知不
遠邦人佇覩鳳凰枝

元韵

西来肎作楚囚悲只是趍朝未卜期怊悵孤城一

斥月夜深偏照子規枝
故人相對喜無悲此地同來本不期記取客間時
序变残紅已讓緑陰枝
次相公示韻
東君一去迹如掃誰遣緋桃殿後塵無乃天公憐
聖相鬢時髭較昂梅春
又
迅雷驚電戰窻牖雨洗人寰萬斛塵怊悵老年仍病
眼無由同賞一園春
元韻
籬外桃花正開遂成一絶

九十韶華都已盡萬林 紅紫揔隨塵誰知一樹桃
花在故向籬邊別作春

又

野色山光入眼新晩来晴雨洗炎塵天公向我真
非薄乞與桃花分外春

喜雨

夜聽鳴雨曉開門草木津〻盡欲言聞道農臣行四
野将期瑞麥奉 天閣

軒相次韵

朝来好雨濕柴門啼鳥還如報喜言向晩一凉君

識否清陰分自 九重閣

錄呈軒相

昨夜風傳今夜雨青山無限好雲烟終人睡是北窓

下不覺此身何處邊

軒相次韵

曉窓凉意似秋天夜雨新晴半濕烟自咲風流磨

不盡謫來猶卧海雲邊

下山次相公一絶一律

古寺殘僧大寂寥也能迎我下層嶺莫言玆地無奇

勝小水玲瓏亂石間

元韵

朝出城西尋小刹白頭相對共開顔清風一陣千

峯雨似識吾儕到此间

雨後

掀天殷地萬雷車抉洗炎蒸瘴海涯病起扶藜繞芳

屋门前初熟故侯瓜

軒相次

列缺光隨霹靂車一時銀竹散天涯朱炎洗盡饒

凉意且汲清泉浸綠瓜

漸脫齒牙豁左車非緣衰病落天涯爾来嚼廢唯知

飮夏日盤中不飣瓜

又次

只合行禾下澤車夢魂長繞白雲涯林泉自有幽

栖地不必青門學種瓜

一語千秋走賜車況公玄鬢知無涯三台再朗通人

說新渥應頒二月瓜

又次

田頭不用費𪉸車雨漲江河僅辨涯一夜村畦青

已遍園丁也復進新瓜

山城㴾疾少寢自感化村返棘籬有吟

飛鳥回翔返故林人於三宿可無心宵眠更就山城
榻如約清風滿我襟

軒相次

獨鶴投歸何處林孤雲出峀自無心多情最是山
窓月依舊清光照客襟

龜城送尊鱸吟奉相公求和

誰贈尊鱸冷欲氷龜城太守面何曾淹留澤畔秋風
至慚愧歸吳晉季鷹

軒相次

尊似銀絲鱗似氷費錢還復咲何曾新凉已動

霄閣勁翮遥思夢澤鷹

次相公惠韻

雲騣風輕日已西牛羊爭下小山蹊田家望〻今宵
雨〻燕那堪縮舊栖

元韻

村居却似瀼東西禾黍田頭一小蹊尺地忍孤今
夕會秉涼欲趂暮禽栖

再次前韻

馬度晴川西復西山高白馬塞茅蹊强風朔氣無炎
夏樹杪難成鳥雀栖

元韵

君住正當西澗西我居東麓草封蹊昨夜飲来微
月照石林一炬鷺鳥栖

次軒相虫字韵

関山明月滿庭中憑几愁吟此老翁寂〻柴扉人不
到繞床終夜咽陰虫

又

理命昭〻萬卷中此生休问蜀莊翁聖賢事業乾坤
大控地何妨有二虫

又

銜命謫梅十載中黑頭今作白頭翁孤城橋頌真差

事濡沫慭吾半死虫

又

弩蛇不慼酒尊中萬事追隨無極翁大易靜觀消長

理著玄何事又離虫

又

肺病無如酒一中踈慵猶不作詩翁死灰久冷桑榆

逼伸屈誰論尺蠖虫

又

能詩歷數宋人中我愛風流陸放翁流落劒南吟自

在兩陳辛苦注魚虫

元韵

西塢東村在望中一笻來往兩衰翁柴門月下開
還掩客枕無眠有草虫

又

将身遠託塞雲中君我俱爲一禿翁自咲向乗成
底事枉思推澤及昆虫

又

山城南畔水村中四壁蕭條着病翁不爲新涼近
燈火白頭着作蠹書虫

又

柴扉開向柳陰中野老還爲隣舍翁塞月三更心

自苦隣聰何事又秋虫

又

描得風雲入句中世间多事是騷翁秋来日業吾

全廢却把呻吟付候虫

又

手把韋編閱靜中惺〻須賴主人翁庖羲已遠吾

生脫萬古乾坤一壤虫

次相公惠韵

斜陽十里下平蕪舊客秋愁入鬢鬚藥裹閑心抛杖
屨病来狂興半分無

元韵

新凉昨夜到青蕪容裏秋霜已滿鬚山雨初晴江
月白此時那得一言無

喜晴

枝鵲揸ゝ乳燕忙朝暉散射小風凉暫随野老看禾
黍儘道今霖無大傷

軒相次

隣翁爲我報晴忙日出微風不甚凉看取稻花新

發處水田猶免水灾傷

次相公贈韵

霧罷秋風白馬城中宵欹枕遠江聲臥龍潭上幽棲在蘿月松陰夢裡晴 吾鄉有臥龍潭故及之

又次

山木蒼蒼鷓鴣鳴江干波浪亦秋聲釼南飄轉杜工部空憶蓬萊承露莖

元韵 雨中斜陽

霧鎖山椒不見城村扉處處繞溪聲江雲忽遣斜陽漏峽雨霏霏一半晴

又 雨中詠懷

陰蛩切々爲誰鳴碧樹蕭々暮雨幷五十年來浮世事鏡中贏得雪千莖

敬和相公二絶

我有南州萬竿竹一園蒼翠競秋烟如今短髮行西塞唯見黃茅滿眼邊

又

霜前白鴈一幷吽秋水寒沙蘆荻花何處漁翁踏船尾滄浪歌裏送生涯

軒相次

上山下山一節竹十里五里孤村烟長鬚前引小
童後羸馬野裝殘照邉 右下山時即事

又

孤城逐客白鬚髮八月荒村紅蓼花歇馬水驛山
影裏不知身是到天涯 右上山時即事

次相公患韻

子輿七十讀周易犬馬今年學亦宜俯仰乾坤消長
理靈臺一片有餘師

元韻

閉門塞竇知無益守靜潛居也政宜習坎心亨方

可驗床頭易在是吾師

八月二十七日 掖庭人奉

上命斗臨罪地感泣之餘成一絶呈相公

九重天語下天涯圈土孤臣淚血滋未死寸心餘一寸更將何物報 恩私

軒相次

恩波元似海無涯温旨遥宣涕更滋自是上天仁覆廣 聖心寧爲小臣私

寸聞 掖庭人奉傳 天語不勝感涕得見瓊句之投先獲我心謹步

次相公惠韵

龍湾塞上少人行此去京師幾日程山鳥豈知㝷棊

吏野童多易布衣生 㝷棊吏即修撰 布衣生即豚兒

又

秋夜枯梧夢霍廬平生喜綴羽陵書陪遊面歎長源

相何事蓬莱限 玉除

元韵

學士才來進士行閲河千里片時程何當款段尋

鄉里一壑優遊送此生

又 復以昨宵即事尾錄

相看一咲是吾廬談屑霏〻勝讀書送後對燈成
獨坐二更風露滿庭除
家姪甫來庭玉旋去學士進士相繼蒼黃於撥
路亦豈非世變之大者歟爲之傷歎因成拙語
錄奉求敎

次相公惠詩
久聞安樂太和湯翻意新添陶索香舊日 黃封收
一夢木瓢端合二憂膓 右和桃仁酒

又
丈人屋上烏亦好挾子翩飛繞樹栖閃〻朝暉羣啞

啞如聞御史府中啼

元韵 謝餉以新醞

山城薄酒勝茶湯況復新醪內法香好過清朝真

可奉一杯催酌緩愁腸

又

城上初聞聲啞啞何來卻向古林栖應知好事從

今有樂府行傳烏夜啼

烏非佳鳥而此地未曾有今忽聞其聲家塞竟

城尚有人間世物不覺欣然乃知古人聞驢見

蝎而喜意蓋如此遂成絕句以識之

次相公惠韵

酸薄山尊亦可人風簷寒日助吟唇幾時歸老無何有吞盡淳于一石春

元韵

蒼頭鬛作白衣人美味今朝又入唇華宗世间桃樹最有仁添却洞達春 右謝令胤命盧兒繼餉桃酒

朝日有鵲噪于籬外自來此地始聞之鮮也豈將有好事而豫報歟遂書古人詩次其韵以志奉相公

梁棟初鬛旭日暉楂〻鳴鵲忽南枝商湯祝网吾

王聖甫豈先期報我知

軒相次

雲散風清日吐暉好音朝在隔窓枝旻天 聖主

同仁意人未先知鳥已知

次相公韵

白馬之山上上巔登臨何異御冷然先生有眼小天

下還對短檠二尺前

元韵

黃昏作別上層巔瞑色蒼蒼意惘然獨坐空齋人

寂寂月輪來照小窓前

次相公韻

杜康何負菊花時病眼還明蠹簡披最是門前江海闊兩翁行處白鷗隨

又

羈禽不避小風枝晨鵲爭光枳棘籬鷺破莊生爲蝶夢更持任子巨緇絲

又

秋花錦石滿達隅迷興今朝起老夫山下魚蝦小市近隣雞呼取一尊無

元韻

籃輿伊軋往来時雲霧頻從靜裡披他日山南山
壯去也應還憶此相隨

又

栖息從來是一枝碧山相對兩荊扉心閑數有江
湖夢手把苔磯舊釣絲

又

心活何曾滯一隅困時方更驗工夫籬高亦是為
吾助目下都教俗物無

人主為下臣句命於吊口曠世之事而曠世之恩也
思欲粉身而坐意短思塞不敢形於詩句忽奉

佳作僕之所欲言而未能者 句筆先得之敢盡
鋺是仰供 一粲
更易徒煩大塊勞有無於國一牛毛好生 天語開
金石祝因殷湯聖未高

又

曾無王事獨賢勞乾沒風塵送二毛誰料 渥恩霑
隔窗聳肩東拜 五雲高

元韵

小臣生死 聖心勞更覺身輕一羽毛從古至誠
神必感蒼天到此未應高

側聞 車駕臨郊 天語勤懇爲吾二臣旬命
靡所不至如吾無似何以得此於 聖明死亦
榮矣不勝感涕遂成一絶求教云爾

天眷微臣久益劳不才曾之補毫毛孤城多少艱
辛事緫爲從前祿位高

感賦七絶韵昨蒙疊和以惠茲用追酬

次相公韵

昨夜轟轟雷撼衆峯爭回海色與天容 聖朝安有陰
陽錯作劇定應行雨龍

又

訇哮一旬八九風飛揚砂礫戰房櫳孤城西北燕遼
坼鶴野滄溟萬里空

元韻

一帶滄波萬疊峯楓林寂歷暮秋容莫驚雷雨無
端急天遣江潭起卧龍

又

絶頂常多廣莫風小庭黃葉撲窓櫳邊城氣候須
臾變白日時時雨滿空

次相公惠韻

臚句拜催詩祀班相臣容戚受同問去年今日

齋宮事夢罷天涯涕淚潛

元韵

夢點 彤庭萬一班白衣将奠 殿中間晨鷄喚

覺餘悲在嗚咽呑聲涕自潛

夜来輾轉不寐到曉成夢若将行禮於

永思殿者然方就行列鷄叫忽覺涕泣之聲尚未

已也感而識之

次相公述懷韵

塞上長悲宋玉秋旌丘已敞衛侯裘斜陽一嘯倚山

閣注目寒江日夜流

元韻

送春送夏仍送秋又見朔風吹敲裘無限世間悲

感意五更孤枕淚雙流

五言律詩

次白軒相公示韵

春去當初夏山寒未袷衣夢呈多好事鳥喚不如歸每撿囊中藻頻看草帶圍三更驚起坐赤憎語風扉

又

盡癠雨 朝老靡晨不倒衣難起斥言决望宗一時歸柳季邦傷黜獸連亦在圍齊名慚李杜相對縛柴扉

元韵

絶塞三間屋行裝一布衣看花宜躑躅見草喜當

歸頭工蒼天近籬邊碧海圍扶吾短筇在誰識舊黃扉

又

獨立山城暮天風吹我衣長安幾日去孤夢有時歸驛樹千重暗閑雲百匝圍平生乞骸計會向舊村扉

又次

天定知何日吾儕宜赭衣爲臣難在此慕古聖同歸時序煩霙鬢雲烟媚四圍期公范純父非脫啓呂扉

五言律落句有契於心感歎效顰 白軒

四月邉城客猶留禦臘衣嶺桃春被住閑樹夢迷
歸詩律誰能敵愁城便解圍君言政吾意晩計在
郊扉
五月初四日
綫雪九疑滂旋逢五月来　舜年胡不百天道苦難
談酌澤遐泯洽論功歷代愜(一作明倫盛烈嵬)　孤臣迷往事心
折古城隈
軒相次
已痛　祥期迫還鷲蹕日来　聖神功煥赫仁義
事無談尚憶　虛襟羕感推　大度恢無由望松

栢中夜哭山隈

次相公示韻

識氣違開尹歸休憶潁濱著書功未就閱世鬢還新

漠〻窮荒界悠〻太古人銷憂憑底物瓶滿蜀燒春

又

索我形骸外從公寂寞濱情深青眼舊唾棄白頭新

山水絃開匣林鷗友慣人忘機隨處在休訪茂陵春

元韻

身世寄天半俯臨滄海濱城空碧峯暮石古蒼苔

新白馬歸何處青牛思昔人三山定非遠擬訪桃

花春

又

誰知碧海上復比澄湖須白日看書靜青山入句

新平生把月興一代倚樓人須信非塵境桃花夏

亦春

和相公送蒼耳韻

神農著本草羊負妙頤生通萬脾先健愈風眼亦明

登盤葱韮俗論品术參輕多詠刀圭義傳方趁曉烹

趁曉一作滿意

元韻

蒼耳萋〻葉青山處〻生神農嘗已遍蘇子錄還
明勸飯喉脾滑谿痾手脚輕寄言同病容須趁早
朝烹
書與成川吏金景輝(此人眼前後圖喪)
人皆識忠孝爾獨盡方喪前後三年斬 宣仁二代
忙給事將軍幕爲農谷口鄉何曾紆寸廩葵藿本傾
陽
相公次
漢代聞相聚吾東爾眼喪蒼梧重洒血白日又何
忙老吏忠 王室孤臣夢帝鄉殷懃遠來訪嗚咽

對斜陽

次相公喜雨韵

炎宵昏容曛(?)篷雷曉初聞岸岸皆流水山山盡濕雲田園看更好禾麥色平分儘道知時雨東方有

聖君

允韵

颯颯黃昏雨三更枕上聞定教禾浸水已覺麥連雲晻靄山全晴蒼茫海未分丁寧上天意總爲

聖明君

次性峻詩軸相公韵

甬能為白足　吾未透玄關　何業浮游地　相忘儒釋間
醉醒漁父問　來往太顛閑　寂寞鼪鼯逕　跫音幾破顏

下山次相公韻

小晴餘飛落　山行拂翠嵐　滌昏思逆井　鉤袜避回巖
容意東流外　公名壯丰南　江湖二憂在　且就野夫談

相公次

細雨青山濕　肩輿破碧嵐　逕危多恠石　藤古擁層巖
一室清江北　孤村粉堞南　素無經濟策　宜與老農談

次相公杏韻

柤梨緣可口酸打盡先秋山杏熟能幾鄙人妄意偷
偏憐初結子非只為煩喉坐愛披枝葉不妨出穴迷

又

種杏公家事均圓欲待秋能經大風雨可奈細兒偷
橘太酸傷齒橄欖苦餾喉孰如時果味咀嚼傍林迷

元韵

一樹籬邊杏微黃過夕秋曾無虎来護忽被驛人
偷已盡成烏有終違沃喝喉依然綠葉在供作小
連迷

又

熟遊槐陰夏寧論梔宗秋味同董仙種事異方泂
偷未入龍門手還添馬卒喉無人能禁得政坐太
深幽
七月五日相公送黃雀數十詩以謙之
黃雀與斯類頻頻聚黨能徒營覆車粟那識負天鵬
色擧翩何處羅張祝自矜充庖君子事於甬有誰憎
軒相次
得食翻羅禍立隅止未能群飛但欺燕變化敢退
鵰射宿曾存戒供羞亦可矜江湖隻白鳥不受俗
人憎

次相公惠韵

我之三冬學公吟千首詩島郊媿寒瘦屈賈讓旍麾
近玉形從譏持蠡海谷知仍聞立塈計寧爲萬鍾移

又

絶塞烟塵黑孤城歲月深平生青眼舊未死蒼梧心
波冷龍難睡山高日易沉相思跬步外病葉戰霜林

元韵

東籬不見菊南澗獨題詩栗里元三逕柳州猶一
麾靍危還自咲威武未曾知愚暗有如此初心無
變移　右漫吟

又

落日半天赤蒼茫江海深擔笻犻立處搔首百年

心古塞烽初度遥山霧欲沉寥々村犬吠燈火隔

踈林　右望遠

負暄

負暄南簷下天氣暖如春撩亂蜂貪蘂推蘇後裸身

爭知感陽德誰敢問高旻西塞從今始振裘不作珍

元韻

秋陽覺耳熱非為洞庭春始識獻天子更欣宜病

身千峯酣赤葉萬里霽蒼旻不用氍毹暖團蒲亦

足孫

次相公韻

波浪長江水長風古塞城征鴻鳴自苦遷客若爲情
病學青囊晩愁傳白髮明藜床閣瘦骨生理十分清

又

七十年將滿吟哦興不衰今秋望雲日疇昔倚樓時
公歷梁丘易吾刪鄴下詩陶潛樂天命採菊未爲遲

元韻

地盡黃雲塞天低白馬城夢回孤客恨歲晩老臣
情山氣逢秋肅湖光得夜明涼風亦可喜遺我一

篇清

又

霜落秋風冷蕭條草木裏方當授衣日更迫吹帽時古塞猶新月荒城有好詩遥思故園菊應咲我歸遲

二十四夜夢拜慈顔有感

夜夢慈顔坐北堂覺來行色盡西方政身未許平生志盡祿還姝此日殃謾誦詩書違御馬虛名蘇合豈殊甆自慙忠孝俱無狀栫棘孤城任彼蒼

又車輦

强風捲地落日低小雨旋催忽慘凄旁覺塞门乖氣象豈伊時勢判東西經冬裘弊翻思攬損肺盃殘亦復携屐險百年頭盡白誰令踈懶出幽棲

四月初一日白馬城

東韓地盡鴨江瀕工有孤城處逐臣栫棘觀天跽坐

井深簷暮日始知晨安之若命吾何敢捨去如斯哉
自琉一道滄波遶海近擡頭嘶媿管寧人

軒相次

俯臨滄海杳無津仰見天猶覆小臣草色會逢鄒
律暖鍾彛却戀景陽晨不才盡忝宜灾孽有客同
来即席琉白馬憑高一長嘯潮頭想像古神人

見木州士人來訪

愛州之履國西門表裡山河士馬蕃盛化班師推
聖祖錦城留韠亦 神孫遺風未沫人知義大亂縱
經俗尚醇多謙儒冠金氏子矮簷相對古今言

五月十日夜夢見道源子中二公宛如平昔感而
成詩
道源文雅子中通近世人才此二公前後閑河瞻使
節指揮籌策極天工如何石火催箕尾自是賢勞鮮
考終眉宇殷勤来我夢五更魂愣𦚢江風

先諱泣書
吾年二十八孤露歷指如今四十年房姪在亡仍過
子孫零替一何傷鰐才歷塊宜顚躓毬毒迷人若撲
縁白馬城中笑先忌山風為我咽悲泉
軒相以長律見示强疾拚和

湘潭枯死我何辭薄劣偏蒙 聖主知拙喙從嘶摧
虎勇剛腸不受向隅悲江連渤海鯨波立地似陽山
島道危賴有新詩猶此景除非讀檄愈風爲

元韻

禍胎休說在文辭正坐高名四海知先忌却同遊
獄泣壯志寧作楚囚悲滄溟直接青齊闊山頂遙
通碧落危絶境冥栖還不惡百年行止任天爲
獲承長律之示傷痛之懷大略相似感蕩之餘

奉酬 白軒

孤生無復鴈行聯君我俱爲白髮年千里関河杳

火傳五更風木感懷倆當時一見仍相許此日同
来亦宿緣處困未曾煩戚々忽看佳什淚傾泉

五月初四日

黃梅時雨潤如酥極目郊原物色殊天欲與人勤望
腹魃難爲虐走窮途村々開戶語相答處々提壺酒
剩酤白髮老臣歡復泣南雲回首隔　蒼梧

軒相次

山蔬猶可敵驪酥塞上風雲氣自殊五月忽来傷
節序長安不見杳川途題詩捴是憂時作止酒休
故滿眼酤好雨却欣連日洒草堂遥憶響遅梧

次軒相贈韵

孤城盡日風兼雨亂石柴門鳥烏稀慈外布颿浦口隱望中白雲天際飛嵌崟素髮三千丈癕腫霜皮四十圍老矣吾今棄於世不妨釋子相因依 時有釋子来訪故云 嵌崟一作青蓮 癕腫一作古栢

又

右能詡偶左持危相國瓌才遂處宜高騁却着稱驥力臨川還把釣鼇絲堂堂日月心猶壯去去功名夢不悲同作遂臣真忝竊欲酬青玉鬂與毛垂

元韵

白馬山頭日欲落白馬山下行人稀縱橫但有市
前寂寞曾無烏鵲飛長江流入碧海去大野逶連
青嶂圍極目東華何處是暮天雲樹政依〻

又

寸睞無力濟艱危竄謫遐荒罪亦宜衆務都拋身
一葉百憂交集鬢千絲天中令節今還迫地上孤
臣此更悲　玉座凄凉弓劒遠白雲瞻望淚空垂

同相公登上臺

陡起高臺近鬱藍摩天黃鵠席邊叅眼窮易水燕山
壯影兀遼城鶴表南始覺宣尼小魯意未容河伯望

洋談謫来探勝皆 恳渥點捻平生面發慚

又

長物平生濟勝具青鞋布襪趂輕猱即令衰病驅筋力不獨風霜換鬢毛一上譙樓覗屢悖先思歸逕首重擡相公顧我蘆胡笑飛步雲烟意豪豪

相公次

滔〻皐水碧於藍白馬山高斗可叅閩嶺平臨道塞壯海潮遥蹴楚之天南乾坤萬里来雙眼今古千年付一談擡首臨風增感慨工公蹤迹只堪懃

又

吾衰頓乏登山力 却羨兒曹捷似猱 脚底蒼溟小
杯勺 眼中松鶻一毫毛 追思少壯窮遊覽 政值邉
靣絕疥搔 獨倚孤城發長嘯 秖今誰識舊詩豪

次金生韵

君家道氣近三茅 何况文章壓島郊 滿腹詩書恒睥
日無心鳥鵲可攀巢 閑依老宿三天界 俯瞰長江百
尺梢 時枉窮簷談好事 知吾鬢髮雪霜交

夜夢見桐翁宛若平昔覺而有感

晶電雙瞳鬚鬢若神霽人 夜夢偉人真 嶧陽與去三千
里 箕尾收精一十春 鐵壁威儀炊照眼 柴门几杖迥

趨塵兮明桃工殷懃話似惜踈慵 罷辱身

朝霧大作不見人面

濛濛無質弱於雲起自山頭盡海濆隔手兒童聲但
應穿林牛馬色難分侵膚縱異蠻溪瘴駭膽誰論楚
塞氛老矣吾儕堪豹隱仔看風后樹奇勳

軒相次

空恨朱炎劇似焚泄雲同起自江濆誰言混沌曾
教鑿故學鴻濛未始分谷暗乍成霑草樹山深更
覺隔塵氛須臾散盡歸何處一陣淸風便策勳

次相公贈韻

白也三盃大道通軒眉直欲友鴻濛霏微珠唾雲烟外烈落高談盖壤中徐步海山看浴日孤眠醉石夢薰風翠毦小智岳堐咲口呿如杠筆吐虹

元韻

百尺高臺四望通山河半露半冥濛千峯雷雨孤城外萬里滄溟落照中席上依俙若木影鬓邊蕭颯廣寒風須知造物供吟眺又向天東掛彩虹

次桐谷喜雨

喚起鋤犂催曉色分家家農語隔籬聞我知今雨發千里人道上天同一雲遺笠牧童爭樹密濕巢歸鶴厭

鴉群新晴晛飯烹蒼耳絶勝青泥坊底芹

元韵

簷拜不絶到宵分老子無眠最喜聞白水漫〻幾千頃青山漠〻萬重雲蕭然小屋詩書架溼盡深林鳥斂群欲諫田原嘉穀須看澗底長新芹

五月晦

四月西来五月盡在京荳蔻此蘿摩年光冉〻添新鬓海霧霏〻挑舊痾回首　君親心似擣側身天地杵空磨人間萬事何忩促老去誰揮退日戈

軒相次

花發雉家麥已熟蕭然一室卧猶摩若無吾友憐
同病更有何人來問痾霧羅峯巒眉並畫風恬湖
海鏡新磨此時壯觀堪驚魄詞疊橫驅萬鐵戈

次軒相櫻桃韻

時果殊方報熟遲來禽青李頁羲之忽驚野老櫻桃
贈那保前宵風雨吹穩送華池津覺味不勞肆齒肺
生滋大明擎出唐朝事覽物翻添逐容悲

元韻

邉城節候較偏遲此物如何始見之珠顆新含江
雨冷筠籠正帶海風吹起看淵客盤中泣似吸仙

人掌上滋先廟薦時猶未識嘗來添却旅懷悲

六月初一日次相公韵（無聊中每與相公約退休久識相公臨池之興故篇三篇四及之）

三江只尺白龍堆地遠偏傷客日催綠野遥期裏相國蘭亭曾共都方回喚愁芳草籬邉邑送月長風海上臺城下東南通大道河橋難得一書来

元韵

杏子初黃麥浪堆鬢邉還覺雪霜催雲如曉夢依依湿江似愁腸曲曲回閑塞經春仍作客海山斜日莫登某臺鄉園迢遆音書靜猶見栖禽兩兩来

次相公韵

不謂因山開一面仰看天日照亭〻盪脈雲惹柒毫
墨拂檻風鳴圍帶釘安坐可能来絳節前身休恨誤
黃庭較公三十有無智闊視且從雙眼青

九韵

開籬陡覺乾坤大豈薊翻成絶勝亭此亦可稽天
下士忽然如拔眼中釘山容野氣呈千景海色湖
波滿一庭須識仙區非在遠枕邊雲白半空青

開簾半面

甃開深檝引長風始覺高亭近碧空遠岫平臨飛鳥
外滄溟俯噉老龍宮炎官火傘從他鑠粉堞清陰與

會同不待秋來蘇肺氣醉鄉還欲訪無功

九龍淵

三江匯注此爲淵須識神龍窟宅專噓氣方看天用處吐珠誰的夜吟邊那家祭秩猶河嶽州吏豆籩盡吉蠲前夜若無雷雨沛星宮應有罰蜿蜒

軒相次

上游深處是龍淵早輒虔祈祀事專雲氣初從江國裡雨聲先到客窓邊蘇枯似被神醫活洗熱似蒙酷法蠲靈蹟更因詞伯著新篇玉律詠蜿蜒

病中吟

衰年開萬最難調脾肺僑藏亦自驕羊蹴菜田煩夜
夢酒妨丹液縮靈苗元無六鑿天君聽那免三焦寇
盜擾伏枕彌旬忘肉味倚人錯道聞簫韶

軒桐次

邊城六月失風調一兩能除旱魃驕生意好觀周
子草養心宜戒宋人苗村厖減吠柴門靜漁網抽
腥玉尺搖詩律愛君多秀句向來長笛當聞韶
連有家獐之役故篇三句及之

詠白馬山城

箕子朝周秉白馬與城無乃號殷時遺風善政三韓

化洪範彝倫萬代垂有眼皇天寬罪地多情閑月展
愁眉陳篇忽憶佯狂事高節從他餓伯夷

軒相次

遷居白帝傷工部我輩今留白馬時睥睨俯看雲
雨過窓櫳迴帶斗牛垂江如巴字初成畫山似佳
人淡掃眉指點朝周餘古路仁賢曾亦困明夷

送兒還京感吟錄呈相公求和

始喜來從終有別與生於此若為情浮雲聚散人間
事天屬心肝性分明舐犢老牛豈草卧哺烏至樂慕
林聲相公今日吾前日覽物吟詩亦不平

軒相次

最是人間離別苦天涯何況送兒情秦中驛使常
稀少塞上風雲半晦明寬憶難憑蜀酒力斷腸寧
待楚猿聲今朝更識君前日心緒茫茫恨不平

苦熱呈相公有和

誰言西北涸陰鄉此地炎蒸異四方多族火雲焦激
海彌天赤赩凡崐岡野無青草年何有人困黃膏體
不良忽憶飲氷遼路使風埃蓬勃薊門長

軒相次

五嶺皆稱毒熱鄉西方誰識似南方雷公曠職難

霑澤火傘當空欲爍圜顧作秋菰意徒切擬泛河
朔策非良清凉只在身心靜一榻詩書味正長

七夕

炎凉相禪有前期七夕新秋我不悲牛女渡河終古
說銖絲乞巧幾人癡故鄉歸夢梧桐葉明月霽愁爲
鵲枝默數天時如許信世間何事喜參差
軒相次
青霄卌日即佳期玄速來遲喜且悲少女穿針乞
得巧老夫空腹曬還癡三更玉露黃姑渚一陣商
飇碧樹枝烏鵲昔無今忽有橋成想見石參差

次相公惠韻

韓孟雲龍在處從惠莊魚我辯何慵午眠忽羅銀床葉秋望思同海上峯隨俗曝衣犢鼻褌倦遊無意拘監逢佳辰情々無歡緒江月三閭塞戶眷

元韻

柴荊寂々絶過從短髮居然萬事慵一葉初飛秋七月寸腸重斷釼千峯人間白馬孤臣遠天上牽牛織女逢漏盡不教靈雨洒望雲空到夕陽眷

再用前韻

浮海吾無由也從投荒人咲退之慵雲橫久隔平安

信身猖邪能散上峰蹈動秋厌駒隙疾天旋令節容
中逢思親愛日膓雖割不懼登高似朝暮
奉酬疊步投惠殘拙效顰只堪捧腹
小童來軋珠玉從喚起午窓孤客慵清思還能助
秋意火雲休更誇奇峰憐余跛圯尚何得與子外
堂行且逢黃花時節若同返躍馬未須煩宿暮
夜雨錄呈相公求教
塞门凉雨響通宵七月炎雨轍漢霄泥湿謾勞如容
燕風回時見搏禽鵰昏花老眼孀燈火種秋閑人檢
木瓢遥想故園叢桂老夢魂先去不須招

軒相次　昨夕和奉長律改寫求教

一雨將秋到昨宵海山蕭瑟霽層霄邊城風吼聞鳴馬朔漠雲愁想射鵰隻騠半睞空宿計萬鍾何有亦簞瓢從來溫飽非吾志只恨多年鶴怨招

惡風後有雨

惡風昨夜今朝雨天意何嘗積事遺半死黍苗翻折宗未花禾粒欲流脂小心　壯厥　君王聖千里西閑頒糯知莫謂高居工帝貊德音之應敵蒼龜

再用七月既望韻

此日蘇仙赤壁遊吾今此日塞灣因文章事業賢愚

異夷夏乾坤歲月流。夏口武昌難縮地龍淵鴉水亦
新秋清風明月長如舊其奈醒累舉酒休

又

少壯常期汗漫遊南冠今作楚儀囚途窮灣上長江
劃仰覩星文大火流蘇子泛舟鳴後世飜詩記月見
今秋風流猷戒非吾事唯有冊裏死不休

軒相次

端居且可做神遊未覺身爲白首囚萬古青天明
月在千秋赤壁大江流但令充事傾三斗不用登
仙向十洲若到明年定何處須從物外定何處

又

赤壁能成蘇子遊青山還遣柳州囚一時憂樂跡雖異千古江河名共流人似愚溪為容日月如庵茂遶舟秋文章驚世吾何取只願烟湖早退休

古亭在交河三湖上即樂墅也為丙丁亂所火而志未嘗不在於斯故及之

鄭處庵曹梅溪謫居此州云感而有吟

曾讀處庵梅老詩謫來於此亦同時天寧無意吾儕事地固難藏鴨水奇濯錦驪龍波上偃盤霄遼鶴望中嬉分留物色知多少寸畫裏翁兩鬓絲

軒相次

谷口高風子建詩塞天俱作逐臣時昔人已去憑

誰問我輩同來亦一奇佳句早知長留擅狂吟敢

比謫仙嬉時登絶頂心猶壯鴨水濱邊細若絲

次相公詠燕

誰管春秋尓去來濩濩簾幕好徘徊後先啅雀穿花

遠上下嬌鶯過水回依社非関炎火及落泥焉有定

僧精醉巢亦返烏衣國猶勝他鄉容鬢催

元韵

四月荒城見爾來短簷遲日共徘徊雲樑一任銜

泥入冈巻䧟常憐帶雨回語襍雅晛時未辨影依

孤客自無精商飈蕭瑟秋將晩歸去應先老我催

次苦雨韻

不待商羊作舞来雨師星畢勢爭回天瓢傾漏愁雲漢衆水橫奔殷地雷湯旱久聞禱野責尧年適值警予突馨香至治元歛若坐弄溪霖指日開

元韻

四望同雲大雨来勢如河漢倒難回連朝霧氣千林醉一夜溪聲萬壑雷向日共嗟金欲爍即今還恐水爲灾遥知 北闕勤民切 王色含憂久未開

次相公贈韵

雨餘籬落濕濛濛病客秋懷永夜中樂府自吟驥伏櫪鄴城誰識釼埋雄形容人世秊秊變風俗天涯處處同意節泳流鄉國遠西來馬首幾時東

元韵 雨中

山嵐海霧晝濛濛村聚依微亂水中久雨還疑蜀天漏長風又雜楚王雄邊城節序虫聲識草屋栖遲遯子同答逕不曾緣客掃西翁相恤瀼西東

又次相公贈韵

謫裏菁華歲月移端居無事慣衣披虛名一誤平生

計素朴難回太古時文正江湖憂廊廟放翁流落老
吟詩孤城日暮長江玄把酒相看有不悲

元韻 雨後

雨後村蹊畫夜移受風林木亦離披山如新沐彈
冠伏溪似長驅歷塊時幾憶鷺鷗勞遠夢還將鬢
鐔費吟詩光陰荏苒猶爲客塞上秋懷也自悲

七月晦日

七月正當三十日流光倐覺鬢毛侵庭闈消息南陔
脫閭闔威儀北斗深閑樹知晴開曉色嶺雲何意結
層陰歸程杳杳秋天冷始作虞翻地遠心

軒相次

一別長安今幾月老翁顔狀病還侵閑雲漠漠邊

風冷秦嶺迢迢渭水深君有慈親傳信字我思先

壠鎖秋陰天涯相對論懷地　主憂時共此心

次相谷韵

秋晴蒼翠疊層巒嶺路紆回過七盤平素跡同今世

士險艱天試達人觀林深豹霧隱非脫亭壓鷗沙盟

未寒山玄星合龍無咫尺寄拜禪伯要心安

元韻

籃輿落日上嵒巒石逕崎嶇幾百盤催捲詩書尋

舊架咲臨湖海似新觀風生夜壑千林嘯雲宿秋
窓一桃寒惟有望京心未已亂山何處是長安

仲秋之望詠月錄呈相公案下

八月秋期十五夜月宮千里借銀蟾流光上下開天
地掩暎星河豁鏡奩魍魎難逃深樹露魚龍衝冷遠
波恬何人有酒登高望我輩空吟白雪鹽

軒相次

清秋十五夕清景玉宇淨嵥掛玉蟾漢塞臨城還
不夜杏樓映膽迥開奩層林疊壁纖毫露碧海銀
河一色恬童子驚看溪路白却疑堆雪復堆鹽

次相公惠韻

腐儒元分武夷山 閱世翻思紫氣關 遠路行藏憐小褚 故園矮屋只三間 側身榆塞風沙日 歸夢萱堂彩服斑 修道未成生羽翰 星宮何處問仙班

元韻

絕塞孤城白馬山 夢魂長繞舊崇關 微誠不在君民外 風計還違進退間 八月銀河槎未返 一季秋色鬢添斑 西來竹杖相隨我 誰識曾叨上相班

次相公惠韻

漫持麟楦進王庭 經濟初心墮杳冥 倚伏秪知希

壯叟扶搖何敢捲南溟扱毹鶴怕軒墀寵斫肉人非
木帝星竄逐三危禦魑魅異時徧問為誰青

又次

塞鴈南飛海燕過幾田山月暎藤蘿終南壯叟雲烟
隔萬墅東流感慨多短髮如絲愁裡老小詩排悶病
中哦鶩寸作駕元吾分搆廈争元國老皤

又次

棘籬蝸屋小城隈白馬高寒天地來霜后暮林風怒
蹡月邊枯樹影摧頹夜收殘夢然燈火時發悲吟向
石臺瓦尊賴有希夷睡禁得愁腸日九回

元韵 述懷

徒嗟一字誤黃庭身世今猶半紫冥萬谷風聲驅草木三更月色送滄溟行装幾踏西關路客夜長瞻北極星漠漠高山雲霧裏有時凝眼爲君青

又 感懷

柴荊深閉斷人過山徑寥寥長薜蘿日色却隨雲色晴秋聲又帶雨聲多天邊歲月逢先忌客裡詩篇減舊哦臨老讀書將底用道猶無進鬢成皤

又

黃茅白葦海西隈落日秋風何處來絶塞荒山轉

蕭瑟古城殘堞半傾頹臨危不廢平生志多病猶
登百尺臺悵望碧霄舒一嘯暮雲將過亦遲回

九日

醉愁不省三秋度得酒方知九日來舊摘寒花鄉國
賸今聞旅鴈塞雲哀碧江波湧蘋風起白馬山高日
鄉回圍土仍無漳水疾佳辰那得暫登臺

又

此日天涯吾亦同何爲對酒苦無歡茱萸往事黃封
並萊彩今秋白露寒吹帽參軍元短髮作因君子床
南冠處吟嘉節難酬債黃菊何如一寸丹

又

五倫十起阿咸病難索吾如今節何同作逐臣懷壯志未曾流淚洒湘波菊花雖負傳杯興楓葉何妨倚醉哦忽得茶中驛使至萱堂消息暖臍多

又

重陽寥寥兩衰翁浮白咲談山月中半醉面侵紅樹色臨江衣受白蘋風無多烏兎百年景有種霜毛瘦鬢叢人事細推胡不飲東籬逢者有陶公

軒相次

孤城落日黃雲冷萬里秋拚白鴈來浮海却懷尼

父志沉湘背學楚臣哀悠〻世事榮枯變究八
機節序回誰把丹青能畫我半酣邀月坐高臺

又次

爲容又看秋色暮徵君那得暫時歡携杯且愛新
醅映吹帽還從短髮寒佳節偶成今跌宕野人誰
識舊衣冠臨歸咲向兒童問醉面霜楓孰更丹

又次

短節斜日强扶筇向首憑危意若何閑樹凉陰生
遠壑塞天秋思滿滄波巖邊細菊臨風折席上新
詩對月哦千尺高臺同岸幘龍山落帽較誰多

又次

白馬山頭白髮翁九秋光景百憂中登高不待重

陽節吹帽常因絶塞風尊裡那無竹葉色籬邊未

見菊花叢孤城此事還奇勝相對尚書與工公

菊秋月夜有吟錄呈相公特相公阿咸修携病起

趁 朝景二律及之

重岳白菊小臺楓霜後秋容餉此翁復有長空來皓

月時聞玄牝鼓清風靄毬頓向盈尊失詩句還從羨

景工多病馬卿今日起天於萬物有窮通

又

王家諸姪右軍賢銜 命西臨座主遊昕夕飲氷千
里遠風邪何恙暫時痊道々秋色瀛洲路冉々天香
白日邊此去鵷班如有問勿言湖海老神仙

軒相次

縱無黃菊有丹楓節物何曾負此翁正憶見山陶
令興肯追吹帽孟嘉風病容非為吟詩瘦落木生
憎逆淚工但使吾心常自泰世間隨處也皆通

又次

吾家尚有仲容賢天上歸應侍 法筵只恨別懷
秋政苦更憂行色病新痊青雲路入終南下紫氣

閑臨渤海邊落日西風悵望處此心非爲羨登仙

聞　陵寢有感

聖主孝心霜露感　喬山行寢趂秋時民無除道皆欣色班減鳴騶亦肅儀雷雨不迷元舜德　羨墻隨處見堯眉煌々羽衛渾如夢戴日南天祗自悲

軒相次

向來　停寢爲艱危此日哀臨已過期白露爲霜增永慕蒼生按堵減常儀馨非黍稷惟　明德志繼憂勤亦察眉西海即今同北海老臣東望不勝悲

五言長詩

白馬山喜雨詩

人言白馬惡我言白馬靈天將欲雨時白馬必雷霆
故老向余說石盂水瀠渟龍馬時出戲山家驗駉駉
今年旱太甚千里黃塵瞋闐兩數十州嗷嗷物不寧
昨夜此山中草木皆龍腥谷口簇黑雲天半捲滄溟
滂沲連兩日彭池無畢星枯乾氣盡蘇禾稼色芙青
大哉潤物功雨師誰使令睠彼九龍淵獨專黍稷馨
白馬如有神能不惠冥冥何況小懸邑昔歲當丙丁
蒼生盡爲魚列城如摧篷惟義有所恃石壘擁峻屏

至今民老弱飲食茶山亭生又見君子吾州得典刑
循俗能風土持錤劚茯苓尉茀蘺縱橫如今遠逃形
毒霧蘺昏墊如今霽面櫺隣翁莫謁我我說爾其聆
我本之道氣如鶴病摧翎拘帍愧彌明且不讀絲經
居然来福地如覺心魂醒竊笑古之人遷逐如入囹
愚溪辱佳水惶恐怨清泠柳蘇非達士徒騁詞發硎
我則異於是行藏在天聽於物無所忤飄瓦與虛舲
又幸從相公研講崔陵銘蓬心頓開豁嘉谷去螣螟
榮辱視一指大小從罍瓶何地非吾分流水一浮萍

軒相次韻

我今性樸愚不曾向龜靈 先朝忝諫職幾度當
風霆龍喉側後入鳳沼窺泓渟浴能讓虞夔頌宜
追魯駉云何國步艱烟塵中晦暝俄看珠玉走坐
失鷄犬寧忍復說往事川原至今腥又有不測虞
鯨波吼東溟綢繆敢斁備奏請煩使星愧吾撫籌

주남만록 영인본

州南漫錄